yf
yf

pe

forza: power

colonne d'aria: air column

boccoletta: mouthpiece

le labbra: lips

onda/e : wave/s

→ velocità : speed/velocity

corde vocali : vocal chords

Brief Moosages

1 page a day =
you finish
in less than a
year.

MW00814805

MARCO GAUDINO

SUONO PENSANDO

**MANUALE DI PERFEZIONAMENTO
DELLE TECNICHE NEL FLAUTO TRAVERSO**
con riferimenti alle tecniche del canto e agli altri strumenti a fiato

PRESENTAZIONE DI LAURENT MASI

Acoustic principles in sound production
Principi di acustica nella produzione del suono

between research, function, and posture
Apparato vocale e respiratorio tra ricerca, funzioni e posture

air pressure in aerodynamic and thermodynamic principles.
Pressione aerea nei principi di aerodinamica e termodinamica

lip role
Ruolo delle labbra

Proposte di esercitazioni

Sussidi didattici

Organologia costruttiva dello strumento nei suoi materiali ideali

reflections.
Riflessioni

In copertina: Il flauto intellettuale di Paola Vittorioso ©

Progetto grafico editoriale di Laurent Masi

Si ringrazia il maestro Laurent Masi per aver fatto rinascere le mie ricerche sul flauto, supportandole.

Lulu.com EDIZIONI

protected
@patamu.com

ALLA MEMORIA DEL FLAUTISTA JEAN CLAUDE MASI

If we (I) do not study while thinking we do not learn.

Se non studio pensando non imparo

If I study without thinking I will not remember.

Se studio senza pensare non ricorderò

Quando avrai capito i come ed i perché, il fare troverà una sua dimensione

INDICE

The things a flutist must ask to become conscious of his/her technique.

COMPENDIO n. 1

Come fa un flauto a produrre il suono

Definizione di suono - Principi di acustica - Definizione di aria e
pressione atmosferica - Le colonne d'aria che interagiscono tra loro
durante la produzione del suono, nelle differenze aerodinamiche e
termodinamiche - Definizione di forza di attrito e pressione -
Definizione del timbro - Armonici

COMPENDIO n. 2

La riflessione delle energie prodotte nel tubo del flauto e l'impatto sui muscoli coinvolti: sostegno del suono

COMPENDIO n. 3

I principi di aerodinamica che consentono la produzione del suono nel flauto traverso e negli strumenti a fiato con analogia alla produzione vocale

COMPENDIO n. 4

Differenze tra tubo del flauto e tubo fonatorio nella produzione del suono

COMPENDIO n. 5

Le labbra ottimizzatrici del flusso aereo in tutti gli strumenti a fiato

COMPENDIO n. 6

La respirazione fisica e fisiologica nelle modalità operative, tra senso dei processi corretti da attuare nelle tecniche del flauto, del canto e negli strumenti a fiato

COMPENDIO n. 7

Il flauto nelle sue tecniche globali

COMPENDIO n. 8

Esercizi delle tecniche sul flauto nelle loro variabili

COMPENDIO n. 9
Didattica generale del flauto traverso

PRESENTAZIONE

Il trattato di Marco Gaudino è uno studio e un approfondimento, mai fatto a questi livelli, sulla spiegazione dell'anatomia, dei meccanismi fisiologici e delle leggi fisiche che influenzano e agiscono sulla produzione del suono su uno strumento a fiato.
Seguo i suoi studi e le sue ricerche da diversi anni e grazie alle sue geniali intuizioni mi si è aperto un mondo.

Esistono ovviamente già delle pubblicazioni inerenti l'argomento ma l'osservazione e la spiegazione del fenomeno, in questo manuale, viene studiato e analizzato nella sua totalità e con una meticolosità e un acume mai fatti prima da uno studioso.

La produzione del suono su un flauto non è un'azione, come può sembrare, così spontanea e naturale e affinché ciò avvenga devono essere messi in funzione e relazione complessi meccanismi fisiologici, anatomici con altrettanto complesse leggi fisiche che ne influenzano il funzionamento e il comportamento.

È impressionante pensare come un fenomeno meteorologico, il volo di un aereo, il vento che scoperchia il tetto di una casa e l'emissione di un bel suono siano in intima relazione perché provocati dalle stesse leggi fisiche.

Ho invitato più volte il mio collega flautista-ricercatore presso il Conservatorio Umberto Giordano di Foggia a tenere masterclass, e in un'occasione anche con l'otorinolaringoiatra Orietta Calcinoni del Teatro alla Scala di Milano, e gli incontri sono stati sempre illuminanti.

Il Conservatorio come facoltà universitaria è insensibile alla ricerca e non prevede, come mi risulta esistano all'estero dottorati, borse di studio o finanziamenti per ricercatori.

Mi auguro che in un prossimo futuro i Conservatori adottino questo testo per una materia trascurata dai programmi di studio del Triennio e del Biennio e che sia lo spunto di ulteriori studi e approfondimenti da parte di altri ricercatori che intendano proseguire la strada aperta da Marco Gaudino per rendere l'esecutore più consapevole e "pensante".

Laurent Masi
(Docente di flauto e referente del Dipartimento di Strumenti a fiato
del Conservatorio Umberto Giordano di Foggia)

Prefazione

Questo manuale nasce dalle mie ricerche sul flauto nel desiderio di migliorare le sue tecniche di base, tra coscienza e modi di studiare. L'obiettivo del lavoro è mirato a definire una diversa metodologia di insegnamento nel flauto traverso.

Una metodologia che non vuole più accontentarsi di tramandare solo modi di fare esercizi rivolti alle capacità pratiche da sviluppare, ma che ha la finalità di spiegare a fondo le motivazioni del fare e del come fare, attraverso l'acquisizione di saperi propedeutici ad esso.

Le mie ricerche, nate agli inizi degli anni novanta, si ponevano gli obiettivi di comprendere i meccanismi fisici e fisiologici che potevano favorire o sfavorire l'acquisizione di un bel suono flautistico nelle possibilità di modulazioni timbriche e di colore nei suoi registri, di un vibrato non statico ma modulato, e di uno staccato mai secco ma saltellato. Si cercava una tecnica di studio che potesse fornire allo strumentista sia studente che professionista, il massimo rendimento nel più breve tempo possibile.

Il lavoro è suddiviso in compendi con capitoli e paragrafi che li compongono. I compendi si intersecano continuamente tra loro, affrontando lo stesso argomento dominante "La ricerca del bel suono", ma approfondendo ogni volta i diversi aspetti che lo caratterizzano come: acustica, aerodinamica, termodinamica dei gas, ricerca sul comportamento delle corde vocali nelle sue tecniche e in quelle affini al canto e degli altri strumenti a fiato, fisiologia muscolare vocale e respiratoria, esercizi ed esempi pratici.

I compendi inseriti in questo manuale sono collegabili tra loro, ma possono essere considerati anche come opere singole intorno all'argomento cardine su cui gravitano.

Il manuale è corredato da immagini ed esempi.

Non mancheranno degli spunti di riflessione sia per i cantanti che per gli altri strumentisti a fiato.

Presenterò nel corso delle mie trattazioni un software multimediale che consiste in una tastiera che produce soffi ideali da imitare, in relazione alle note della scala cromatica a diverse altezze tonali; da imitare e in particolar modo ricordare, durante la produzione del suono nel flauto, negli strumenti a fiato e nell'arte della produzione vocale.

Questo tipo di tecnica da associare all'emissione sia vocale che strumentale, può risultare efficace sia per la ricerca delle risonanze ideali orofaringee nella produzione vocale che per il tipo di frequenza del flusso aereo da associare ai singoli suoni da emettere negli strumenti a fiato.

Si studia pensando quando ci si chiede il perché va fatto un determinato esercizio e cosa accade quando lo facciamo.

when one wonders why a certain exercise must be done and what happens when we do it.

Non è semplice entrare in questa ottica e, ci si renderà conto, nel corso di questo lavoro, dei tanti argomenti che gravitano intorno alla produzione sia vocale che strumentale.

you will realize

topics that revolve around vocal and instrumental production

Il nostro strumento si presta ad uno studio interdisciplinare quanto mai vasto. Qui saranno prese in considerazione le discipline che si intersecano con esso e che ci daranno la possibilità di comprenderne meglio i suoi meccanismi. Non si potrà parlare solo di aria, se non si conoscono i principi di aerodinamica, non si potrà parlare di gola aperta o chiusa se non si approfondisce cosa avviene tra il tubo del flauto e l'interno della nostra bocca mentre suoniamo, e non si potrà chiarire fino in fondo come si produce il suono nel nostro strumento se non si affronterà lo studio della pressione atmosferica.

throat open or closed

atmospheric pressure.

Nella ricerca di un suonare cosciente si dovranno affrontare moltissime tematiche nuove per il flautista e non solo; tematiche che ho cercato di rendere semplici e comprensibili a tutti, ma soprattutto mai staccate dal discorso "Operare suonando".

Inizieremo il nostro manuale cercando di definire quali sono le cose che un flautista si deve chiedere durante i suoi anni di studio e da lì partiremo in un bel viaggio alla scoperta dei meandri segreti che si celano dietro al nostro strumento, arrivando a comprendere che il fulcro più importante del suonare, siamo proprio noi.

Alla fine dell'opera presenterò un sussidio per la didattica del flauto traverso (ottimizzatore di flusso aereo), molto efficace per aiutare i principianti nell'emissione del bel suono.

Buon lavoro

Marco Gaudino

Le cose che un flautista si deve chiedere per diventare cosciente della sua tecnica

Come fa il flauto a suonare? What makes the flute play?

Cos'è il suono? What is sound?

Come si definisce l'aria che passa dalle labbra prima di arrivare alla boccoletta del flauto?

Cosa si intende per flusso aereo?

Cos'è una pressione e una velocità aerea?

In che modo si influisce sull'intonazione?

Quali sono i muscoli che operano nella respirazione e come averne un controllo?

Quali muscoli interagiscono nella tecnica globale del flauto?

Cosa si intende per sostenere il suono o appoggiarlo?

Cos'è il timbro o colore del suono?

Come faccio a cambiare il timbro del mio suono e perché?

Che differenza passa tra una pressione aerea costante ed una pulsante?

Cos'è e come si ottiene il vibrato?

Lo staccato semplice, doppio e triplo, cosa cambia e perché usarli a seconda dei tempi?

Come vorrei che fosse il mio suono e perché?

Come posso fare per ottenerlo?

Che ruolo giocano la laringe e le corde vocali nella tecnica del mio strumento?

Che differenza passa tra pressione aerea, velocità della stessa ed intensità della stessa?

Da cosa dipende il timbro del suono?

Cosa sono le formanti in acustica musicale?

Cosa si intende per nodo e ventre in acustica musicale?

Come devo soffiare in una dinamica sonora piano ed in una forte e perché?

Che ruolo gioca la lingua nell'emissione del suono e perché?

Che ruolo giocano le labbra nell'emissione del suono e perché?

Cosa sono i suoni armonici e come posso gestirli?

Cosa mi piace e cosa non mi piace della mia tecnica globale?

Il desiderio di individuare uno scopo in ogni dove è naturale in un animale che vive circondato da macchine, da opere d'arte, da strumenti e da manufatti aventi una precisa destinazione; un animale, per di più, i cui pensieri sono costantemente dominati dai propri obiettivi personali. Un'automobile, un apriscatole, un cacciavite o un forcone giustificano tutti la domanda: "A che cosa serve?". È probabile che i nostri predecessori pagani si siano posti il medesimo interrogativo sul tuono, sulle eclissi, sulle rocce e sui corsi d'acqua.

Richard Dawkins, Il fiume della vita, 1995

COMPENDIO n. 1

Come fa un flauto a produrre il suono

Definizione di suono - Principi di acustica - Definizione di aria e pressione atmosferica - Le colonne d'aria che interagiscono tra loro durante la produzione del suono, nelle differenze aerodinamiche e termodinamiche - Definizione di forza di attrito e pressione - Definizione del timbro - Armonici

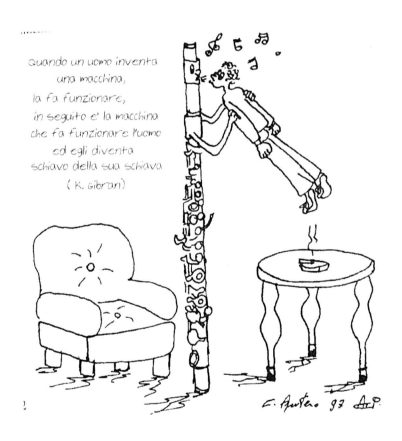

Disegno di Candido Autero "Il suonatore suonato" - 1993 in: Marco Gaudino "Nuova ipotesi sulla produzione del suono nel flauto traverso"
ed. Flavio Pagano

elastic/flexible

Il suono è un fenomeno acustico prodotto dalle vibrazioni periodiche di un corpo elastico. Nel caso del nostro strumento il corpo elastico che viene messo in movimento periodico, ossia pulsazioni che si alternano in maniera uguale nel tempo e ad una velocità variabile, è l'aria. Il motore che mette in moto il processo di produzione del suono è rappresentato dal flusso aereo che lo strumentista immette tra il foro della cosiddetta boccoletta e il suo spigolo esterno. È grazie all'infrangersi dell'aria immessa nel foro della boccoletta indirizzata tra il suo interno e il suo spigolo esterno che si genera quella che definiremo "Corda d'aria" in vibrazione. Le pulsazioni aeree che avvengono nel tubo del flauto durante l'emissione del suono, dunque, nascono tra l'interazione di due flussi aerei: l'aria contenuta al suo interno che ha connubio con la pressione atmosferica (forza presente sulla terra), che definiremo come "costante pressoria variabile" e il flusso aereo immesso dallo strumentista.

Il gioco aerodinamico che si forma tra la pressione atmosferica e l'aumento di velocità aerea generatasi tra lo spigolo esterno della boccoletta e il suo interno, contrapposto all'aria contenuta nel tubo del flauto e l'ambiente aereo circostante nei lati tra lo stesso spigolo esterno della boccola e la fine della lunghezza del tubo, da origine al suono dello strumento.

LUOGO DI PRODUZIONE DEL SUONO

Le pulsazioni date da variazioni di pressioni aeree si riflettono dal tubo del flauto su alcuni muscoli vocali addetti alla funzione respiratoria, mettendoli in una condizione che definiremo di azione-reazione con contingenze nervose e muscolari superiori alla funzione respiratoria tranquilla; in che modo avviene il processo, sarà sia esposto in questo compendio che approfondito in seguito.

Spesso si ignora nella didattica degli strumenti a fiato che ci sono dei muscoli vocali operanti nella fase del soffiare, questa azione è la parte finale di un processo che vede coinvolte diverse contingenze sia fisiche che fisiologiche, le quali mutano durante i processi di produzione del suono. Le difficoltà che si possono incontrare nel comprendere a pieno il meccanismo, per chi non ha consapevolezza scientifica degli elementi che gravitano intorno al fenomeno, sia per quanto riguarda le leggi di acustica che di aerodinamica che lo caratterizzano, potrebbero essere notevoli. Tuttavia cercherò di essere sintetico, soffermandomi sull'acquisizione delle conoscenze necessarie per comprendere ed approfondire con coscienza il meccanismo che gravita intorno al fenomeno di produzione del suono nel flauto, nell'interazione con lo strumentista con esso.

Al fine di avere chiari gli elementi che lo regolano, inizieremo ad analizzarli uno ad uno in maniera chiara e sintetica. Purtroppo in Italia mancano, al momento, all'interno dei conservatori le figure dei docenti ricercatori e quindi la possibilità da parte degli studenti di potersi dedicare a dei dottorati di "ricerca". Si evidenzia la mancanza di un'analisi oculata di tutti gli elementi che gravitano intorno alla produzione del suono nelle tecniche del flauto, atta a generare una metodologia di approccio alla didattica della pratica strumentale diversa da quella adottata fino ad oggi; finalità che si pone questo manuale.

La stessa cosa dicasi per gli altri strumenti a fiato.

Le istituzioni universitarie musicali estere hanno, invece, già attivato dei dottorati di ricerca intorno al nostro strumento.

Iniziamo ad analizzare la materia prima con cui lo strumentista a fiato lavora: l'aria. **L'aria** circonda la terra formando l'atmosfera, essa è una materia ed il suo stato è definito gassoso, gli altri due stati della materia sono detti solido e liquido.

L'aria è un miscuglio di gas tra i quali l'ossigeno, l'anidride carbonica, l'azoto, l'ozono, l'elio. In essa è presente anche il pulviscolo ed il vapore acqueo.

Le sue caratteristiche principali sono: comprimibilità, elasticità, possibilità di variare le sue potenzialità di compressione in relazione agli stati di calore. Essa ha un peso variabile. L'atmosfera è formata da vari strati e non si disperde nell'universo perché viene attratta verso il centro della terra dalla forza di gravità, che ha la caratteristica di attirare tutti i corpi verso il suolo. L'aria, dunque, che forma l'atmosfera è richiamata verso la terra dalla forza di gravità.

A causa di questa azione, **l'aria ha UN PESO** con il quale esercita una pressione sui corpi che viene definita come pressione atmosferica.

La pressione atmosferica si misura con il barometro.

Il suo peso varia con l'altitudine e con i suoi stati di calore.

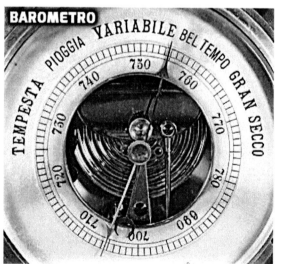

Quando c'è alta pressione il cielo è sereno, quando c'è bassa pressione il cielo è nuvoloso.

Tanti di voi avranno notato che il suono del flauto che si produce, a prescindere dai nostri interventi coscienti, si modifica anche in relazione alle condizioni atmosferiche; il fenomeno è attribuibile, sicuramente, alle variazioni della pressione atmosferica con cui il flautista interagisce durante la produzione sonora.

La formula matematica con cui si misura la pressione è forza su superficie F/S, ossia la capacità di esercitare una spinta su un corpo e i conseguenti attriti che con esso si generano nelle azioni di movimento.

Per forza di attrito si intende un tipo di forza che si genera tra la superficie di due corpi e che si oppone al moto dell'uno rispetto all' altro, generando resistenze motorie.

Senza forza di attrito sulla terra non ci potrebbe essere nessuna forma di movimento modulata. Nello spazio non essendoci forza gravitazionale che funge come tale, né pressione atmosferica, i movimenti di qualsiasi genere sono difficili da compiersi. L'uomo non è cosciente della forza che esercita l'aria su di esso e sui corpi che lo circondano, in quanto la pressione atmosferica è uguale su tutti i lati. Essa cambia con il variare dell'altitudine. In montagna la pressione atmosferica è minore rispetto alla riva del mare. Questo avviene perché, in montagna, lo strato di aria sovrastante il globo terrestre è minore e, quindi, è minore la pressione che questo strato esercita sulla terra. A cosa serve ad un flautista sapere tutto ciò, vi starete chiedendo, serve nel momento in cui ci si renderà conto che la produzione del suono nasce dall'interazione di due forze: la prima esercitata dallo strumentista attraverso la sua colonna d'aria e la seconda rappresentata da differenziali di energia pressoria tra l'aria presente nello strumento e la pressione atmosferica.

Le due colonne aeree che devono interagire per la produzione del suono non hanno le stesse caratteristiche, la prima quella inerente al flautista ha una temperatura diversa da quella con cui deve interagire: la prima è più calda della seconda e proviene dall'organismo umano, mentre la seconda è isolata dal tubo del flauto e in contatto con l'esterno, ossia con la pressione atmosferica.

Che peso hanno le due colonne d'aria?
La prima è indubbiamente più leggera della seconda.

Dobbiamo aggiungere ancora un altro aspetto, le particelle che compongono la prima sono più dilatate della seconda contenuta nel tubo ed in contatto con l'esterno. Più le particelle di un flusso aereo sono dilatate e meno è la pressione che si può esercitare, ad esempio, su una colonna d'aria che ha particelle più condensate.

In sintesi: in virtù di particelle aeree più condensate o rarefatte che interagiscono tra loro varia la possibilità di compressione tra le colonne d'aria stesse, ovvero quella contenuta nel flauto ed in contatto con l'esterno e quella proveniente dai polmoni dello strumentista. L'aria calda proveniente dai polmoni è più leggera di quella contenuta nel flauto è ha meno capacità di compressione di una colonna d'aria, ad esempio, che ha la stessa temperatura di quella contenuta nel tubo dello strumento. Le variazioni dei rapporti di compressione tra le colonne d'aria sono l'elemento fondamentale affinché i suoni prodotti nel flauto, possano essere sostenuti con equilibrio.

Il suono del flauto si forma tra l'interazione della colonna aerea dello strumentista e l'aria presente sia all'interno che all'esterno del tubo, tra differenziali di pressione che generano nel loro complesso una tensione aerea assimilabile a quella di una corda tesa su una chitarra.

23

Le colonne aeree che interagiscono nella produzione del suono hanno delle loro caratteristiche di temperatura variabili a prescindere dal sistema "Flauto", che nella sua costituzione nasce per fare in modo che il fenomeno produzione sonora possa avvenire facendo dell'aria l'elemento vibrante. Se a produrre il suono nel flauto fossero due colonne d'aria della stessa temperatura, il sistema potrebbe definirsi perfetto; nel nostro caso, dove è l'uomo a produrre il suono e non una colonna aerea solamente, possiamo definire il sistema perfettibile. Sistema perfettibile per tre motivi dati da potenziali azioni che lo strumentista può compiere sull'aria che immette nello strumento stesso: il primo motivo è attribuibile alla capacità di variare il modo in cui indirizza, attraverso la mandibola e le labbra, il suo flusso aereo tra lo spigolo esterno della boccoletta e il suo interno, il secondo è dato dalla lunghezza e ampiezza di base del suo cavo orale, nonché spessore dei muscoli vocali nei potenziali stati di tensione che possono variare la velocità del flusso aereo che entra nel tubo dello strumento, il terzo dal modo in cui utilizza i muscoli respiratori per variare gli stati di pressione dell'aria che entrano nel flauto in cooperazione con i muscoli delle labbra. I movimenti della lingua, a partire dalla sua base, ossia la parte che va verso la zona della gola, possono generare un'apertura maggiore o minore del cavo orale tra una zona detta glottide, una detta laringea e un'altra detta faringea che associati a movimenti della mandibola e delle labbra possono incidere sui parametri "velocità del flusso aereo in ingresso al flauto", variandone la timbrica del suono, le sue altezze e la sua intensità.

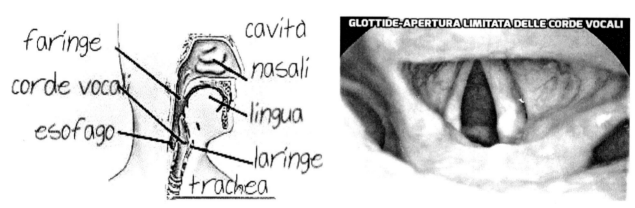

Il suono si modifica parzialmente o nella sua globalità in virtù dei rapporti di compressione che possono variare attraverso i parametri aerei che lo strumentista immette, sincronicamente con quello che accade all'interno del suo cavo orale.

La colonna aerea interna al tubo del flauto a sua volta, deve il suo moto pulsante alla pressione atmosferica **che si oppone ad essa in maniera inversa** alla sua azione energetica prodotta dall'esecutore verso l'esterno. Si generano due forze che si comprimono e si ostacolano nel moto inverso, pulsando. Una che nasce dallo strumentista attraverso la forza del suo flusso aereo che interagisce con la pressione atmosferica, iniziando il suo moto oppositivo ad essa dallo spigolo esterno della boccola verso il suo esterno-interno, e l'altra forza formatasi tra l'interno del tubo e la pressione atmosferica presente all'esterno della sua apertura variabile. Si genera un moto oppositivo aerodinamico di esterno verso l'interno e viceversa. Il suono si produce attraverso questi giochi-tensivi dei flussi aerei in moto verso l'esterno e verso l'interno, in un numero di pulsazioni che variano in virtù delle energie prodotte dallo strumentista stesso in relazione alla lunghezza variabile del tubo del flauto tra toni fondamentali e le sue potenziali armoniche. Si definisce piede della canna la parte terminale dell'ultimo foro chiuso nella parte destra del tubo. Il tubo può essere più lungo o più corto in relazione alla quantità di fori che restano chiusi o aperti.

Tubo più lungo, possibilità di produrre suoni più gravi; tubo più corto, possibilità di produrre suoni più acuti. I suoni si distinguono in bassi o gravi, medi e acuti a seconda del numero di pulsazioni che l'aria in stato di perturbazione ed eccitazione, compie in un secondo. Suoni bassi minor numero di pulsazioni e viceversa. Più aumentano il numero di pulsazioni nella ricerca della produzione dei suoni, maggiore deve essere la velocità del flusso aereo in ingresso alla boccoletta.

Più aumenta l'altezza dei suoni e maggiormente la corda aerea formatasi tra flauto ed esecutore si "tende", pulsando in relazione ai suoni che il sistema costituito può emettere sotto l'influenza dello strumentista stesso. Cosa accade quando lo strumentista soffia tra lo spigolo esterno della boccoletta e il suo interno? In qualsiasi libro di acustica musicale si legge che si genera una perturbazione dell'aria in essa contenuta, provocandone la reazione con una serie di condensazioni e rarefazioni. Per stati di condensazione si fa riferimento a stati in cui le particelle aeree sono più ravvicinate e hanno in relazione a ciò una maggiore pressione.

Per stati di rarefazione, invece, si fa riferimento a particelle aeree meno ravvicinate tra loro e quindi rarefatte: la velocità dell'aria è maggiore e minore ne è la pressione.

La costante pressoria da considerare è data, comunque e sempre, dalla pressione atmosferica, variabile con il variare dell'altitudine e con il mutare delle temperature. All'interno del tubo del flauto, prima della produzione di un suono, le particelle dell'aria sono ravvicinate tra loro rispecchiando lo stato della pressione atmosferica esterna del momento, o quasi. La pressione atmosferica varia non solo con le mutazioni delle temperature aeree, ma anche con lo stato del grado di umidità ambientale. Quella che c'è la mattina presto, non è mai uguale a quella che può esserci a mezzogiorno o alla sera, in quanto nell'arco della giornata la temperatura dell'aria si modifica continuamente. La pressione atmosferica maggiore si ha di mattina e minore il pomeriggio, per poi rivariare nelle ore serali.

Quando lo strumentista insuffla aria nello strumento secondo le modalità descritte (soffia tra lo spigolo esterno della boccoletta e il suo interno), genera in quella zona una decompressione aerea, creando un vuoto di pressione: le particelle aeree si allontanano tra loro.

[handwritten: edge external of mouthpiece]

[handwritten: vacuum pressure F]

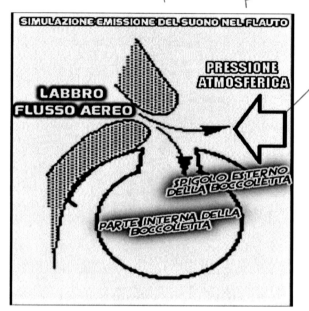

[handwritten: creates the vibration upon contact, like violin bow on string]

[handwritten left margin: ☆ understand this vacuum pressure!]

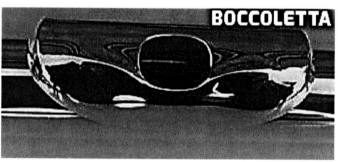

Il vuoto che si genera fa in modo che ci possa essere una reazione da parte della colonna d'aria che si trova nella parte opposta al foro della boccoletta, ossia verso il piede della canna.

[handwritten: (foot joint)]

L'aria si muove, in pratica, in direzione opposta e contraria.

[handwritten: ☞ think about how this relates to slow air + less pressure]

1
FLUSSO AEREO IMMESSO DALLO STRUMENTISTA TRA SPIGOLO ESTERNO DELLA BOCCOLA E IL SUO INTERNO

REAZIONE DELLA PRESSIONE ATMOSFERICA
2

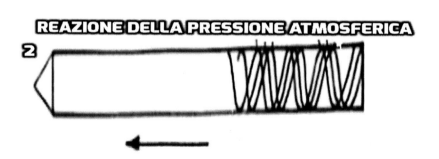

We can try to reform the exposed dynamics

Proviamo a riformulare la dinamica esposta: ad una colonna aerea che passa tra le labbra *(always lips plural)* dello strumentista generante tra il foro della boccoletta e il suo interno un vuoto pressorio, si *pressured vacuum* oppone una colonna aerea che reagisce al vuoto. Si crea una compressione aerea tra forze contrarie, data da flussi aerei che si fondono contrapponendosi e dando vita a pulsazioni.

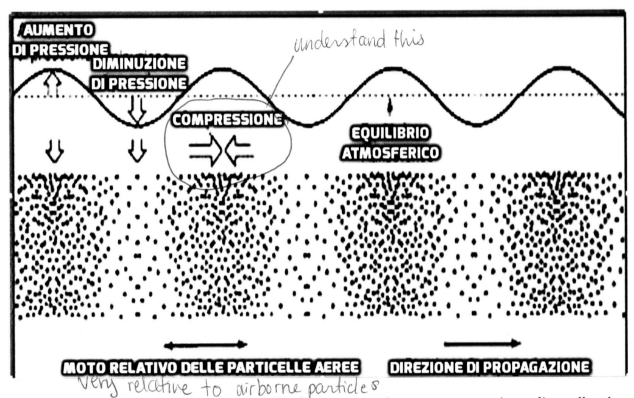

Very relative to airborne particles

La compressione viene resa possibile da una pressione aerea maggiore di quella che si genera nel flauto, rappresentata dalla pressione atmosferica che reagisce tra il piede della canna e la parte esterna allo spigolo della boccoletta. Si generano dei differenziali pressori che *a single column of air which is made up between all of these* definiamo di tensione, in un'unica colonna di flusso che si compone tra tutte quelle che *interactions. It can be defined as a cord of air with energy potential* interagiscono. Essa si può definire una corda d'aria con potenziali di energia a diverse variabili *energy potentials of diverse variables* che daranno vita al suono nelle sue qualità distintive quali: altezza, intensità e timbro. *that will give life to the sound in its qualities like such as height, intensity, and timbre*

Il meccanismo che si crea è molto simile a quello della formazione dei venti. Zone di alta *aerial disturbance* pressione che incontrano zone di bassa pressione, generano una perturbazione aerea del *in our case the flute tube, surrounding environment, the instrumentalist herself* sistema; nel nostro caso tra il tubo del flauto, l'ambiente circostante, e lo strumentista stesso.

L'acustica nella generazione del suono nel flauto ci parla di "nodi" e "ventri", ossia "creste" e *Knots* *bellies* *ridges* "ventri." *(abdominals)* *(womb?)* *Stomach*

nodi - knots, junction

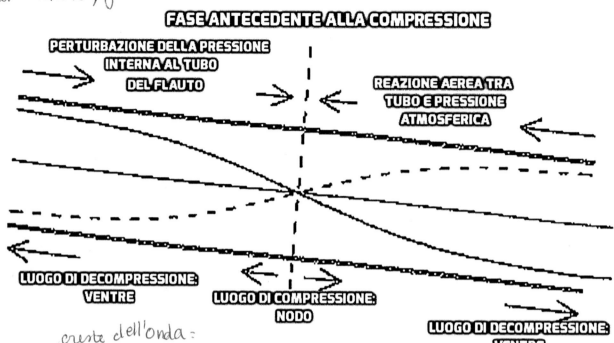

FASE ANTECEDENTE ALLA COMPRESSIONE

PERTURBAZIONE DELLA PRESSIONE INTERNA AL TUBO DEL FLAUTO

REAZIONE AEREA TRA TUBO E PRESSIONE ATMOSFERICA

LUOGO DI DECOMPRESSIONE: VENTRE

LUOGO DI COMPRESSIONE: NODO

LUOGO DI DECOMPRESSIONE: VENTRE

creste dell'onda = wave crests

Si definiscono "nodi" quelle zone in cui l'aria è più condensata e "ventri" dove è più rarefatta; creste dell'onda [reduced ridges, wave] acustica i punti dove si passa dagli stati di condensazione a quelli di rarefazione, i nodi sono i punti di compressione aerea che restano fermi.

I nodi sono i punti dove la pressione aerea è massima ma minima è quella acustica, ossia suono; i ventri sono quei punti invece dove la pressione acustica è massima e minima invece quella aerea.

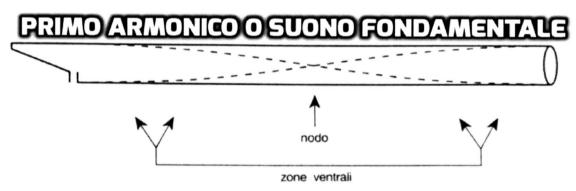

PRIMO ARMONICO O SUONO FONDAMENTALE

nodo

zone ventrali

Gli stati dove la pressione atmosferica diminuisce durante il processo, sono i punti dove il fenomeno acustico detto "Suono" è più presente.

Cosa determina un bel suono da un cattivo suono in questo processo di produzione generale?

Definire cosa sia un bel suono nel flauto traverso è stato scritto e riscritto in molti metodi e trattati. Un bel suono deve essere omogeneo nei tre registri sia in intensità sonora che nelle variazioni timbriche, nel rispetto di ciò che si esegue. Il bel suono deve essere intonato, avere proiezione (ossia udibile alla maggiore distanza possibile dalla zona da cui viene prodotto), essere pulito da imperfezioni di emissione sia nel suo attacco che nella sua sequenza di produzione nel tempo. Deve avere possibilità di variazioni coloristiche e timbriche con la prerogativa di un'intonazione stabile durante i processi descritti. Per timbro, in acustica musicale si intende il colore del suono, che varia sia da strumento a strumento che da strumentista a strumentista per lo stesso strumento.

Le sue innumerevoli sfumature, per uno stesso strumento, dipendono dal modo in cui gli armonici di base contenuti nel suono stesso hanno maggiore o minore intensità sonora tra loro e, in ordine di quantità degli stessi, nella distinzione tra uno strumento e un altro.

Possiamo definire armonici i micro-suoni che sono contenuti in un suono che il nostro orecchio percepisce come globale. Ad esempio dal do grave, nel flauto traverso è possibile far venir fuori variando la velocità del flusso aereo in ingresso: un do medio, un sol medio, un do acuto, un mi acuto, un sol acuto, un si bemolle acuto.

Le armoniche, altra terminologia per definire le particelle che compongono un suono fondamentale, sono anche quei suoni potenziali che vengono fuori "udibili", come precedentemente illustrato, variando la velocità di pulsazione della colonna d'aria, definita in questo manuale come "corda aerea".

Una corda d'aria che aumenta la sua velocità di pulsazione nel tubo del flauto fa in modo che, da un suono detto fondamentale, venga fuori un altro suono con frequenza più alta e altri ancora secondo una sequenza stabilita dal sistema costruttivo dello strumento stesso, rapportabili al sistema musicale che abbiamo convenzionato storicamente nei secoli.

Esempi sui suoni armonici

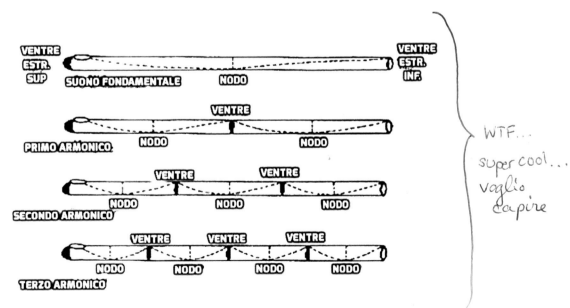

29

Una delle parole chiavi nella tecnica di produzione del suono flautistico deve sempre essere "variazione di velocità del flusso aereo" durante l'emissione del suono.

I motivi per cui le variazioni di velocità di flusso aereo in ingresso alla boccoletta sono fondamentali per poter gestire la qualità del suono e non solo le variazioni di altezze tonali, sono presto detti: le temperature delle due colonne aeree che interagiscono hanno tra loro poco impatto di compressione.

L'azione di compressione aerea sostenuta dallo strumentista è fondamentale alla qualità della produzione sonora.

Una parte del flusso aereo dell'esecutore, ovvero quello che va verso lo spigolo esterno, crea una decompressione tra la boccola e l'interno della stessa, le particelle aeree presenti nel tubo del flauto si allontanano tra loro perdendo la pressione originaria in ordine alla pressione

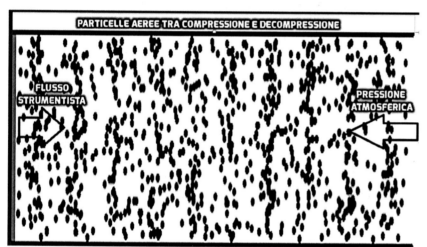

atmosferica di quel momento, mentre le particelle aeree più compresse provenienti dall'interno del tubo ed in contatto con l'esterno si spostano inversamente interagendo con quella parte di flusso dell'esecutore che entra nel tubo stesso.

La parte della colonna aerea che comprime l'aria contenuta nel tubo del flauto (flusso aereo dello strumentista) ha bisogno, in linea generale, di essere modificata per produrre dei suoni originari che non diano al loro ascolto un senso di decompressione, nel rispetto di quello che definiamo bel suono, ossia un tipo di sonorità che richiami un'energia acustica **presente** e non senza forza o smalto che possiamo definire decompressa o meglio nella terminologia **SUONO NON SOSTENUTO.**

Nella formazione della compressione aerea dal punto detto nodo a quelli detti ventri, dal grado di energia maggiore o minore prodotta e assimilabile a variazioni di velocità di flusso, si avranno suoni con variazioni timbriche diverse e ossia sostenuti o meno sostenuti in forza aero-muscolare, nei colori timbrici e nelle loro altezze tonali. Un tipo di suono non pieno e decompresso viene facilmente fuori nei principianti, in quanto, l'aria dello strumentista che comprime quella contenuta nel flauto è più calda e quindi più leggera di quella all'interno dello strumento. Il flusso dell'esecutore principiante non risulta ancora adeguatamente modificato dai suoi muscoli, non allenati a farlo nelle maniere corrette. Può accadere soprattutto nel registro grave dello strumento, in quanto l'aria da spostare per produrre il suono ha un peso maggiore e quindi necessita di maggiore compressione. Le particelle dell'aria più calda proveniente dai polmoni, rispetto a quelle contenute nel flauto sono più distanti tra loro e hanno poca forza di compressione rispetto all'aria presente tra il tubo dello strumento e il suo esterno. È proprio questa dinamica di base a generare la problematica di emissione di un suono che consideriamo emesso non "ben sostenuto".

Lo strumentista in inverno ha esigenza di riscaldare il flauto prima di una esecuzione strumentale più che in primavera. Lui in realtà non riscalda il flauto ma l'aria fredda in esso contenuta e troppo pesante, rispetto alla sua calda, per poter produrre dei suoni pieni e non decompressi. Molti docenti di flauto invitano i propri alunni ad alitare aria calda nel flauto e non soffiare molto forte durante la produzione del suono. Cercano di trovare una giusta dimensione di temperatura tra aria da immettere e aria presente nel tubo. In pratica alitando tendono a riscaldare quella contenuta nello strumento cercando di renderla più leggera da comprimere. Invece, altri docenti, si oppongono a questa tecnica, invitando a soffiare aria fredda e veloce attraverso una modifica sostanziale della chiusura delle labbra, in pratica cercano di aumentare la velocità del flusso in ingresso alla boccola per dargli maggiore forza di compressione. Le due tecniche sono sostanzialmente corrette e producono tipi di sonorità differenti. Aria calda su aria calda può produrre un bel suono pieno, le particelle delle due colonne aeree che interagiscono tra loro hanno un equilibrato rapporto di compressione; se si aumenta in questo tipo di tecnica l'intensità del flusso aereo nella ricerca di una sonorità "Fortissimo" si può incorrere nella produzione di suoni spinti e crescenti, la pulsazione diventa irregolare nel tubo, questo tipo di inconveniente si corregge attraverso un uso sapiente delle labbra. All'aumentare dell'intensità del flusso aereo, sarebbe opportuno, se il suono risultasse spinto o crescente di intonazione, stringere le labbra nella zona laterale ad esse per diminuirne la sproporzionata intensità ed aumentarne la velocità; in quanto nella dinamica descritta di suono sforzato si generano degli attriti sbilanciati tra aria dello strumentista e pressione atmosferica. Il flusso aereo dell'esecutore risulta venir meno nelle velocità adeguate alla corretta compressione dell'aria contenuta tra lo strumento e la detta pressione atmosferica.

Tra il ventre che si genera verso la boccoletta e quello formatosi per opposizione alla compressione verso il piede della canna, si creerà un attrito troppo forte tra aria che si muove verso l'esterno a destra del tubo e quella che si muove al contrario, con conseguente aumento di grado di pulsazione tra boccoletta e l'interno della stessa.

PRIMO ARMONICO O SUONO FONDAMENTALE

nodo

zone ventrali

Succede che la pulsazione aerea va incontro a dei blocchi e l'aria non riesce a vibrare per tutta la lunghezza del tubo, rispetto ai suoni da emettere. Si crea una situazione atipica che genera una pulsazione aerea crescente rispetto al suono da emettere intonato, conseguente ad una pulsazione dell'aria che avviene in una dimensione di tubo più piccolo generatasi con il blocco della vibrazione aerea stessa.

L'aria, dunque, si blocca nel suo movimento completo rispetto alla lunghezza della canna, in relazione al suono ideale da produrre.

Ad esempio:

Nell'emissione di un La a 442 pulsazioni al secondo, dato dalla posizione digitale che varia la lunghezza del tubo nel flauto, se la velocità del flusso aereo dello strumentista non è coerente con il suono da emettere si dà luogo ad una sorta di blocco-sforzo nell'emissione sonora, riferibile a degli attriti troppo forti che si generano tra il suo flusso aereo di sproporzionata intensità e la pressione atmosferica che reagisce tra il tubo del flauto e il suo esterno. Il suono cresce perché la pulsazione si genera in un luogo del tubo leggermente più corto rispetto a quello ideale alla frequenza da emettere.

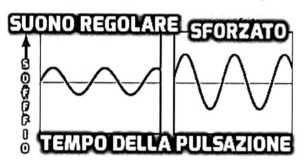

La maggioranza dei professionisti del flauto esegue diverse manovre di correzione in maniera naturale e disinvolta, anche senza conoscerne il meccanismo a fondo.

Stringere le labbra ai lati, nei suoni medio-gravi, aumenta la velocità del flusso aereo consentendo una pulsazione più regolare dell'aria nel caso di un suono troppo spinto o crescente, regolandone la sua intensità di base in una condizione di soffio non trattenuto in "forza di espulsione".

Nei suoni acuti, invece, il trattamento dei suoni spinti e crescenti dovrebbe prevedere l'inverso: apertura del cavo orale senza mollare la pinza labiale laterale e indirizzo del diaframma verso il basso per favorire alcuni muscoli vocali a variare la loro posizione atta ad aumentare e sostenere la velocità del flusso aereo in maniera adeguata, rispetto alle altezze da produrre (vedi pagg. 73 - 245).

Nei principianti che producono suoni senza prestare molta attenzione alla giusta chiusura del foro labiale, soprattutto in quelli che evidenziano da subito un tipo di sonorità vuota, l'uso delle **labbra** è da subito fondamentale. **Le labbra** nel flautista e il loro uso consapevole le va a catalogare nei muscoli che possono modulare la velocità aerea che definiremo, in questa fase di studio, relativa agli aggiustamenti timbrici delle frequenze da emettere tra il flusso aereo in ingresso tra lo spigolo esterno e interno della boccola e la pressione atmosferica circostante ad essa. Un'azione di compressione aerea più marcata, eseguita con tensioni nelle zone labiali laterali, nell' emissione di flusso genera un'azione aerodinamica più incisiva da parte dello strumentista verso la pressione atmosferica che si riflette tra l'esterno del tubo del flauto e il suo interno, con conseguenze sul suono e la sua timbrica. Definiremo velocità del flusso aereo variabile, in relazione alle frequenze da emettere nella loro qualità timbrica, quella che si genera per tutto il percorso che l'aria dello strumentista compie prima di giungere all'esterno, nelle sue possibili modifiche date dalle maggiori aperture o chiusure, coscienti o non coscienti, del suo cavo orale stesso.

Uno studente che si appresta a produrre i primi suoni nel flauto, può trovare, dunque, difficoltà per diversi motivi. La sensazione principale che ha durante la produzione dei primi suoni è quella che la sua aria finisca subito.

Le percezioni aeree non sono uguali per tutti: uno studente che ha un cavo orale più piccolo rispetto ad un altro, ha più possibilità che la sensazione di dispersione aerea diminuisca in quanto un cavo piccolo naturalmente produce un flusso aereo ad una velocità maggiore di un cavo più ampio. Maggiore è la velocità del flusso in uscita, maggiore è l'attrito che si genera con la pressione atmosferica tra interno ed esterno del tubo e minore ne è la dispersione aerea. Nel prossimo capitolo tratteremo e cercheremo di definire come gli attriti che si creano tra il flusso aereo dello strumentista e la pressione atmosferica si riflettono sui muscoli vocali, in maniera sempre crescente o decrescente in relazione alle altezze dei suoni da emettere.

Bisogna aggiungere che un labbro più teso durante la fase espiratoria genera condizioni e attriti consistenti alla regolazione del flusso stesso, oltre a generare aumenti di velocità aerei. Il tutto gravita sempre intorno alle velocità del flusso aereo dello strumentista nell'emissione sonora sia per la timbrica ovvero per la qualità del suono, che per le altezze e la loro intensità. Possiamo definire la velocità del flusso aereo prodotta dall'esecutore in diverse tipologie e in relazione ai suoi più piccoli cambiamenti: velocità relativa all'altezza tonale, velocità relativa alla sua timbrica, alla sua intonazione, all'intensità del suono.

Nella prima tipologia, ossia alle variazioni di altezza tonale, l'aumento di velocità è maggiore rispetto alle altre tipologie; possiamo parlare di aumenti di velocità di flusso e micro-aumenti di velocità di flusso stesso. Velocità del flusso che si modula attraverso diversi parametri di azioni muscolari agenti tra: labbra, muscoli respiratori (diaframma, addome, muscoli intercostali), del tratto vocale (laringe, corde vocali) e fasce muscolari che ne compongono l'apparato fonatorio di articolazione del suono come faringe, mandibola, lingua. Iniziamo a puntualizzare che i movimenti delle corde vocali che si verificano nel cavo orale del flautista durante la produzione sonora, così come riportato da molti ricercatori tra medici e strumentisti a fiato, avvengono tra azioni e reazioni date da forze di attrito che si generano tra flusso aereo dello strumentista, quello contenuto negli strumenti a fiato e la pressione atmosferica.

L'azione-reazione dei muscoli vocali è determinante al sostegno delle variazioni di velocità prodotte dal flusso aereo dall'esecutore, negli atti di compressione durante la produzione del suono nel flauto nelle varie altezze e dinamiche sonore. La stessa cosa dicasi anche per gli altri strumenti a fiato.

Le azioni dette, nonché le reazioni che ne conseguono, si generano tra la parte interna della bocca dell'esecutore e il tubo del flauto, nonché negli strumenti a fiato, a favore del sostegno e della qualità dei suoni prodotti.

In seguito, nei compendi relativi all'analisi approfondita delle dinamiche che si generano tra i detti muscoli vocali e la produzione dei suoni nel flauto e negli strumenti a fiato, vedremo come un mancato sostegno alla pulsazione aerea da parte dei muscoli citati può determinare una perdita di velocità aerea e, viceversa, come un rallentamento di velocità può determinare una diversa reazione dei muscoli stessi. Si può generare uno scorretto rapporto di sostegno muscolare alle pulsazioni generatesi tra i due sistemi interagenti, ovvero uomo-strumento a fiato, ripercuotendosi come già detto, sulla qualità dei suoni prodotti. Più aumenta la velocità di un flusso aereo, più aumenta la corsa delle sue particelle e viceversa. La velocità è sensibilmente modificata anche dall'intensità del flusso stesso. Per pressione aerea si deve sempre intendere un flusso aereo con particelle più ravvicinate tra loro, prendendo come parametro di forza massima la pressione atmosferica con cui ci si confronta ed interagisce durante la produzione del suono. Maggiore è la velocità di un flusso aereo, maggiore è l'attrito che si genera tra la pressione atmosferica e il flusso in movimento, maggiore l'impatto sulle fasce muscolari che regolano il flusso aereo dello strumentista a fiato durante l'emissione dei suoni sui vari strumenti. I giochi aerodinamici si ripercuotono dunque sulla qualità del suono, influenzando l'intensità degli armonici in esso contenuti.

Gli armonici sono quei suoni non percepibili ad orecchio umano, se non isolati, facenti parti di un unico suono composto che si dice fondamentale.

Una maggiore velocità di flusso, durante la fase di pulsazione, produce un suono con timbro più chiaro e viceversa. Bisogna comunque e sempre tenere libero da tensioni il centro delle labbra per evitare un insufficiente ingresso di flusso aereo nel flauto, al fine di non incorrere nella produzione di suoni poco sonori e liberi nella loro sensazione uditiva.

Per terminare questo compendio possiamo definire il suono del flauto prodotto dall'uomo la pulsazione di una colonna aerea che si crea tra pressione atmosferica, l'aria contenuta nel tubo del flauto e il flusso aereo dell'esecutore. Essa è sostenuta in velocità e intensità dai muscoli vocali, respiratori e labiali in virtù delle forze di attrito che si generano tra le contingenze aeree che formano il suono stesso.

Si formano tra i flussi che danno vita all'azione sonora, delle forze di attrito: ovvero delle resistenze tra i flussi che si contrastano nel moto, tali da produrre delle pulsazioni.

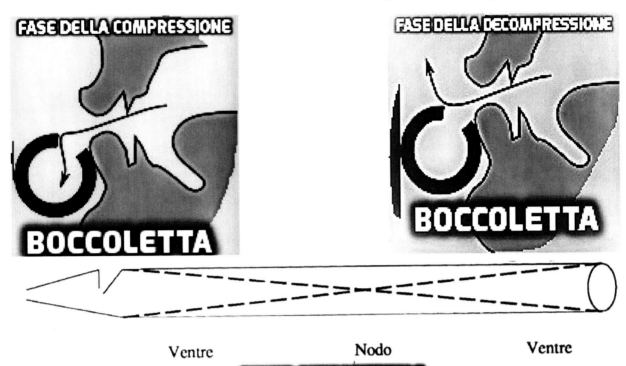

FASE DELLA COMPRESSIONE

BOCCOLETTA

FASE DELLA DECOMPRESSIONE

BOCCOLETTA

Ventre   **Nodo**   Ventre

SUONO FONDAMENTALE

Senza attrito nessun tipo di movimento con forze modulate potrebbe essere possibile.

Sulla terra sono la pressione atmosferica e la forza di gravità, come già detto, ad opporsi ai fenomeni di moto.

Nello spazio in assenza di forza di gravità e pressione atmosferica i corpi vagano nel vuoto, disperdendo la loro forza originaria.

junction

crux

bond

COMPENDIO n. 2

La riflessione delle energie prodotte nel tubo del flauto e l'impatto sui muscoli coinvolti: sostegno del suono

2.1 - Note generali

La fisiologia dell'apparato respiratorio e del tratto fonatorio in particolare, in relazione alla produzione del suono negli strumenti a fiato, presenta aspetti ancora discussi nella sua letteratura. Negli ultimi decenni gli aspetti comuni, nati dalle valutazioni del funzionamento dell'apparato vocale e respiratorio nella produzione del suono nei detti strumenti sono davvero molteplici. Ad occuparsi di questi aspetti sono stati diversi **foniatri** e strumentisti sparsi in tutto il mondo.

La foniatria è quella branca della medicina che si occupa delle problematiche della produzione vocale, intesa come fenomeno tecnico-scientifico e delle patologie mediche sugli organi che la coinvolgono.

Io mi sono occupato di studiare il fenomeno legato al comportamento delle corde vocali nelle tecniche del flauto con l'aiuto di diversi foniatri italiani, soprattutto nelle sue considerazioni atte a cercare di capirne a fondo il ruolo durante la produzione del suono nelle sue svariate articolazioni. Le mie ricerche iniziarono da un dubbio. Il mio dubbio nasceva dall'idea che il suono del flauto traverso prodotto dall'uomo potesse nascere dalle vibrazioni delle corde vocali e che il tubo del flauto non fosse altro che un risuonatore delle stesse frequenze vocali, non chiaramente udibili, al pari dell'emissione della voce umana. Iniziai l'ispezione della mia laringe per capire cosa succedesse durante la produzione del suono nelle sue svariate tecniche articolatorie, chiedendo aiuto al prof. Ugo Cesari, foniatra napoletano.

La laringe è quell'organo della parte bassa del cavo orale dove risiedono le corde vocali, può essere ispezionata con l'ausilio di un laringoscopio a fibre ottiche inserito dal naso e in grado di riprendere e registrare quello che avviene al suo interno quando si canta oppure si suona uno strumento a fiato.

Le corde vocali sono quattro, due vere e due false, dalla vibrazione di quelle vere nasce la voce, definita anche come suono vocale.

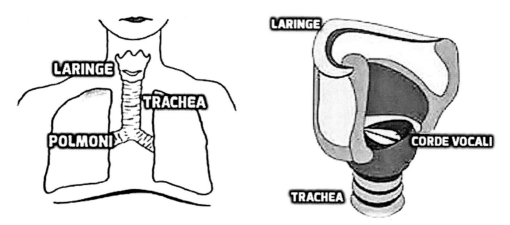

Per vibrazione, in acustica, si intende il movimento periodico di un corpo elastico definito come suono. Nella voce il corpo elastico in movimento è dato dalle corde vocali, nel flauto dalla sola aria che risuona nel tubo del flauto e che vibra con le modalità illustrate nel compendio n. 1.

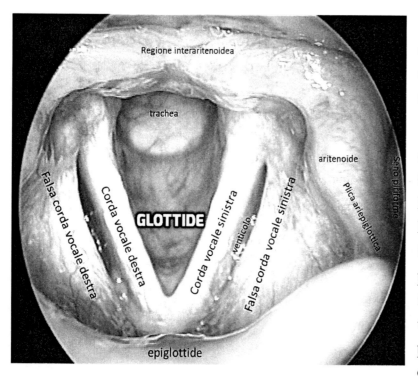

In una chitarra ad esempio, dalle sue corde che risuonano nella cassa dello strumento stesso.

Attraverso la collaborazione del foniatra napoletano Ugo Cesari che mi esaminò la laringe e le corde vocali con l'ausilio di un laringoscopio a fibre ottiche durante la produzione del suono nel flauto e di varie dinamiche tecniche (vedi foto nella pagina precedente), ebbi modo di osservare i movimenti delle corde notando una similitudine con quelli della produzione vocale.

Il prof. Cesari notava delle corde vocali molto ravvicinate durante le varie dinamiche tecnico-sonore registrate in esecuzione strumentale. I muscoli vocali cambiavano lunghezza e spessore durante la produzione del suono nelle varie altezze tonali e sembrava che producessero loro i suoni del flauto. Molti autori nell'arco della storia dell'uomo hanno scritto intorno al suono del flauto, ipotizzando già da secoli la sua similitudine con la voce umana.

Solo nel novecento con l'avvento del laringoscopio a fibre ottiche, inventato invece verso la fine del 1800, iniziarono le prime sperimentazioni atte a verificare i movimenti delle corde vocali durante esecuzioni su strumenti a fiato. Parlare delle esperienze e sperimentazioni di tutti coloro che hanno ricercato intorno all'argomento ci porterebbe a creare una trattazione infinita sulla questione; prenderemo in considerazione solo alcuni di essi che ci serviranno come guida nella ricerca dei come ed i perché possano avvenire i fenomeni vocali durante la produzione nella tecnica globale del nostro strumento, riferendoci anche agli altri strumenti a fiato e al canto.

I migliori studi e le ricerche che si possono fare, sono quelli fatti per seguire le proprie passioni e soddisfare la propria curiosità. Non è indispensabile avere basi o conoscenze pregresse, la cosa più importante è avere passione e voglia di comprendere e imparare ciò che non conosciamo. La curiosità di cercare di capire è il vero motore della vita.

Frase tratta dal libro "Il lato oscuro della luna" di Stefano Nasetti

2.1 - Le ricerche sul comportamento delle corde vocali nelle tecniche del flauto e negli strumenti a fiato, con citazione ad autori che avvicinano il flauto alla voce umana

La flute: elle est comme une trasposition purifiée de la voix humaine

Il flauto è come una trasposizione purificata della voce umana

Citazione di George Duhamel da: Exercises journaliers pour la flute di Robert Herichè ed. Henry Lemoine

Georges Duhamel
(Parigi, 30 giugno 1884 - Valmondois, 13 aprile 1966)

È stato uno scrittore e medico francese.

Martin Agricola nel suo trattato del 1528 "Musica instrumentalis" raccomandava per tutti gli strumenti a fiato un intenso studio del canto, scrivendo: "*Se vogliono comprendere ed imparare più di quelli inesperti nel cantare*".

Martin Agricola

(Schwiebus, 6 gennaio 1486 - Magdeburgo, 10 giugno 1556)

Johann Joachim Quantz, grande flautista e compositore del 1700, nel suo trattato sul flauto traverso al Cap. IV relativo all'imboccatura, paragona lo strumento alla trachea e alla laringe dicendo: come un suono vocale alto o basso nasce da aperture o restringimenti vocali, così attraverso le labbra il flautista cambia le sue altezze tonali. Scrive: *"Il suono del flauto ha molte sembianze con la voce umana."*

Johann Joachim Quantz

(Oberscheden, 30 gennaio 1697 - Potsdam, 12 luglio 1773)

Le tematiche sulla laringe, gola e corde vocali negli strumenti a fiato, le ritroviamo fino ai giorni nostri nella questione didattica inerente citazioni su gola aperta o chiusa nell'emissione del suono e nell'uso del vibrato. Tantissimi didatti e autori associano la tecnica del flauto a quella del canto, soprattutto nella produzione del vibrato. La questione "vibrato di gola o di diaframma", ad esempio, trova le sue radici storiche a partire dalla fine del 1800 con Maximilian Schwedler (flautista) che nel suo libro "Flote und flotenspiel" pubblicato nel 1897, scrive a proposito: *"Uno strumentista a fiato o un cantante che vibrano lo fanno con un organo molto nobile e predisposto allo sviluppo di una piena bellezza sonora le 'corde vocali".* L'acquisizione del vibrato non è facile per lo strumentista a fiato, *"Io stesso"* lui dice *"ho notato più volte che ci sono strumentisti ai quali, a prescindere da tutte le altre qualità che posseggono, manca di acquisire un vibrato con le corde vocali. La compressione leggera, necessaria per produrre il vibrato delle corde vocali ed il necessario restringimento della glottide, creano sufficiente tensione per esercitare una pressione sulla colonna d'aria proveniente dai polmoni, comprimendola".* Continua: *"…se così ci siamo resi conto degli elementi fisici necessari alla vibrazione del suono, dobbiamo domandarci come si impara il vibrato? La voce popolare sostiene che un cantante che esageri nella quantità della vibrazione 'bela' ed infatti la vibrazione del suono non è altro che un 'belare' non udibile eseguito su vocali E chiusa ed E aperta. Aggiunge:"* Sul *flauto i suoni più adatti al vibrato sono quelli dell'ottava media ed acuta che sono i più convenienti per gli esercizi preliminari dell'allievo".*

Maximilian Schwedler

(1853-1940)

Dal 1963 al 1973 ad occuparsi della ricerca sul comportamento delle corde vocali nella produzione del vibrato sul flauto è il medico e flautista tedesco Jochen Gärtner in collaborazione di numerosi centri e strutture idonee allo scopo. Pubblica all'inizio degli anni '70 il trattato "The Vibrato", ultimamente tradotto in Italia da Gian Luca e Ginevra Petrucci e pubblicato dalla casa editrice Vigor Music, giungendo alle seguenti conclusioni: il vibrato non nasce come si credeva finora dal diaframma, esso collabora solo indirettamente nella sua produzione. In ogni caso i muscoli della laringe, ossia quelli che compongono la glottide ovvero l'apertura limitata delle corde vocali, partecipano attivamente anche a basse frequenze nei cicli del vibrato.

Il vibrato laringeo ha l'ampiezza di frequenza maggiore rispetto a tutti gli altri tipi di vibrato. Possiamo considerare il vibrato, in linea generale, una variazione in frequenza, ampiezza e timbro del suono. Un'apertura e chiusura ritmica della glottide al variare delle pressioni aeree nel cavo orale, durante la produzione del suono crea queste variazioni. Nei suoi esperimenti utilizza elettrodi ad ago per misurare gli stati di contrazione dei possibili muscoli coinvolti: diaframma, parete addominale, torace, laringe. Registra i risultati con una stampante. Il tipo di analisi è detta elettromiografia. Possiamo considerare l'autore, il padre della ricerca sul comportamento delle corde vocali nelle tecniche del flauto e soprattutto nel vibrato.

Negli anni novanta le riviste per flauto, Syrinx in Italia e Tibia in Germania pubblicavano gli esperimenti di diversi ricercatori, tra cui anche le mie.

La loro analisi ci servirà per capire cosa si verifica precisamente nella bocca del flautista durante l'esecuzione al flauto, nelle diverse dinamiche tecniche che sono alla base del suo studio giornaliero.

Inizieremo a guardare cosa accade alle corde vocali dei flautisti, dando un'occhiata anche agli altri strumentisti a fiato ed in seguito ai cantanti, durante la produzione del suono e nell'esecuzione dei vari esercizi della tecnica di base.
Partiremo dalle ricerche condotte da due medici e un flautista giapponesi S. Mukay, S. Minegishi, C. Mukay, le loro ricerche risalgono alla fine degli anni ottanta e furono presentate al Symposium di Nizza.

L'osservazione dei movimenti vocali durante la produzione di vari esercizi e varie tipologie di strumenti a fiato (ancia, imboccatura libera, bocchino) avvenne attraverso l'uso del laringoscopio a fibre ottiche. Il laringoscopio, nello specifico, è un piccolo tubicino spesso solo 3 o 4 millimetri, che viene infilato nella laringe dalla cavità nasale (ovvero da una delle narici). Essendo munito di telecamera collegata al computer, il tubicino dà la possibilità di esplorare in modo preciso e approfondito la laringe e anche le aree ad essa contigue. Infatti le fibre ottiche permettono di trasmettere le immagini al computer.

La laringe è un organo mobile molto complesso che si colloca al centro del collo, li si trovano le corde vocali che studieremo in maniera più approfondita nel corso del nostro manuale. Ci soffermeremo per ora alla loro osservazione, focalizzando l'attenzione su una zona precisa detta "Glottide", da non confondere con il termine che usiamo per indicare le zone di restrizione negative dell'aria che utilizziamo per produrre il suono dal nostro flauto e dagli strumenti a fiato, ossia la gola.

La glottide è invece indicata in anatomia e fisiologia vocale come apertura limitata delle corde vocali.

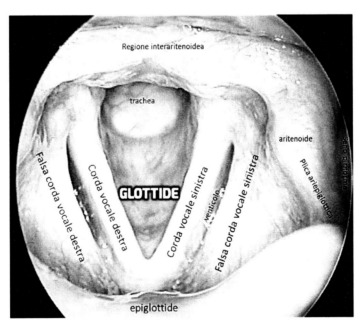

È in questa zona che si riflettono gli attriti aerei tra l'aria dello strumentista che coopera con quella che reagisce all'interno dello strumento e le micro-variazioni della pressione atmosferica che si verificano tra il tubo del flauto e il suo esterno (vedi argomento di acustica nel compendio n. 1). Nella zona della glottide si riflettono, dunque, le energie aerodinamiche tali da poter far agire e reagire i muscoli vocali che le sostengono, al pari di una mano che sostiene un oggetto di un determinato peso.

Le variazioni di velocità del flusso aereo che passano dalla bocca attraverso le labbra e arrivano al flauto tra lo spigolo esterno della boccoletta e il suo interno, cooperano con la pressione atmosferica e si riflettono sui muscoli della glottide durante la produzione del suono nel flauto e negli strumenti a fiato. Possiamo affermare che i movimenti della glottide di apertura o chiusura possono essere considerati come indice delle variazioni di velocità aeree in relazione alle altezze dei suoni emessi, ben sostenuti, mal sostenuti e non sostenuti tra apparato respiratorio, vocale e strumento; l'elemento determinate di questo connubio deve essere sempre considerata **l'interazione** tra il flusso aereo dello strumentista e le reazioni tra pressione atmosferica e l'aria perturbata all'interno del tubo del flauto stesso. La stessa cosa dicasi anche per gli altri strumenti a fiato. I muscoli della glottide vanno collocati tra quelli che accompagnano sostenendo o appoggiando il flusso aereo proveniente dai polmoni negli atti di compressione tra l'aria presente dentro e fuori gli strumenti a fiato, nel connubio con la pressione atmosferica e modulate dagli stessi muscoli vocali, nonché labiali e costo-addominali.

2.3 - Gli studi giapponesi sul comportamento delle corde vocali nella tecnica del flauto e negli strumenti a fiato:

illustrazione e considerazioni personali

Intorno alla fine degli anni ottanta tre ricercatori giapponesi (un flautista e due medici) S. Mukay, S. Minegishi, C. Mukay, presentarono al Symposium di Nizza i risultati di alcune ricerche sul comportamento delle corde vocali nelle tecniche degli strumenti a fiato. La rivista che cito pubblicò diversi anni dopo i risultati della ricerca da loro condotta (cfr. Syrinx dell'A.I.F n. 8 Aprile - Giugno 1991 "La funzione della glottide nell'emissione del suono" di S. Mukay, S. Minegishi, C. Mukay). La ricerca giapponese basa l'analisi dei movimenti di apertura e chiusura delle corde vocali nelle differenze tra strumentisti a fiato dilettanti e professionisti, nell'esecuzione di diverse dinamiche esecutive.

Inspirazione ed espirazione: nell'inspirazione la glottide si apre, nell'espirazione tende a chiudersi leggermente.

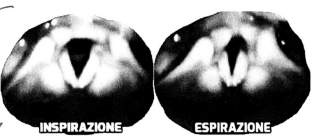

Durante l'emissione del suono negli strumenti a fiato, si chiude in maniera maggiore rispetto all'atto espiratorio illustrato.

Emissione di suoni sul flauto tra registro grave, medio e acuto senza variazione di intensità del flusso aereo: nei suoni gravi la glottide risulta più aperta che nei suoni medi o acuti.

Note basse   Note centrali   Note alte

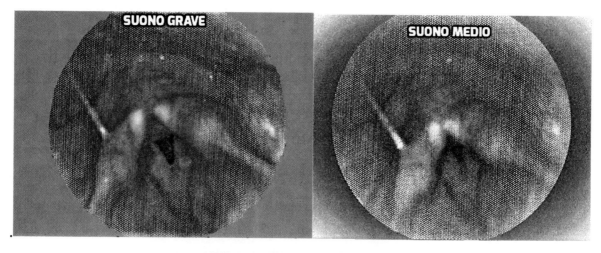

SUONO GRAVE   SUONO MEDIO

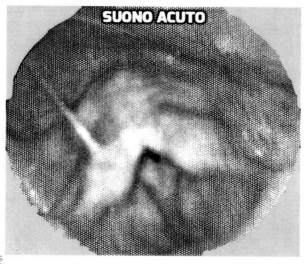

SUONO ACUTO

Se si opera sulle **variazioni di intensità del flusso aereo non indirizzato a variare l'altezza dei suoni prodotti** la glottide tende ad aprirsi, anche se un occhio attento vede delle tensioni diverse dei muscoli antero-posteriori in relazione alle variazioni dei toni emessi, a prescindere dell'intensità di emissione del flusso. Nei principianti la glottide, in linea generale, è più aperta rispetto ai professionisti, il suono risulta meno sostenuto. Questo grado di apertura non va inteso a seguito di uno sforzo aerodinamico, come quello che può avvenire in una situazione anomala di variazione di intensità del flusso aereo emesso, ma va decodificato come scarso aumento di velocità aerea in relazione ai suoni da sostenere in un mancato supporto dei muscoli preposti alla collaborazione di tale funzione come: il diaframma, i muscoli intercostali, l'addome e i muscoli labiali.

Per suono sostenuto si deve intendere un tipo di suono che non generi la sensazione di poco energico e presente, a prescindere dalla sua intensità.

Vediamo ancora cosa accade:

Legato: la glottide tende a chiudersi, ma è molto difficile analizzare le differenze di apertura nelle singole note in relazione alla loro altezza tonale.

Staccato: nell'ambito di una scala lo staccato e lo staccato legato, vengono eseguiti con un avvicinamento costante delle corde vocali.

All'aumentare dell'altezza del suono, diminuisce l'escursione delle corde vocali, fino a chiudere quasi completamente la glottide.

Maggiori movimenti delle corde, durante l'esecuzione dello staccato, avvengono nella sua esecuzione fatta solo a colpi di aria, ovvero senza uso della lingua.

Possiamo affermare già da ora che il tipo di esercizio di staccato fatto solo con i colpi di aria è utilissimo a rendere i **muscoli vocali reattivi ed elastici** al minimo atto di compressione aerea nel flauto. L'esercizio rende i muscoli vocali tonici al sostegno del suono. Il raggiungimento dell'**elasticità muscolare vocale** va considerato l'obiettivo principale da perseguire al fine di costruire un tipo di sonorità, un vibrato e uno staccato che richiami nel suono prodotto dal flauto, la morbidezza e la leggiadria di una voce bene impostata. Come analizzeremo più avanti, un suono di flauto prodotto con un sostegno dei muscoli vocali equilibrato dal supporto labiale e delle fasce costo-diaframmatico e addominali crea un suono di flauto morbido, che ha proiezione, pieno e senza senso di sforzo; soprattutto intonato e con possibilità di essere modulato in dinamiche timbriche molto varie, su cui costruire l'interpretazione musicale.

Le variazioni timbriche non sono altro che micro-variazioni di velocità del flusso aereo dello strumentista, supportate dal gioco armonico di tutte le fasce muscolari citate che ne sostengono i cambiamenti nei diversi rapporti di compressione con il flusso presente tra interno del tubo e la pressione atmosferica.

Vibrato: il vibrato può essere definito come una modulazione pulsante, ritmica-legata del suono.

Il suono nella produzione del vibrato, si modifica leggermente in altezza, intensità e timbro, e dona al suono fermo espressività varia, a seconda del numero dei cicli prodotti al secondo. Si insegna che il vibrato nel flauto si ottiene con movimenti ritmici del diaframma che ne modula il numero di cicli; dalle osservazioni effettuate, risulta ottenuto da movimenti di chiusura e apertura della glottide con tensioni anomale da parte dei muscoli costrittori della faringe per il vibrato cosiddetto di gola o a pecorella. Quest'ultimo, ritmicamente non regolare, si produce con contrazioni anche da parte dei muscoli della deglutizione che incidono sul regolare andamento ciclico durante la sua produzione, generando blocchi tensivi anche sui muscoli della glottide. Invece, il vibrato ritmicamente regolare senza nessun tipo di richiamo

49

al belato delle pecore, si ottiene tramite allontanamenti e avvicinamenti delle corde vocali rispetto alla loro posizione media, senza tensioni alcune di muscoli interni al cavo orale estranei a quelli vocali, ossia i costrittori della faringe. Un vibrato esclusivamente prodotto dal diaframma sarebbe tecnicamente impossibile da ottenere. Il diaframma opera solo durante l'inspirazione. La fisiologia umana insegna che muscoli grandi sono portati a fare movimenti lenti e invece muscoli piccoli movimenti più veloci. Dalla mia esperienza di ricercatore affermo, in merito al vibrato nel flauto, che esso è prodotto da variazioni di velocità aeree, le quali si susseguono in maniera regolare e ritmica nel tempo e si ripercuotono sui muscoli vocali che le sostengono. Le variazioni di velocità del flusso dell'aria dello strumentista modulate in cicli di pulsazioni aeree, che si ripercuotono sulle corde vocali sono date, a mio avviso, dal connubio tra le tensioni che si generano tra tutti i muscoli coinvolti nella produzione del suono e la pressione atmosferica stessa, in un gioco di equilibri aero-muscolari tali da produrre un vibrato che nasce, spesso dopo corrette esercitazioni, quasi in maniera naturale. Tensioni che vengono fuori per l'attrito che si genera tra l'aria che lo strumentista immette tra lo spigolo **esterno** della boccoletta dello strumento e il suo **interno**, nella risposta della pressione atmosferica alle sue perturbazioni in relazione alla lunghezza variabile del tubo e agli stimoli aerei sui muscoli che li porta a reagire con tensioni diverse. Tensioni date dalle variazioni di altezze dei suoni prodotti nei cambi delle micro- velocità aeree stesse.

Il vibrato, dunque, avviene tra l'aria che lo strumentista immette nel flauto e la reazione della pressione atmosferica tra tubo dello strumento e il suo esterno, nell'apporto in tensione dei muscoli labiali, respiratori e vocali atti al suo sostegno nelle variazioni cicliche al secondo date sempre da un input che nasce comunque e sempre dal flusso e sul flusso aereo immesso dallo strumentista stesso. Vibra l'aria sostenuta dai muscoli su cui si ripercuotono le sue micro-variazioni di velocità, attraverso gli stimoli di maggiore o minore intensità di insufflazione di flusso aereo che potremmo definire "esecutivo". Un vibrato sbagliato può essere oltremodo dato da movimenti ritmici labiali, oltre che dai movimenti ritmici dei muscoli costrittori della faringe e della deglutizione; bisogna pensare a movimenti solo aerei e mai muscolari nelle esercitazioni, per abituarsi a dei movimenti reattivi muscolari che diventeranno naturali nel corso del tempo. I muscoli vocali devono reagire ma non agire, bisogna pensare solo all'aria che crea movimenti di variazioni ritmiche, sia nel vibrato che nello staccato a "colpi d'aria". In realtà, le energie muscolari usate per sostenere i suoni a reazione delle resistenze che l'aria immessa negli strumenti a fiato genera con la pressione atmosferica, sono così esigue da non creare nessuna coscienza su di esse. La coscienza che si deve generare nel vibrato deve essere legata ai movimenti che si compiono nell'espirazione sul fiato stesso e sui consueti muscoli che si adoperano, quali: costali, diaframmatici, addominali, della lingua, della mandibola e labiali. Anche durante l'inspirazione e l'espirazione i muscoli vocali agiscono ma a noi resta solo la sensazione dell'aria inspirata o espirata!

I muscoli vocali che agiscono nel sostegno del vibrato aereo sono quelli propri della respirazione che, come vedremo, risultano essere in maniera maggiore i muscoli cricoaritenoidei laterali e cricoaritenoidei posteriori che regolano l'espulsione del fiato e la sua immissione polmonare. La loro azione avviene naturalmente già nell'atto dell'inspirazione e dell'espirazione (vedi immagini a pagg. 47 - 74 - 75 - 104 - 171).

Il senso del moto muscolare a cui siamo abituati nella normale fase espiratoria risulta modificato durante l'emissione del suono negli strumenti a fiato e, ancora maggiormente nel vibrato e nello staccato "sostenuto". Se pensiamo di agire in maniera diretta sui muscoli della glottide, durante l'emissione delle varie dinamiche sonore nel flauto e negli strumenti a fiato, rischiamo di agire su quelli negativi che creano costrizione. Tuttavia degli esercizi che generano un'azione prettamente solo sui muscoli vocali del sostegno nel flauto e negli strumenti a fiato, nonché nel canto, potranno essere collaudati, nonché spiegati nella loro dinamica esecutiva nel corso del presente manuale al compendio n. 8 sulle tecniche esecutive da adoperare nel flauto traverso. Una sorta di micro-pulsazioni aeree, dunque, quelle del vibrato, che vengono sostenute e favorite dai muscoli vocali, con regimi energetici minori di quelli deputati alla fonazione vera e propria. Procediamo ancora nell'analisi dei movimenti laringei durante le esecuzione di **variazioni dinamiche dal piano al forte e viceversa**: negli esperti le variazioni dinamiche di suono vengono eseguite con una maggiore chiusura della glottide, rispetto ai principianti. Dal piano al forte la glottide tende ad aprirsi, se si apre troppo il suono tende ad essere spinto e crescente di intonazione nel flauto traverso.

Viceversa dal forte al piano, la glottide tende a restringersi, ma se si mollano le labbra e la tensione dei muscoli respiratori costo-addominali sul flauto, ossia quelli che regolano la corretta respirazione diaframmatica per intenderci, i muscoli della glottide tendono a collassare per mancata energia aerea insufficiente non riflessa su di essi. Il suono che ne viene fuori risulta calante e senza sostegno. Per fare in modo che tutti possano comprendere: il suono si affloscia come un muscolo che decade dalla sua tensione. Il nostro muscolo sonoro, volendo essere metaforici, è dato dalla corda aerea che si genera tra la pressione atmosferica, il tubo del flauto e i muscoli veri e propri che la generano e sostengono in virtù del flusso aereo proveniente dai polmoni che comprime l'aria contenuta tra il tubo del flauto e il suo esterno. Nel suono forte con spinta c'è un aumento di intensità del flusso aereo con carenza di velocità necessaria per il suo sostegno, il suono tende ad essere crescente e spinto.

L'aumento spropositato di intensità di flusso aereo rispetto al suono da sostenere comporta una mancata energia adeguata in velocità atta a creare delle pulsazioni aeree regolari rispetto al suono emesso; si genera un aumento di frequenza del suono dovuto ad una pulsazione aerea che si muove su una lunghezza nel tubo del flauto ridotta rispetto a quella ideale (vedi compendio n. 1 pag. 32). Nel piano, invece, una diminuzione dell'intensità del flusso in un mancato sostegno muscolare atto a controllare una diminuzione di velocità dello stesso, tende a portare i suoni ad essere calanti di intonazione nei registri medio-gravi e, a perdere l'altezza tonale nei registri medio-acuti. Suoni, dunque, non sostenuti nella loro generazione da una velocità adeguata, tendono ad essere crescenti e spinti nelle sonorità forti e calanti e senza smalto sonoro nelle sonorità piano, nonché possono subire cambio di registro.

Trillo: durante l'esecuzione di un trillo le corde vocali appaiono molto ravvicinate tra loro. Le variazioni di velocità delle pressioni aeree che si riflettono sui muscoli vocali sono molto vicine, l'elasticità delle corde vocali nel trillo come nelle variazioni dinamiche del suono sono a mio avviso fondamentali e possono addirittura influire anche sull'aspetto prettamente tecnico di velocità delle dita stesse. Un trillo e un diminuendo vanno sostenuti, una mancanza di sostegno muscolare tra labbra, muscoli costo-addominali e vocali, può influire, secondo me, sulle corrette o scorrette tensioni dei muscoli delle dita! Il nostro organismo nel suo sistema nervoso e muscolare tende a reagire in sincronia con mancate tensioni o troppe tensioni di parti del corpo che possono riflettersi in maniera che definirei percettive su altre, durante lo svolgimento di un'azione. Un trillo, prodotto da movimenti digitali sul flauto, se non sostenuto a livello muscolare respiratorio in relazione a velocità aerea corrette da applicare alla produzione del suono, potrebbe dare a livello psicologico e in alcuni flautisti, la sensazione di un collasso di movimenti anche digitali. Nei paragrafi in cui andremo ulteriormente a chiarire le tecniche da usare nel nostro strumento con cognizioni di causa-effetto sui muscoli coinvolti, diremo che i problemi con cui si scontra il flautista e lo strumentista a fiato solitamente, sono principalmente tre:

1) Le diverse temperature delle colonne aeree che interagiscono nella produzione del suono (ossia quella che proviene dai suoi polmoni e quella esterna che si contrappone ad essa, con stati di tensione muscolari variabili dati dalle diverse altezze tonali e timbriche da realizzare).

2) I gradi variabili di tonicità dei muscoli della respirazione e labiali dati dal loro corretto allenamento e che supportano le relative reazioni da parte dei muscoli vocali, anch'essi legati a gradi di tonicità diversi, nel sistema di produzione del suono tra esecutore e strumento.

3) Le azioni negative date dei muscoli costrittori della faringe nella produzione sonora e nella tecnica generale.

   Il famoso "chiudere la gola quando si suona" nasce, a mio avviso, dalle sensazioni di voler trattenere l'aria che finisce velocemente nei principianti e non solo, non avendo ancora sviluppato un corretto uso dei muscoli labiali e respiratori nel suo dosaggio, durante la produzione delle varie altezze tonali.

   La problematica della "gola chiusa" se non ben inquadrata e risolta sin dal suo esordio, diventa un difetto che può protrarsi per molto tempo.

In pratica quello che accade nella laringe, nella faringe e alle corde vocali quando si suona uno strumento a fiato, deve avvenire in maniera conseguenziale ad azioni coscienti attive solo sui muscoli costo-addominali e labiali e, come vedremo in seguito, alle variazioni di aperture e chiusure del cavo orale attraverso i muscoli della base della lingua e della mandibola nelle variazioni di altezza, intensità e timbro dei suoni prodotti. Tra gli esercizi specifici sulla condotta del fiato che portano le corde vocali a diventare elastiche tra un uso cosciente delle labbra e dei muscoli costo-addominali, nella regolazione della corretta velocità del flusso aereo in entrata nel tubo del flauto in relazione alle singole note da emettere, troviamo in primis i colpi d'aria singoli e poi i colpi di aria "intonati"! Variazioni di velocità di aria intonata si possono ottenere con micro movimenti interni muscolari tra lingua, laringe e mandibola, lasciando libera la zona centrale delle labbra; se ben eseguite daranno la sensazione di suoni che vengono fuori in maniera naturale anche nelle loro altezze tonali. Molte delle affermazioni contenute in questa fase di studio, nella ricerca di perfezionarsi non solo agendo in un modo o nell'altro ma riflettendo sui perché delle azioni da compiere, saranno spesso riprese nel corso di questo manuale nella speranze che appaiano chiare e nel tempo possano far parte del bagaglio culturale del "come fare per suonare" del flautista, come degli altri strumentisti a fiato e perché no, anche dei cantanti. Cantanti che hanno con noi tanti elementi in comune, tra cui il "fondamentale" uso del fiato. Questi ultimi possono trovare in questo manuale tanti spunti per interrogarsi su come poterlo gestire nel modo migliore.

2.4 - La ricerca dell'oboista americano Charles O. Veazey sul comportamento delle corde vocali negli strumenti a fiato e le osservazioni sull'uso errato dei muscoli costrittori della faringe durante le loro tecniche

Anno ricerca: 1985

Pubblicazione: rivista tedesca Tibia n. 2 del 1991

Tecnica usata: laringoscopia a fibre ottiche

Soggetti degli esperimenti: eccellenti studenti e insegnanti dell'università di Denton nel nord del Texas, ventuno soggetti per esperimenti tra cui 9 flautisti, 4 oboisti, 6 clarinettisti, un fagottista e un sassofonista.

Le parti osservate durante gli esperimenti: la glottide, le corde vocali e le cartilagini aritenoidee, la base della lingua, i muscoli della deglutizione o costrittori della faringe.

Esecuzione dei seguenti esercizi: vibrato, variazioni di dinamiche sonore dal piano a forte e viceversa, emissione del suono nei vari registri, arpeggi, staccato.

Riassunto delle osservazioni

Si ritiene giusto far osservare che i movimenti della glottide e della laringe sono collegati anche alla radice della lingua. Ci sono dei movimenti dei muscoli della deglutizione durante gli esperimenti e precisamente i muscoli posteriori costrittori della faringe. Nell'oboe e nel fagotto i muscoli costrittori della deglutizione erano totalmente rilassati.

Nei flautisti: in alcuni, i muscoli costrittori erano rilassati ed in altri no, soprattutto durante l'esecuzione delle note acute, **l'autore ritiene che tale reazione nasceva dall'esigenza di voler aumentare la velocità del flusso aereo per aggiustare i suoni prodotti.**

L'autore ritiene questa manovra di restringimento dei muscoli costrittori, attribuibile a flautisti non tecnicamente maturi. Manovre relative all'uso dei muscoli della deglutizione avvenivano anche tra clarinettisti e sassofonisti che erano portati anche ad alzare la laringe e chiudere la gola durante l'esecuzione di suoni acuti. L'autore colloca la posizione della laringe in strumentisti a fiato maturi, non alta ma bassa.

La lingua si dimostrò essere un mezzo utile per far salire la laringe e anche per abbassarla, dice: soprattutto sul clarinetto.

Go deeply.

Nel registro basso la lingua veniva tirata indietro.

L'ampiezza della glottide, ossia il suo grado di chiusura o apertura, ritiene l'autore della ricerca, sembra essere in relazione con la resistenza del fiato necessario per la produzione del suono di ogni strumento esaminato. Uno strumento come il flauto mostrava una glottide più chiusa, rispetto agli altri strumenti a fiato. Tuttavia le differenze di apertura glottica, scrive, potevano dipendere dalle diverse resistenze di produzione del suono a seconda di ance, bocchino. Lui attribuisce i movimenti della glottide **di tipo istintivo**. L'autore nota un movimento marcato di apertura e chiusura dei muscoli vocali durante la produzione di staccato con uso del solo "diaframma", ossia senza apporto della lingua. Nel vibrato, concorda quello riportato dai tanti ricercatori sulla questione: esso è prodotto da allontanamenti e avvicinamenti della glottide. In pratica non vibra il diaframma ma le corde vocali, i muscoli della deglutizione ossia i costrittori della faringe sono visibili in alcune manovre di vibrato, ovvero quello detto a pecorella.

Osservazioni personali

La ricerca di Vanzey pone a mio avviso un accento fondamentale sui muscoli negativi che possono intromettersi nella produzione del suono e nelle tecniche di tutti gli strumenti a fiato, e in particolar modo nei flautisti. Il dire ad uno strumentista a fiato che la glottide si chiude durante la produzione del suono può portare lo stesso, abituato a sentir dire che la gola deve essere completamente aperta durante le esecuzioni musicali, a pensare che gli strumentisti esaminati potevano essere tutti dei cattivi alunni o pessimi professionisti. Le osservazioni americane confermano, invece, che ci sono dei muscoli negativi che possono intromettersi nel passaggio dell'aria dai polmoni agli strumenti a fiato, e vanno collocati in quelli detti costrittori della faringe e/o della deglutizione. A questo proposito è utile ribadire che la glottide va lasciata libera di agire, che nessun strumentista a fiato deve mai focalizzare la sua attenzione su di essa; mi ripeto dicendo che questo comporterebbe il facile apporto dei muscoli costrittori faringei, con conseguenze sulla qualità del suono. Conseguenze relative ad aumento sproporzionato della velocità del flusso aereo e diminuita portata dello stesso. Più avanti chiariremo che per portata si intende la quantità di aria presente nelle vie respiratorie in relazione alla loro apertura e dimensione costituzionale, variabile da persona a persona. Essa incide sulla qualità del suono, inteso come intensità degli armonici in esso presenti e sulla velocità complessiva del flusso aereo immesso nei tubi degli strumenti a fiato in generale. Per quantità aerea non va intesa solamente aria che passa nel cavo ad una certa intensità di flusso, ma aria che si muove con una certa massa e velocità adeguata ai toni da emettere, a prescindere dall'intensità della spinta aerea stessa. La quantità-massa è proporzionata all'apertura maggiore o minore del cavo orale ed a proporzioni aeree di base date da conformazioni naturali del cavo. Iniziamo anche a chiarire in questa parte di studio che l'apertura della glottide, durante l'emissione del suono sugli strumenti a fiato, è conseguenziale anche alle altezze tonali che i singoli strumenti, in relazione alle loro caratteristiche, sono in grado di emettere.

Strumenti dai suoni più gravi hanno delle aperture glottiche maggiori di strumenti con suoni più acuti come il flauto.

Uno dei pochi strumenti che fa eccezione è l'ottavino che ha invece, mentre lo si suona, nelle osservazioni laringee, delle aperture glottiche tali da poter far sembrare le corde vocali quasi in stato di inspirazione: glottide quasi completamente aperta.

Il perché accade lo tratteremo nel compendio n.8, in cui si tratterà anche la questione legata ai motivi per cui in molti flautisti, dopo aver suonato per un pò di tempo l'ottavino, il controllo della produzione del suono sul flauto diventa più complesso.

2.5 - La mia tesi del 1993

Dopo una ricerca sul comportamento delle corde vocali nelle tecniche del flauto in collaborazione del foniatra napoletano Ugo Cesari, con cui osservai le stesse dinamiche vocali descritte dai ricercatori giapponesi, precedentemente esposte, nel 1993 ipotizzai che tra il tubo del flauto e le corde vocali si potesse formare un punto nodale acustico. Un punto dove la pressione muscolare fosse massima e minima quella sonora, conseguente al ventre creatosi nel tubo del flauto, ossia il punto dove la pressione aerea è minima e quella acustica è massima.

Pubblicai a proposito: Marco Gaudino "Nuova ipotesi sulla produzione del suono nel flauto traverso" ed. Flavio Pagano 1993.

Tuttavia gli anni successivi alla tesi pubblicata nella rivista per flauto Syrinx anno VI n. 20 Aprile-Giugno, 1994 Marco Gaudino-Carla Conti "Il suono nel flauto traverso: Tubo fonatorio e corde vocali" dell'Accademia Italiana del Flauto, mi hanno riportato a ripensare alla questione fino a farmi rendere conto che la mia tesi fosse del tutto sbagliata, se non nei principi di aerodinamica che la supportavano.

L'assenza di suono vocale durante la produzione sonora nel flauto e negli altri strumenti a fiato deve escludere che le corde vocali possano emettere dei tipi di frequenze, e che queste possano influenzare il prodotto acustico finale negli strumenti stessi.

Tuttavia va considerato l'apporto dei muscoli vocali a sostegno del modo in cui l'aria pulsa negli strumenti, soprattutto nel flauto, in cui non ci sono altri elementi che interagiscono con il suono e l'aria come le ance ad esempio.

Nel flauto traverso le corde vocali reagiscono a sostegno dei suoni prodotti, nello stesso apporto di elasticità con cui l'aria pulsa negli strumenti ad ancia, ma senza supporto sonoro vero e proprio come accade negli strumenti come il clarinetto o l'oboe dove vibrano sia l'aria che le ance, ad esempio.

Le variazioni di tono muscolare dovuti a mancato allenamento o stanchezza si riflettono tra labbra muscoli respiratori e pulsazioni aeree, che a loro volta si riflettono sui muscoli vocali ma anche viceversa.

Il sistema di produzione del suono tra strumento a fiato e strumentista deve intendersi sempre come unitario, tutti gli elementi che lo compongono si influenzano a vicenda, riflettendosi sulla qualità del suono.

Negli ottoni se il rapporto aereo generatosi tra labbra, bocchino e strumento non è ben regolato in relazione ai suoni da emettere e sostenere nello e dallo strumento, con riflessione di sostegno sugli stessi muscoli vocali e respiratori, ne risentirà ancora una volta la qualità dei suoni prodotti.

Frequenza aerea prodotta, frequenza labiale e toni muscolari devono essere sincronici con il suono da produrre e sostenere, negli ottoni.

I rapporti tra strumentista a fiato e il suo strumento sono in fondo sempre gli stessi: emissione di un flusso adeguato alla sua intensità e velocità in relazione agli stati di tensione muscolari di sostegno, adatti allo scopo aerodinamico da realizzare e in funzione dei suoni ed effetti da produrre.

Quando si parla di pressione si deve intendere quella muscolare e quando si parla di velocità va intesa quella aerea.

Durante la produzione del suono nel flauto e non solo nel flauto ma anche negli altri strumenti a fiato, all'aumentare di una pressione muscolare vi è un aumento di velocità del flusso aereo e viceversa. Se al tono prodotto su uno strumento a fiato i muscoli non sono in grado di sostenerlo a risentirne è sempre la qualità del suono.

Nell'emissione del suono nel flauto, prodotto dall'uomo, sono infinite e interconnesse le questioni legate ad aerodinamica, fisiologia muscolare, fisica del suono, termodinamica dei fluidi; questo è il motivo per cui è impossibile trattare un argomento senza non doverlo collegare ad un altro, dall'inizio alla fine di questo manuale per i vari compendi che lo compongono.

Le persone raramente raggiungono il successo a meno che non si divertano a fare quello che stanno facendo.

Dale Carnegie

2.6 - La ricerca della foniatra brasiliana Claudia Alessandra Eckley

Nel 2006 la ricercatrice brasiliana Claudia Alessandra Eckley attraverso un articolo su una rivista specializzata di otorinolaringoiatria "Configurazione della glottide in suonatori di strumenti a fiato" Rev. Bras. Otorinolaringol vol. 72 n. 1 Sao Paolo - Gennaio Febbraio 2006, **conclude** il dibattito della sua ricerca documentata sulla funzione delle corde vocali nella tecnica degli strumenti a fiato affermando che **gli strumentisti in questione dovrebbero essere considerati degli utenti vocali a tutti gli effetti. Sia in relazione ai disturbi in cui potrebbero incorrere per uso errato dell'apparato vocale durante le performance strumentali e oltremodo per le difficoltà scaturite, a mio avviso, da patologie laringee e faringee contratte per cause non dovute necessariamente a modi errati di esercitarsi.**

I protocolli usati per osservare gli strumentisti a fiato nei loro movimenti laringei e riportati nel suo articolo, sono gli stessi di tutti i ricercatori fino ad ora citati.

Considerazioni personali

Indubbiamente l'uso dell'apparato vocale da parte degli strumentisti a fiato è indiscutibile. Sono davvero tanti gli autori che si occupano di questo tipo di ricerca, notando il coinvolgimento dei muscoli delle corde vocali durante la produzione del suono in maniera sostanziale, soprattutto nel flauto. Nel corso della mia carriera di didatta mi è capitato diverse volte di mandare a visita foniatrica alcuni dei miei alunni o aspiranti tali. Devo dire che non mi sono mai sbagliato sul diagnosticare loro dei problemi originati da scarsa salute vocale, che riuscivo a definire dalle problematiche presentate nelle loro performance strumentali e non dovuti esclusivamente a tecniche errate, situazioni che in diversi casi si sono risolte con la logopedia o cure mediche.

Il logopedista è un medico specializzato nella cura delle anomalie del linguaggio e dell'articolazione della parola.

Problemi di noduli, prolassi vocali, possono facilmente creare dei disagi nello strumentista a fiato nel sostegno alle variazioni di velocità del flusso aereo che dagli strumenti si riflettono sui muscoli chiedendone il sostegno, o influire proprio sul passaggio del flusso aereo tra la glottide e il cavo orale, durante la produzione del suono strumentale.

Consiglio vivamente una visita foniatrica a tutti coloro che nonostante abbiano cambiato tanti insegnanti, continuano ad avere difficoltà di emissione del suono e altro sui loro strumenti. La consiglio senza destare allarmismi, ma per prevenire o curare patologie a carico dell'organo vocale che per noi strumentisti a fiato risulta essere tra i principali coinvolti nel sostegno del suono nelle altezze tonali, nella sua intonazione, nonché nelle sue timbriche.

Stabilendo che sostenere un suono vuol dire creare tra lo strumento a fiato e il suo esecutore un equilibro muscolare in apporto alle velocità di flusso aereo idoneo alla produzione del suono stesso, affermo che dei muscoli vocali non in salute ne possono variare le contingenze aerodinamiche, compromettendone i rapporti di compressione aerea.

2.7 - La ricerca in Germania: Claudia Spahn, Bernard Richter, Johannes Pöppe, Matthias Echternach

Nel corso degli ultimi anni un gruppo di ricercatori dell'Istituto di medicina a Friburgo sono riusciti, con l'aiuto di diverse tecniche di analisi, tra cui la risonanza magnetica, a mostrare quello che accade all'interno del corpo mentre qualcuno sta suonando uno strumento a fiato.

Hanno prodotto una vasta materiale cinematografico che mostra i movimenti delle labbra, della lingua, della laringe e del sistema respiratorio durante la produzione del suono e articolazioni tecniche del tipo: staccato, vibrato, produzione del suono in altezze diverse su strumenti a fiato differenti quali il flauto dolce e traverso, l'oboe, il clarinetto e il corno.

È stato prodotto un DVD che contiene 125 brevi filmati che mostrano i processi su sei strumenti a fiato differenti. Filmati e animazioni aggiuntive spiegano gli organi più importanti coinvolti nella respirazione e produzione del suono, esaminando i processi fisiologici di base nei vari strumenti esaminati. Questo DVD innovativo utilizza apparecchiature mediche di fascia alta per avere uno sguardo nel corpo durante le esecuzioni strumentali.

La pubblicazione è del 2013:

"Physiological insights for players of wind instruments" (dvd) acquistabile in rete.

Io la consiglio vivamente a supporto di questo manuale.

2.8 - Le corde vocali e la laringe

La conformazione del cavo orale e il modo in cui passa il flusso aereo nello stesso, dovrà essere considerato per noi il luogo dove avvengono i cambiamenti di marcia per il nostro suono e la nostra tecnica globale nel flauto.

Per cambiamenti di marcia vanno intesi le variazioni di velocità, intensità, pressione e portata del flusso aereo che utilizziamo per suonare.

Concetti che saranno chiariti e sviluppati nel compendio n. 3 sempre in maniera più illuminante per il flautista e gli strumentisti a fiato, in questo viaggio all'interno di noi stessi e quello che accade fuori durante la produzione del suono, e non solo.

Nella parte bassa della nostra bocca, tra la lingua e la trachea, al centro del collo, si trova la laringe.

Per facilitare lo studioso alla lettura delle immagini, da questo capitolo in poi, tutte le foto inerenti laringe e muscoli vocali saranno visibili con un punto di riferimento esterno alla bocca dello strumentista o cantante, ossia la loro posizione interna rispetto al naso.

Naso

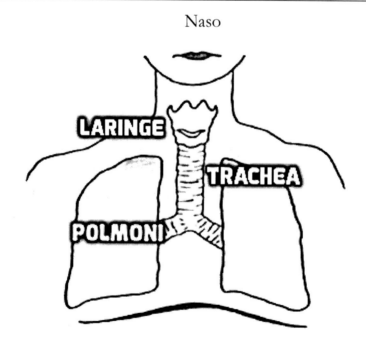

La laringe o anche detta flauto-laringe è simile ad un capitello eretto sopra la trachea, al di sotto della faringe e dell'osso ioide (situato dietro e sotto la lingua, con la quale è legata per mezzo di fasci muscolari). È un organo mobile molto complesso.

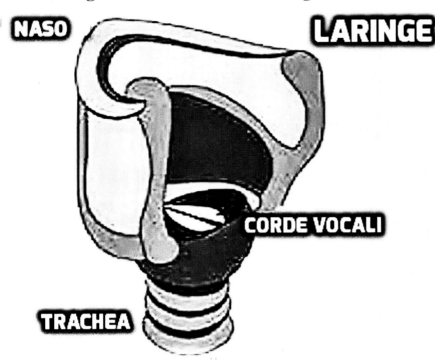

Grazie alla sua mobilità può allungare o accorciare la lunghezza della faringe e giocare un ruolo determinante, attraverso i movimenti della lingua e della mandibola, sulle modifiche della velocità del flusso d'aria in uscita dalle labbra durante la produzione del suono nel flauto e negli strumenti a fiato.

La faringe costituisce la parte della gola, situata immediatamente dietro la cavità nasale e il cavo orale, sopra l'esofago e la laringe.

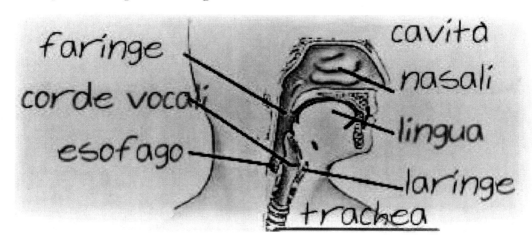

Le labbra fungono anch'esse da ottimizzatrici del flusso aereo immesso negli strumenti a fiato, insieme ai movimenti della mandibola.

Nel flauto traverso, ad esempio, variano la velocità del fiato all'ingresso del foro della boccoletta tra indirizzo dello stesso nelle variazioni di angolazione tra lo spigolo esterno ed interno, con giochi muscolari che possono regolarlo tra stati tensivi variabili.

È un tipo di ottimizzazione che agisce sullo stato delle particelle del flusso aereo che partono dai polmoni dilatate tra loro, in virtù dello stato di calore da cui provengono. Le particelle aeree se vengono ravvicinate in maniera adeguata aumentano la loro capacita di compressione nel passaggio tra interno della bocca (faringe) e labbra, aiutate da un aumento di corsa dallo spigolo stesso della boccoletta.

Il tipo di flusso aereo dato dalle particelle aeree provenienti dai polmoni formatosi in intensità, velocità e portata tra le manovre delle labbra, della mandibola, della base della lingua e di indirizzo verso la boccoletta tra spigolo esterno e interno, risulta fondamentale per la ricerca di una sonorità piena e soprattutto sostenuta, da produrre nelle varie altezze tonali. Giochi di velocità aerei crescenti si hanno tuttavia anche grazie al ruolo dei muscoli diaframma, intercostali esterni e interni, addome. Sottolineiamo ancora, anche in questo paragrafo, che il ruolo determinante alla produzione del suono nel flauto in rapporto alle sue qualità (altezza, intensità, timbro) è dato dalla velocità aerea in tutte le minime possibilità di variazioni del flusso in ingresso tra la boccoletta e pressione atmosferica ad essa contigua. La pressione atmosferica non è mai la stessa e varia con il variare degli stati di temperatura dell'aria a seconda dei momenti della giornata, determinando variazioni nella qualità dei suoni prodotti.

La mattina presto ad esempio è più difficile suonare in quanto i muscoli interessati alla produzione del suono nel flauto e negli strumenti a fiato non hanno ancora la tonicità adatta per poter compiere micro-movimenti lenti o veloci in relazione alle variazioni da apportare al flusso aereo costante che produce il suono, sostenendolo nella pulsazione aerea.

La temperatura ambientale, tra l'altro, è sempre più fredda di quella pomeridiana o di tarda mattinata rendendo l'aria più pesante di quella calda-umida proveniente dai polmoni che ha una limitata forza di compressione rispetto ad essa.

I muscoli, dunque, anche in relazione a questo aspetto legato alla variazione della pressione atmosferica, avrebbero bisogno di una maggiore tonicità per avere più facoltà di funzionamento e quindi concorrere alla corretta emissione del suono, nello studio mattutino.

La laringe è l'organo dove trovano collocazione i muscoli vocali, tra le varie cartilagini in cui si inseriscono. Nella parte anteriore del collo è localizzata la cartilagine tiroidea (pomo d'Adamo), è la più voluminosa ed è situata come uno scudo davanti alle altre.

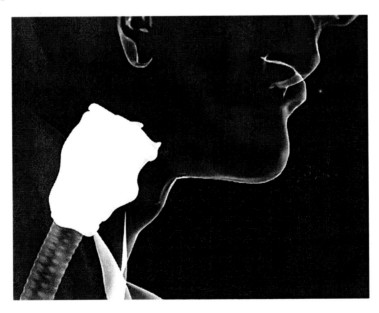

Cartilagine tiroidea

L'elemento di sostegno dello scheletro laringeo è svolto dalla cartilagine cricoide, grazie alla sua forma di anello con castone, mentre la funzione di chiudere dal di sopra l'accesso alle vie polmonari (al momento della deglutizione) è data dalla cartilagine chiamata epiglottide, grazie alla sua mobilità e flessibilità. Troviamo infine le due cartilagini aritenoidee a forma di piramide triangolare, disposte lateralmente.

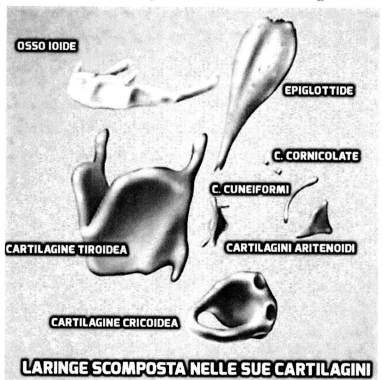

Si intendono per cartilagini laringee le parti che connettono i vari muscoli vocali nei loro possibili movimenti.

I movimenti vengono dati dai nervi che li generano attraverso impulsi nervosi detti di moto e resi possibili dalle cartilagini stesse.

Le principali caratteristiche del tessuto cartilagineo che connette i muscoli vocali tra loro sono la solidità, la flessibilità e la capacità di deformarsi limitatamente.

Gli impulsi nervosi possono essere misurati attraverso elettrodi che registrano l'attività tra nervi e muscoli prodotta durante i movimenti.

I muscoli piccoli hanno possibilità di movimenti celeri.

I muscoli grandi, invece, sono portati a compiere movimenti più lenti.

La massa muscolare, ossia la quantità di materia organica di cui è composto un muscolo, influenza le sue capacità motorie. La massa è una grandezza fisica dei corpi materiali, cioè una loro proprietà, che ne determina il comportamento dinamico quando sono soggetti all'influenza di forze esterne.

Le corde vocali sono dotate di notevoli capacità motoria, superiore senza dubbio ai muscoli labiali, in quanto hanno una massa organica più piccola.

La cartilagine articolare è un tessuto elastico dotato di notevole resistenza alla pressione e alla trazione (è un connettivo come già detto, ossia legante, specializzato con funzione di sostegno). Ha un colorito bianco perlaceo e riveste le estremità delle ossa articolari proteggendole dall'attrito che si genera nel moto.

La sua funzione è simile a quella di un cuscinetto ammortizzatore che con la sua azione salvaguardia i normali rapporti articolari e permette il movimento.

All'interno della laringe si trovano le corde vocali, sono quattro, due vere e due false.

Su di esse si riflettono e vengono sostenute, in maniera equilibrata tra gli altri muscoli interessati alle dinamiche del sostegno, le variazioni di pressione e velocità aerea che avvengono tra cavo orale, tubo del flauto, pressione atmosferica, in relazione alle altezze dei suoni e dinamiche sonore nonché timbriche da produrre.

Le corde vocali vere, dette anche labbra, o nastri, o lamine, devono essere distinte dalle false corde, due ripiegature della mucosa situate proprio al di sopra di quelle vere, che limitano superiormente i ventricoli di Morgagni, due cavità laterali subito sopra alla glottide che hanno i margini interni liberi.

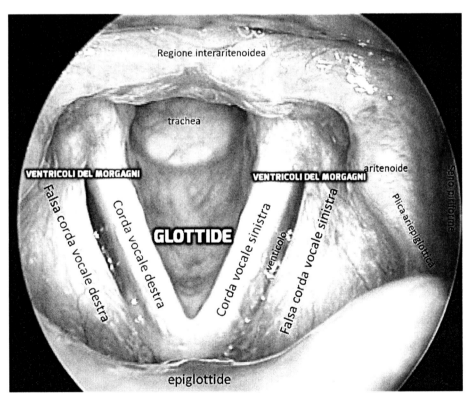

Naso

Durante i processi respiratori (inspirazione ed espirazione) tali margini si accostano, chiudendo più o meno strettamente la rima glottica.

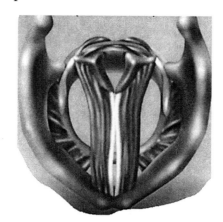

Naso

Tali processi avvengono anche **durante la fonazione** con stati di contrazione diversi.

La fonazione o emissione vocale avviene tra stati di tensione variabili delle corde vocali voluti dall'uomo e giochi aerodinamici pulsanti che si generano tra esse e la pressione atmosferica.

Si generano forze di attrito aerodinamico tra aria calda proveniente dai polmoni, aria meno calda contenuta tra il cavo orale e il suo esterno.

Le forze aerodinamiche, generate dagli stati di adduzione delle corde nella loro elasticità di movimento, devono essere considerati i presupposti affinché la produzione vocale possa avvenire.

Una forza che spinge verso l'esterno data dal motore umano aero-muscolare che trova una glottide con corde vocali addotte e l'altra che spinge verso l'interno data da variazioni di pressione aeree sovra-glottiche e esterne al cavo orale generate da effetti aerodinamici sulle basi delle leggi di Daniel Bernoulli (approfondiremo i concetti nel compendio n.3), producono delle variazioni di tensioni variabili nel tempo alle corde vocali che si tramutano in frequenze di movimento, tradotte nei vari suoni possibili di emissione vocale. I suoni vocali, detti anche onde mucose, trovano nell'apparato sopraglottico cavità per risuonare. **L'emissione dei suoni negli strumenti a fiato avvengono con contrazione delle corde vocali a stati di tensione** ovviamente **diversi dal processo espiratorio** e, soprattutto, con interventi muscolari differenti da quelli che si verificano nella produzione vocale. Le corde nel canto si adducono, ossia la glottide si avvicina, ad opera di stati di tensione più marcati in zona antero-posteriore **dei loro legami con le cartilagini laringee**. Negli strumenti a fiato si adducono ad opera di stati tensivi marcati in zona laterale e mediale alla rima glottica e meno in quella antero-posteriore. Nel canto si adducono e allungano diventando tanto elastiche da produrre suoni propri, negli strumenti a fiato si adducono solo, ossia si avvicinano e basta, sostenendo le variazioni di pressione e velocità tra flusso aereo emesso a reazione di quello contenuto nei vari strumenti. Gli stati di tensione dipendono dagli attriti che si generano tra i muscoli e le variazioni di pressione aeree che avvengono negli strumenti a fiato tra l'aria contenuta in essi, la pressione atmosferica e le variazioni di velocità della colonna d'aria dello strumentista negli atti di compressione variabili. Le corde vocali negli strumenti a fiato si adducono ma non si allungano in maniera sostanziale per produrre suoni, lasciando le cartilagini aritenoidee (vedi immagini a pagg. 92 - 172) meno ravvicinate tra loro che nella produzione vocale. Non si generano le possibilità tali da creare, tra l'aria proveniente dai polmoni e la glottide ben tesa e non solo addotta, dei giochi aero-muscolari idonei a produrre dei suoni vocali. Possiamo parlare di indici di comprimibilità aerea variabili in relazione a mutamenti di temperature e toni muscolari che si generano tra aria contenuta negli strumenti a fiato, aria proveniente dai polmoni, pressione atmosferica. I toni muscolari possono variare in relazione a stati fisiologici, ossia stanchezza e variazioni di umore. Gli stessi toni possono far variare la possibilità di sostegno del suono nelle variazioni di velocità dello stesso flusso aereo prodotto tra strumentista a fiato e il suo strumento. Ribadiamo che i muscoli vocali devono sostenere delle velocità aeree riflesse su di essi, che variano in relazione alle altezze dei suoni emessi. Lo stato della loro tonicità influenza il sostegno della stessa velocità generatasi tra tratto vocale e tubo del flauto. In questo consiste la capacità di sostegno dei suoni, oltre che dalla generazione di velocità aeree adeguate alla stessa produzione sonora nelle varie altezze tonali. Nel flauto i suoni fondamentali della prima ottava sono facilmente sostenibili, rispetto alla seconda e terza, anche se con sonorità non sempre ideali.

Le corde vocali sono disposte orizzontalmente nella laringe in senso antero-posteriore, (pressappoco dal pomo d'Adamo ossia cartilagine tiroidea fino alle vertebre del collo con inserimento sulle due cartilagini aritenoidee). L'origine anteriore è unica e si interseca tra cartilagine tiroidea e cricoidea. Posteriormente si inseriscono a due cartilagini, le aritenoidi, che si muovono come i cardini di una porta.

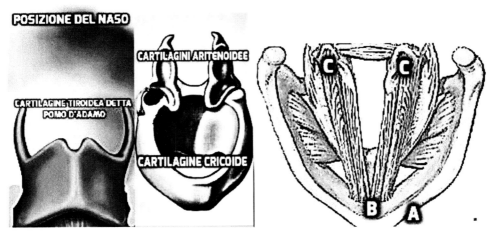

A. Cart. tiroidea   B. Cart. cricoidea   C. Cartilagini aritenoidee

Così le corde vocali possono aprire e chiudere, con un movimento di lateralizzazione/medializzazione, lo spazio formatosi tra loro. In questo modo formano uno sfintere a protezione delle vie aeree, tra trachea e polmoni. Esse si mantengono, durante la respirazione, tra adduzione (chiusura) e abduzione (apertura), lo spazio che si forma tra loro viene detta "glottide" ed è tra essa, in relazione alla maggiore o minore adduzione che avvengono i sostegni alle variazioni di velocità del flusso aereo in espirazione, sia durante l'emissione vocale che quella strumentale. In quella vocale le corde agiscono e reagiscono in maniera più sinergica tra loro, il flusso aereo proveniente dai polmoni viene trattenuto dalla loro adduzione ed è in questa manovra che si forma la voce; in quella strumentale possiamo dire che reagiscono e agiscono con delle tensioni provocate da correnti aeree che si riflettono dall'esterno verso l'interno e viceversa, attraverso l'uso dei muscoli prettamente respiratori, e non dall'interno verso l'esterno come nella voce ad opera della tensione dei muscoli deputati anche alla produzione dei suoni vocali veri e propri.

Durante la deglutizione di cibo o bevande, le corde si adducono severamente al massimo e grazie ad una cartilagine detta epiglottide che isola la laringe dall'ingresso di qualsiasi cosa, il cibo e le bevande entrano nell'esofago: la glottide si chiude in una stretta che vede l'epiglottide mettersi su di essa. È in questa ultima fase motoria che se stessimo suonando o cantando si avvertirebbe, in maniera cosciente, il senso della costrizione.

I giochi aerodinamici che si generano tra gli strumenti a fiato e i muscoli vocali implicano degli spazi vuoti su cui l'aria può spingere e fare in modo che i muscoli possano reagire, possiamo definire questi spazi in tutte le zone attigue ai muscoli vocali, tra cui i ventricoli del Morgagni e gli spazi laterali dell'aditus laringeo, ovvero l'apertura che fa comunicare la faringe con la laringe.

Luoghi relativi alla riflessione delle pressioni aeree deputati al sostegno dei suoni

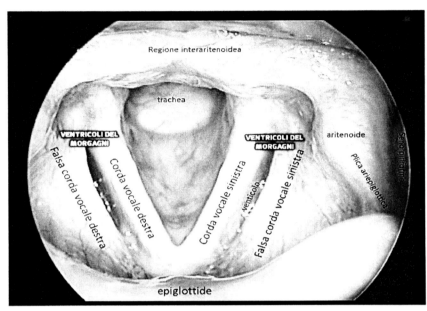

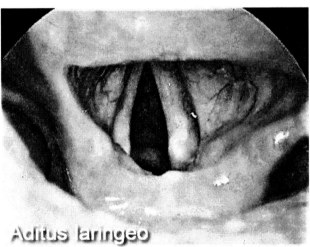

Aditus laringeo

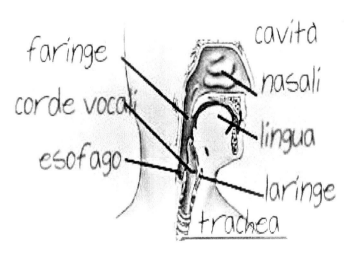

2.9 - Le strutture muscolari delle corde vocali e della faringe nelle fasi articolatorie di produzione del suono

Ribadiamo che le corde vocali sono quattro, due vere e due false. Le fasce muscolari che le compongono si articolano in diversi modi tra le cartilagini della laringe tra cui sono poste. Sono le stesse cartilagini a dare il nome ai muscoli che formano nel loro insieme la glottide, ossia l'apertura limitata delle corde vocali.

Gli elementi strutturali di una corda vocale si classificano da un punto di vista meccanico in tre parti:

Il «body» o muscolo vocale è la struttura rigida in grado di modificare le sue caratteristiche biomeccaniche con la contrazione.

Il «transition» è lo strato intermedio e profondo della lamina propria nello strato di scorrimento.

Il «cover» epitelio e strato superficiale della lamina propria per la sua lassità e viscosità è facilmente sollevabile in pliche, consente l'ondulazione della mucosa.

È proprio il grado di maggiore o minore apertura che si genera tra di esse, in relazione ai muscoli che si attivano per sostenere i suoni negli strumenti a fiato in relazione alle velocità aeree necessarie per farlo, a generare la differenza tra un bel suono o un cattivo suono. Non abbiamo sensazione dei movimenti dei muscoli vocali se non in rapporto con le azioni compiute con esse, quali soffiare o parlare e cantare.

La mente preattiva i movimenti delle corde vocali. Le scuole tradizionali di strumento a fiato indicano la zona della gola come da tenere libera da qualsiasi tensione o costrizione, anche se si ignorano i meccanismi che si generano o che si possono generare nelle tecniche degli strumenti in questione. A essere liberi da tensione, si ripete, devono essere collocati i muscoli costrittori della faringe che indicheremo di seguito nella nostra descrizione dei muscoli della "gola" e della loro funzione nelle tecniche degli strumenti a fiato, come i muscoli negativi nella produzione del suono.

Iniziamo qui di seguito la nostra descrizione e funzione dei muscoli che compongono la glottide.

Cricotiroideo: muscolo tensore delle corde vocali e anteriore nella laringe.

Si estende dal margine inferiore della cartilagine tiroide alla faccia antero-laterale della cartilagine cricoide. La sua contrazione, prendendo come punto fisso la cartilagine cricoide, tira in basso e in avanti le corde vocali con la cartilagine tiroide tendendo in questo modo le corde. Questi muscoli vanno deputati al **sostegno ed emissione dei suoni acuti nel flauto traverso e nel canto**, la loro tensione favorisce la velocità del flusso aereo in uscita dal cavo orale durante la produzione del suono **a prescindere** dalla tensione delle labbra.

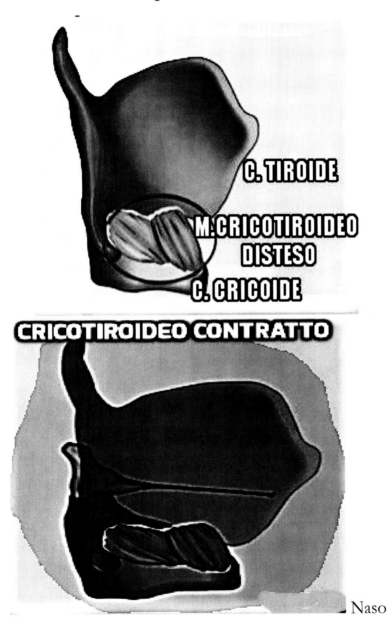

Naso

Cricoaritenoideo posteriore: dal castone **cricoideo si porta esternamente e in alto,** inserendosi nel processo muscolare vocale alle **cartilagini aritenoidee.**

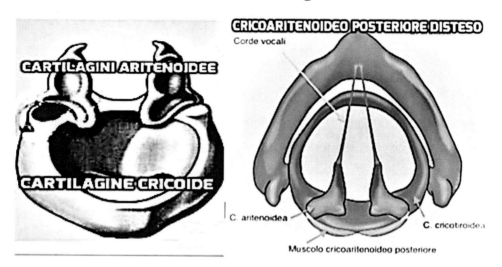

Naso

La sua contrazione tira indietro il processo muscolare glottico divaricando e abducendo le corde vocali.

Naso

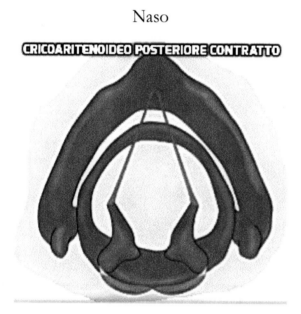

Esso opera durante la **fase inspiratoria** e si pone in antagonismo durante la produzione del suono nel flauto e sugli strumenti a fiato con il muscolo cricoaritenoideo laterale.

Cricoaritenoideo laterale: origina dal processo muscolare delle **aritenoid**i e si inserisce al margine superiore dell'anello della cartilagine **cricoide.** La sua contrazione tira avanti i processi muscolari e **quindi medialmente i processi vocali e adduce** le corde vocali chiudendo la rima della glottide.

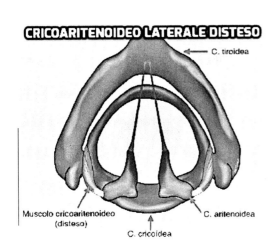

Opera nella fase espiratoria e con contrazione maggiore nelle fasi di produzione del suono nel flauto e negli strumenti a fiato, è antagonista del muscolo cricoaritenoideo posteriore.

Aritenoideo obliquo: ha origine dalla base di una cartilagine aritenoidea e si porta all'apice della controlaterale; continuando con il muscolo ariepiglottico che termina sul margine laterale della cartilagine epiglottide.

Restringe l'adito e il vestibolo laringeo.

Naso

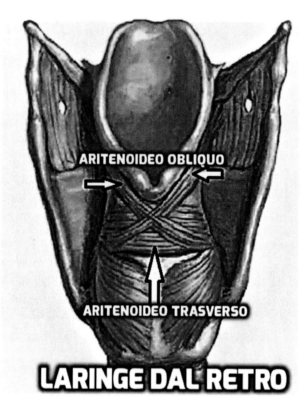

Aritenoideo trasverso: ha origine dal margine laterale della cartilagine aritenoidea, avvicina tra loro le cartilagini aritenoidi.

Tiroaritenoideo o muscolo vocale: si compone da tre porzioni, una laterale, una tiroepiglottica, e un'altra mediale che corrisponde al muscolo vocale vero e proprio. Si inserisce tra la cartilagine tiroide e le due cartilagini aritenoidee.

La sua contrazione a vari stati di tensione in sinergia con la corrente espiratoria produce la voce nelle varie altezze tonali.

Nella produzione del suono nel flauto e negli strumenti a fiato la sua azione tensiva è molto ridotta.

Se così non fosse udiremo, abbinato alla produzione del suono nel flauto e negli strumenti a fiato, anche un suono chiaramente vocale.

Naso

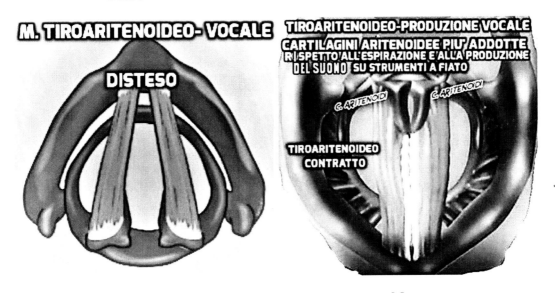

Naso

2.10 - La faringe

La faringe è un canale lungo circa 15 centimetri, decorre posteriormente alle cavità nasali, alla bocca e alla laringe e mette in comunicazione la gola con l'esofago.

Il termine gola viene utilizzato, nel linguaggio comune, per indicare le strutture anatomiche presenti nel collo dei vertebrati.

L'esofago è un organo a forma cilindrica presente nei vertebrati, attraverso il quale passa il cibo, dalla faringe allo stomaco. Durante la deglutizione, l'epiglottide si inclina all'indietro per evitare che il cibo vada verso la laringe e i polmoni. La parola esofago proviene dalla parola greca per "gola".

Naso

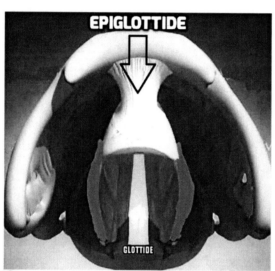

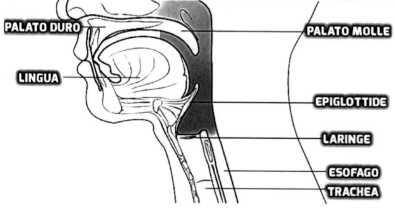

Nella faringe confluiscono dunque sia la via alimentare sia la via aerea che poi continuano rispettivamente nell'esofago e nella laringe.

La faringe viene generalmente suddivisa in tre tratti: la porzione posteriore delle vie aeree nasali (rinofaringe), la cosiddetta gola (orofaringe) e la parte laringea (laringo-faringe).

La rinofaringe e l'orofaringe sono separate da una specifica porzione del palato: il palato molle o velo pendulo (che rappresenta il prolungamento del palato duro).

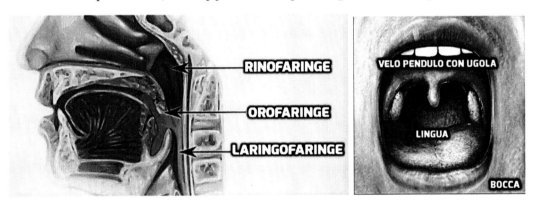

Due sono le funzionalità principali della faringe:

Mette in comunicazione la bocca con l'esofago permettendo il passaggio del bolo alimentare mediante la deglutizione. Consente il passaggio dell'aria dalle cavità nasali o dalla bocca alla laringe e viceversa.

Nella sua funzione di permettere il passaggio del cibo all'esofago agiscono i muscoli costrittori.

I muscoli costrittori della faringe sono tre: costrittore superiore, costrittore medio e costrittore inferiore.

Il muscolo costrittore superiore è il più sottile dei tre e con la sua azione restringe la porzione superiore della faringe.

Il muscolo costrittore medio restringe la porzione media della faringe durante la deglutizione.

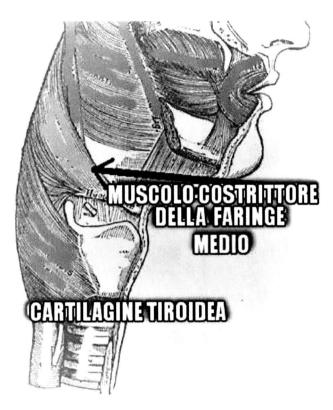

Infine il muscolo costrittore inferiore della faringe, contraendosi, funge da costrittore della parte laringea della faringe ed elevatore della laringe.

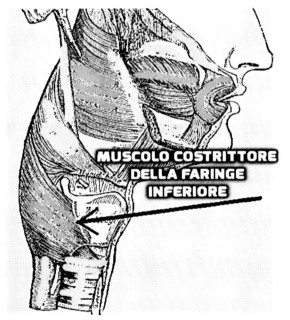

Nel passaggio aereo verso l'esterno durante la produzione del suono negli strumenti a fiato, l'attivazione dei muscoli costrittori gioca un ruolo negativo sulle quantità aeree necessarie tra velocità e portata atte alla generazione del bel suono.

L'uso o non uso dei costrittori della faringe, durante la produzione di suoni vocali e strumentali, è da intendersi come "gola aperta" o "gola chiusa", nella dicitura legata alle cose negative da non fare nelle scuole tradizionali di pensiero per le due categorie cantanti e strumentisti a fiato.

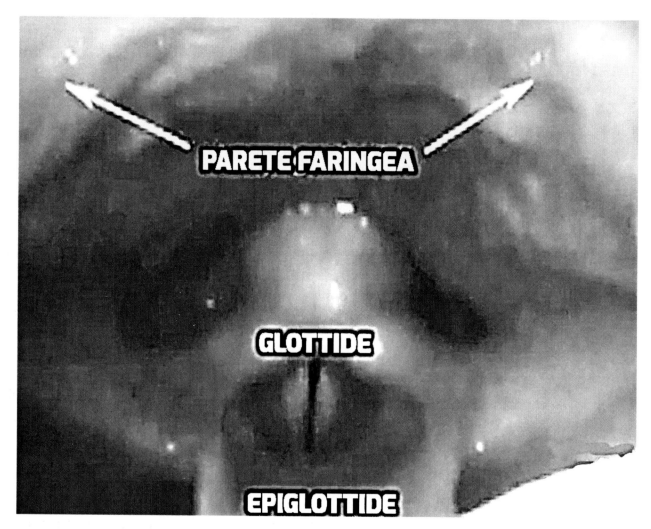

Naso

2.11 - Le teorie e le dinamiche fisio-acustiche sulla produzione della voce e le differenze con i movimenti vocali prodotti nel flauto traverso

La prima sperimentazione di fisiologia vocale fu eseguita sulla laringe del cane da Antoine Ferrein (25 ottobre 1693 - 28 febbraio 1769), era un anatomista francese.

ANTOINE FERREIN

Fu professore al Collège Royal di Parigi e nel 1742 divenne membro dell'Académie des sciences.

Egli avvicinò le labbra della glottide di un cane e soffio energicamente nella trachea, l'organo sembrò di ritornare vivo producendo non solo un tono ma una voce reale, come lui riferì all'accademia di scienze di Parigi, dove presentò i risultati degli esperimenti nel 1741.

Ferrein è ricordato per questo motivo ed è accreditato per aver coniato il termine cordes vocales (corde vocali).

I meccanismi con cui si genera la voce umana sono stati e sono argomento di discussione in molti convegni nazionali e internazionali, diverse sono state le teorie che hanno cercato di spiegarli.

Roul Husson prospetta la sua tesi nel 1950 detta **Teoria neucronassica o neuromuscolare**, essa ritiene che la produzione vocale avvenga per esclusiva trasmissione di impulsi nervosi. La teoria non è stata mai accreditata in quanto ad essa si oppongono alcuni principi basilari di neurofisiologia.

Teoria mioelastica (1898): la forza che mette in vibrazione le corde vocali è la pressione dell'aria sottoglottica; l'apertura della glottide è il risultato passivo dell'aumento di pressione del flusso d'aria, mentre la contrazione tonica muscolare tende a riavvicinare le corde una volta che, fuoriuscita l'aria la pressione sottoglottica decade. È la teoria tutt'oggi accreditata mista a quella aerodinamica. La teoria aerodinamica dagli autori Moore e Von Leden è assimilabile all'effetto Bernoulli (aumento della velocità dell'aria e diminuzione della pressione) dei flussi aerei in tubi con zone ristrette a caratteristiche elastiche, nel nostro caso la glottide e le corde vocali che la formano. Le corde subirebbero un fenomeno di aspirazione verso la linea mediana con variazioni di pressione. Essa sarebbe dovuta alla perdita di aria durante la fase espiratoria, tra tensione muscolare e la stessa spinta aerea.

La teoria globale sul fenomeno di produzione della voce, così come riportata in tanti testi specifici è l'insieme delle componenti elastiche tra aria e interventi muscolari. La componente mioelastica è l'insieme delle forze di natura fisiologica ed elastica legate alla funzione dei muscoli interessati alla produzione vocale nelle loro caratteristiche strutturali.

Queste ultime favoriscono la fase di chiusura delle corde stesse che si coordina alle variazioni di pressioni aeree nelle fasi di apertura e chiusura ritmica. Il tutto avviene in relazione alle tensioni muscolari e agli equilibri aerodinamici che si generano nelle varie fasi del fenomeno. A causa della fuga d'aria diminuisce la pressione sottoglottica (sotto le corde vocali) e vengono a prevalere le forze mioelastiche di adduzione delle stesse e la pressione aerea ritorna, il fenomeno si ripete ciclicamente.

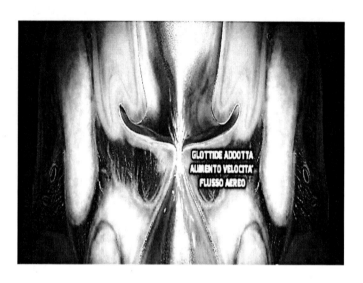

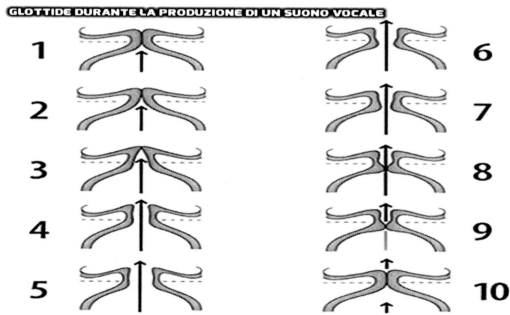

2.12 - Osservazioni personali sul fenomeno legato alla produzione della voce umana nelle differenze tra emissione del suono nel flauto

Lo studio del fenomeno legato alla produzione vocale mi accompagna da anni.

Ho letto e riletto su vari libri la descrizione del fenomeno stesso, riflettendolo punto per punto cercandone di carpirne i lati meno chiari, al fine di farlo confluire con quello legato alla produzione del suono nel flauto nelle differenze più sostanziali delle varie fasi. È chiara la fase di adduzione, ossia avvicinamento dei muscoli che compongono la glottide, ma ritengo importante, al fine di approfondire sempre di più il tipo di fenomeno vocale che avviene sul flauto e sugli strumenti a fiato, studiare i vari momenti della produzione vocale, analizzando quello che fanno i muscoli in virtù dei comportamenti aerodinamici, punto per punto.

Nel disporsi a produrre un suono vocale, l'uomo invia alle corde vocali, ed in particolar modo ad alcuni muscoli che le compongono, un impulso nervoso che può tendere le corde a vari stati di tensione. I vari stati di tensione delle stesse determineranno l'altezza dei suoni che esse emetteranno, risuonando attraverso gli spazi vuoti naturali adiacenti ad esse. Gli spazi atti ad amplificare l'onda mucosa prodotta dalle corde vocali, sono anche detti sopraglottici e possono variare la loro dimensione, accordando le giuste posizioni di risonanza con le note emesse dal sistema vocale. Per risonanza, in acustica, si intende un sistema in grado di vibrare al moto di pulsazione generato da un altro sistema.

Il sistema in grado di risuonare, in questo caso, è dato dal Vocal tract o tubo fonatorio, ossia tutte le zone vuote confinanti con la laringe e le corde vocali.

Come avviene il suono vocale?

Le corde si adducono per effetto di pensiero cosciente all'azione di produzione sonora vocale: la glottide entra in uno stato di tensione. Uno stato che potremmo definire "Stato di pressione muscolare variabile". In questa fase di pressione muscolare massima a tensione variabile, la velocità dell'aria aumenta e trova come barriera antagonista da superare l'azione definita "a saracinesca" della glottide in stato di avvicinamento massimo. Appena superata la barriera antagonista della glottide addotta, la velocità aerea diventa massima, mentre la pressione sia muscolare che aerea diminuisce nella sua zona sottostante.

La glottide inizia il suo movimento rotatorio, le spinte aeree a mio avviso diventano due: il flusso aereo sottoglottico che spinge verso l'alto e che ha una velocità maggiore di quello sopraglottico, il quale reagisce con pressione retrograda opponendosi alla velocità aerea creatasi tra il cavo orale e il suo esterno. Ad una spinta verso l'alto si oppone una spinta verso il basso data dalla pressione aerea generatasi tra zona sopra la glottide, la faringe e la pressione atmosferica. In virtù dei differenziali di attrito aerodinamico che si generano tra rima glottica accollata, aria proveniente dai polmoni, aria proveniente dalla zona soprastante le corde vocali che può agire in maniera antagonista sui tipi di muscoli che generano apertura e chiusura della rima glottica, si genera la voce. Essa ha il suo inizio nelle azioni attive e passive dei muscoli e delle correnti aeree che ne favoriscono i fenomeni acustici, soprattutto in virtù dei principi aerodinamici di Bernoulli.

Principi che approfondiremo nel compendio n. 3 che sono alla base sia della produzione dei suoni vocali che di quelli negli strumenti a fiato. Le corde si adducono e abducono dallo stato originario di contrazione indotto dal sistema nervoso, attraverso le variazioni in velocità e pressione aerea generatesi nel sistema. In pratica il sistema muscolare preposto da madre natura a produrre i suoni vocali coopera, secondo le leggi del Bernoulli, a creare il moto vibratorio delle corde vocali tra diversa temperatura dell'aria interna all'organismo, quella quasi esterna sopraglottica e quella esterna individuabile nella pressione atmosferica.

Le corde vocali si adducono e vibrano nel sistema rotatorio assimilabile alle foto a pag.84 (Glottide durante la produzione di un suono vocale), secondo le leggi aerodinamiche e di reazione muscolare miolestatica. Le corde si adducono grazie al sistema nervoso e su atto celebrale indotto, ma vibrano, dunque, in relazione alle variazioni delle correnti aeree che si generano tra la glottide, la zona sopraglottica e la pressione atmosferica, zone che possiamo definire "variabili in tensione aereo-muscolari mioelastiche". Parlando di tensioni muscolari e variabili termo-aerodinamiche nella produzione vocale, le possibilità con cui le corde possono vibrare, variando gli stati di tensione globali e le qualità sonore, sono infinite.

Esse dipendono in parte dal tono muscolare che varia con il variare degli stati di stanchezza e psicologici, nonché di temperature aeree che incidono ugualmente sia sulla tonicità muscolare che sui movimenti dell'aria stessa, in quanto: si creano zone di aria calda che si incrociano con zone di flusso a temperature variabili tra interno polmonare, sottoglottico, sopraglottico ed esterno al cavo orale, che incidono sulla produzione vocale nello stato reattivo dei muscoli della glottide.

Le variazioni di pressione aerea dovute agli incroci tra le velocità del flusso in uscita dai polmoni, interagente con la pressione atmosferica nelle diverse temperature durante i processi di adduzione e abduzione cordali nella produzione vocale, nei modi in cui le particelle del flusso stesso si fondono tra loro comprimendosi e dilatandosi negli attriti che si generano anche all'interno del sistema detto risuonatore, condizionano le vibrazioni e i movimenti delle corde vocali determinando la bontà dei toni prodotti. In questo fenomeno così complesso può influenzare la qualità dei suoni vocali anche l'intensità del flusso aereo espirato dai polmoni. Nella ricerca di questi equilibri consta, a mio avviso, la ricerca delle giuste risonanze dei toni prodotti da parte del cantante. Un grado di apertura o chiusura della bocca e gli atteggiamenti posturali che influenzano le parti mobili al suo interno, possono far variare le velocità aeree che interagiscono con la pressione atmosferica nel processo illustrato finora, ripercuotendosi sui muscoli vocali stessi. Nel sistema e con il sistema, possiamo dire che si generano zone a pressioni aeree e tensioni muscolari variabili. È tutto ciò che rende il sistema **elastico** e quindi capace di moto variabile nella produzione canora. Le tensioni da evitare sono legate, come negli strumentisti a fiato, a quelle sui muscoli costrittori della faringe che influiscono in maniera diretta sul grado di elasticità dei muscoli vocali e di conseguenza anche sulla qualità dei suoni prodotti.

Ricapitolando: le corde si adducono per variazione di pressione muscolare indotta dal sistema nervoso, la pressione dell'aria oltrepassando la glottide addotta diminuisce aumentando la velocità dell'aria verso l'esterno. Si genera una contropressione aerea che va dall'esterno verso l'interno contrapponendosi a quella che spinge in fuori. Le corde si abducono dallo stato tensivo indotto dal sistema nervoso per contrapposizione dei due flussi aerei a variabili di pressione. Il flusso aereo interno spinge fuori quello esterno che nel contempo stava reagendo per opporsi con forza retrograda all'aumento di velocità che lo richiamava, generando la richiusura delle corde, grazie all'azione-reazione di alcune fasce muscolari dette tra loro antagoniste, ossia: muscoli cricoaritenoidei laterali in opposizione ai cricoaritenoidei posteriori. In questi giochi che possiamo definire di attriti aerodinamici a tensioni variabili, generati e riflessi dai muscoli vocali sui muscoli vocali, nasce la voce. Vibra l'aria e lo fa in virtù di tensioni muscolari che si riflettono su di essa variandone la velocità tra interno ed esterno al cavo orale grazie ad una forza aerea costante ma tuttavia elastica e variabile, ossia la pressione atmosferica che interagisce con le forze muscolari glottiche.

Vibra l'aria che mette in vibrazione le corde vocali per atti di azione-reazione miolestica degli stessi muscoli, che restano l'unica sorgente di suono nella produzione vocale. Il tipo di dinamica vocale esposto chiarisce, a mio avviso, perché il sistema laringeo è storicamente anche detto flauto- laringe.

Quello che accade tra la laringe, la zona subglottica delle corde e la zona sovrastante è infatti molto simile a ciò che si verifica nel flauto e il suo esterno durante la produzione del suono.

Il cantante nel fenomeno descritto deve cercare aperture orali che possano favorire la produzione dei suoni nell'effetto delle risonanze, ed evitare contrazioni sui muscoli costrittori della faringe. L'uso del fiato per il cantante nei suoi rapporti di velocità di impatto sulla pressione atmosferica può essere determinante per la qualità dei suoni emessi, come lo è per uno strumentista a fiato.

Il cantante cerca la giusta risonanza dei suoi suoni attraverso le variazioni di velocità del flusso aereo emesso; flusso che cambia il suo rapporto con la pressione atmosferica con le modifiche apportate dal cantante stesso tra aperture orali e intensità del flusso emesso.

Iniziamo a paragonare, sottolineando le differenze, i sistemi di produzione vocale con quelli della produzione del suono nel flauto.

La parte esterna della boccoletta del flauto dove si infrange l'aria acquistando velocità, può essere paragonata alla fase di adduzione delle corde vocali e alla variazione della velocità aerea tra glottide e parti esterne.

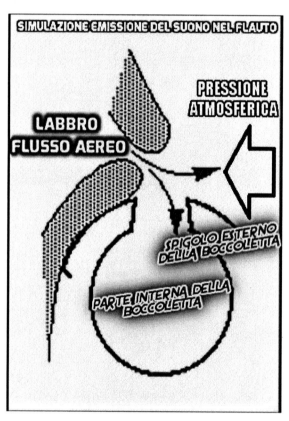

La zona dove inizia una contrapposizione alla velocità del flusso aereo tra zona infraglottica e sopraglottica, nonché con l'aria esterna al tratto vocale, può essere paragonata alla fase dove nel flauto la pressione aerea viene compressa verso l'esterno interagendo con la pressione atmosferica tra spigolo, boccola e suo interno.

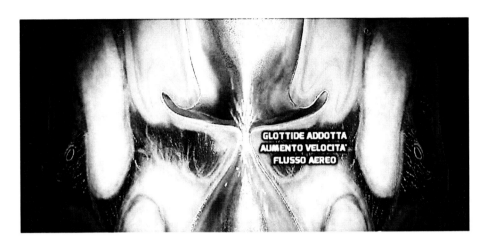

GLOTTIDE ADDOTTA
AUMENTO VELOCITA'
FLUSSO AEREO

FASE ANTECEDENTE ALLA COMPRESSIONE

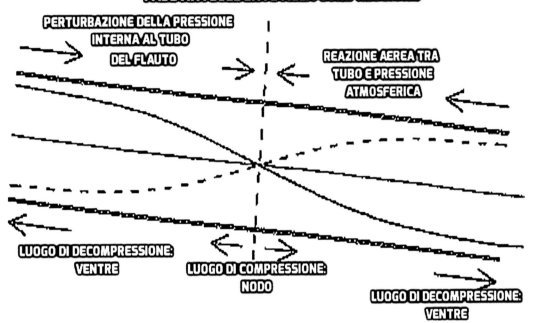

PERTURBAZIONE DELLA PRESSIONE INTERNA AL TUBO DEL FLAUTO

REAZIONE AEREA TRA TUBO E PRESSIONE ATMOSFERICA

LUOGO DI DECOMPRESSIONE: VENTRE

LUOGO DI COMPRESSIONE: NODO

LUOGO DI DECOMPRESSIONE: VENTRE

Nel flauto è l'aria che vibra sostenuta dai muscoli vocali, in relazione alle perturbazioni che si verificano tra lo strumento, lo strumentista e la pressione atmosferica.

Nella produzione vocale sono le corde vocali che vibrano per effetti di azioni e reazioni muscolari tra le pulsazione dell'aria che si verificano in cotrapposizione alle reazioni della pressione atmosferica.

Nel flauto vibra l'aria sostenuta dai muscoli vocali e nel canto vibrano i muscoli vocali a reazione delle variazioni di pressione e velocità delle correnti aeree che si formano tra glottide, laringe, faringe e pressione atmosferica.

Cosa avviene tra tubo del flauto, pressione atmosferica e corde vocali?

Quali sono le differenze di intervento da parte delle corde vocali tra produzione canora e sostegno delle pressioni aeree che dal tubo del flauto si riflettono sulle corde sono presto dette: nel canto la glottide, ossia la fessura limitata dalle corde vocali tende ad allargarsi per poi restringersi di nuovo, dopo che è avvenuta l'adduzione volontaria da parte dell'esecutore cantante; nel flauto tende a restringersi in quanto la stessa, parte dallo stato di riposo e non dallo stato di adduzione durante il processo di produzione del suono strumentale.

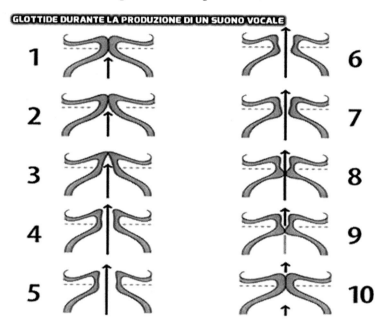

GLOTTIDE DURANTE LA PRODUZIONE DI UN SUONO VOCALE

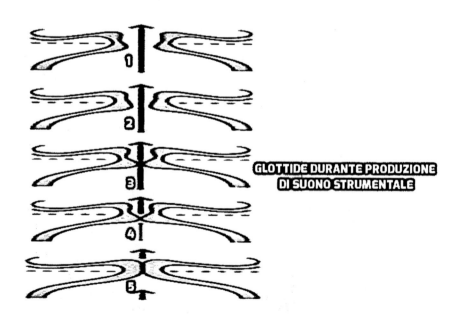

GLOTTIDE DURANTE PRODUZIONE DI SUONO STRUMENTALE

Il processo di adduzione della glottide nel flauto e in generale in tutti gli strumenti a fiato, avviene per processo di azione-reazione alle variazioni di velocità aeree nei diversi stati di compressione atti alla produzione sonora nei vari registri degli strumenti.

I processi aerodinamici di produzione del suono strumentale si riflettono nella bocca dello strumentista sulla base di attriti aerodinamici che si generano tra il flusso aereo dell'esecutore, l'aria contenuta nei tubi sonori e la pressione atmosferica.

Gli attriti generati tra le colonne aeree in movimento tra pressioni aeree variabili, si riflettono sulla glottide facendone reagire alcune fasce muscolari, attraverso l'aditus laringeo, i ventricoli del Morgagni e tutte le zone limitrofe ad essa.

I processi che coinvolgono le corde vocali nelle loro zone muscolari di articolazione, sono molto diversi tra produzione vocale e strumenti a fiato in quanto: nella voce e nel canto le corde vocali sono le artefici della sua produzione, nel flauto e negli altri strumenti a fiato sono le artefici del sostegno dei suoni emessi e da emettere.

Negli strumenti ad ancia il ruolo di ottimizzazione aerea del flusso dello strumentista, proveniente caldo dai polmoni e con scarse capacità di compressione verso il flusso antagonista che si genera tra lo strumento e la pressione atmosferica durante l'emissione del suono, è deputato ai diversi stati tensivi delle labbra sulle ance, ed ai muscoli costo-addominali.

Nel flauto solo alle labbra e muscoli costo-addominali, negli ottoni alle labbra e ovviamente ai muscoli costo-addominali.

Nel complesso i muscoli della glottide cooperano in tutti gli strumenti a fiato al sostegno dei suoni prodotti, che restano il frutto di compressioni e decompressioni aeree.

Le variazioni spropositate di intensità di flusso aereo con insufficiente velocità rispetto alla frequenza da emettere e sostenere nella produzione del suono, si ripercuotono tra muscoli vocali e pressione atmosferica nel canto e nel flauto; tra ance-labbra, pressione atmosferica e muscoli vocali negli strumenti ad ancia; pulsazione delle labbra, pressione atmosferica e muscoli vocali negli ottoni, producendo difettosità timbriche e di intonazione notevoli in tutte le categorie citate.

Nel canto le corde vocali si adducono in maniera completa tra adduzione e variazione anche del loro stato di lunghezza e spessore, già pronte al fenomeno fonatorio, partono da uno stato di adduzione volontaria e abduzione dato dai meccanismi precedentemente illustrati.

Nel flauto le corde vocali partono da uno stato di assoluta abduzione, ossia stato di riposo, e reagiscono in maniera diversa e a seconda del loro stato di tonicità e allenamento alle correnti aeree generatesi tra lo strumento e il suo esterno.

Lo fanno in virtù delle dinamiche sonore e tecniche da realizzare e per sola conduzione di attrito aerodinamico riflesso su di esse, portando alcuni muscoli ad agire in maniera più energica rispetto alla fase espiratoria senza la produzione strumentale.

I muscoli in questione sono i cricoaritenoidei laterali in antagonismo con quelli posteriori (vedi pagg. 74 - 75).

Nei prossimi paragrafi approfondiremo ancora il ruolo delle labbra negli strumenti a fiato e dei muscoli quali il diaframma, intercostali, addominali, non dimenticando mai di citare le problematiche di emissione dovute alle variazioni termodinamiche tra il flusso aereo dell'esecutore e la colonna aerea contenuta nei tubi sonori (gli strumenti a fiato), in contatto costante con la pressione atmosferica durante il processo sono-articolatorio.

Nella produzione vocale possiamo affermare che le corde sono in una posizione che ne evidenzia un totale avvicinamento laterale e mediano, ma soprattutto addotte (chiuse) in uno stato di minore spessore rispetto a quello che avviene durante la produzione del suono negli strumenti a fiato: la loro variazioni di lunghezza su zona antero-posteriore ad opera dei muscoli detti tiroaritenoidei e aritenoidei trasversi sono molto più marcate nella produzione canora. Questo le rende estremamente elastiche al passaggio aereo, consentendo loro di produrre i suoni vocali. Nel canto le corde, dunque, si pongono in uno stato di tensione generale che le rende elastiche e suscettibili di vibrazione ai giochi aerodinamici e non solo di sostegno dei suoni prodotti come avviene negli strumenti a fiato.

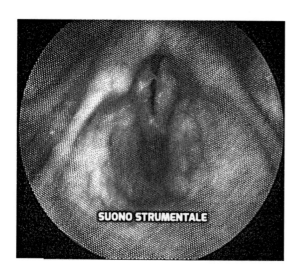

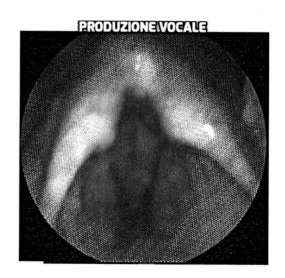

Nel flauto e negli strumenti a fiato sono i muscoli cricoaritenoidei laterali e posteriori ad operare maggiormente, rispetto al tiroaritenoideo nel canto.

Le corde vocali vibrano nel flauto traverso, a mio avviso minimamente, quando le energie aerodinamiche che si riflettono su di esse non sono ben supportate dai muscoli labiali e costo-addominali; la loro vibrazione minima in uno stato di iper-contrazione, produce suoni gutturali che anche il flautista stesso percepisce come di tensione oltre natura. Le contrazione nascono soprattutto sotto influsso dei muscoli costrittori della faringe che mettono le corde vocali in una condizione di maggiore tensione.

Possiamo definire queste minime pulsazioni delle corde vocali sfocianti in suoni gutturali come stati di tensioni variabili, in quanto il suono prodotto negli strumenti a fiato non riesce ad essere sostenuto in maniera lineare per mancanza di energia delle altre contingenze di sostegno, quali i muscoli labiali e costo-addominali.

Oltremodo la mancanza di sostegno muscolare ai suoni prodotti può essere determinato da una velocità aerea in ingresso agli strumenti non idonea all'emissione dei suoni stessi.

COMPENDIO n. 3

I principi di aerodinamica che consentono la produzione del suono nel flauto traverso e negli strumenti a fiato con analogia alla produzione vocale

3.1 Breve introduzione

3.2 La pressione atmosferica

3.3 I principi di aerodinamica e le interazioni tra pressione atmosferica, il cavo orale, le corde vocali durante la produzione del suono nel teorema di Bernoulli

gli alberi sono gli strumenti
a fiato del vento
(marian Bogdala)

3.1 - Breve introduzione

Come è stato trattato nei compendi precedenti, il suono del flauto prodotto dall'uomo si forma nello strumento tra la boccoletta, la sua parte esterna e interna, nelle reazioni della pressione atmosferica alle variazioni di velocità che avvengono in virtù delle modifiche della lunghezza del tubo. Tutto ciò grazie alle sollecitazioni del flusso aereo dello strumentista che perturba lo stato lineare delle particelle aeree, costituenti **la pressione atmosferica** presente tra parti interne ed esterne allo strumento.

Si generano delle variazioni di velocità di flusso aereo che richiamano la reazione della pressione atmosferica tra tubo esterno e interno nelle parti menzionate, ad esse vanno aggiunte le reazioni dei muscoli vocali e le azioni-reazioni labiali nel fenomeno globale della produzione del suono e delle sue tecniche. L'apporto dei muscoli costo-addominali nelle fasi del cosiddetto sostegno del suono tra le varie altezze tonali, diventa fondamentale.

3.2 - La pressione atmosferica

L'atmosfera è l'involucro gassoso che circonda la Terra, esso è trattenuto dalla forza di gravità ed agisce grazie al suo peso.

L'aria è costituita da una miscela di gas, principalmente azoto (circa 78%) e ossigeno (circa 21%), accanto ad alcuni gas minori, tra cui argo, vapore d'acqua e diossido di carbonio, o anidride carbonica.

L'aria ha un peso che si aggira intorno a poco più di 1 grammo per ogni litro; essa, quindi, esercita una pressione sulla superficie terrestre.

La pressione atmosferica può essere definita come il rapporto tra il peso della colonna d'aria che si trova sopra una certa superficie e l'area della superficie stessa. Questo tipo di rapporto può far variare il tipo di apporto aerodinamico e muscolare che il cantante o lo strumentista a fiato usa per produrre i suoi suoni in una determinata circostanza ambientale.

L'atmosfera esercita una forza su tutti i corpi che vi sono immersi, compreso l'uomo, dovuta alla pressione esercitata dal peso della colonna d'aria da cui è formata, in maniera uguale e su tutti i lati; è per questo motivo che non percepiamo questa forza su di noi.

La prima misura della pressione atmosferica si deve al fisico italiano E. Torricelli (1608-1647), che inventò il barometro a mercurio. Il valore della pressione nell'unità del sistema internazionale è il Pascal (Pa).

Poiché il valore della pressione atmosferica misurato in Pascal risulta un numero troppo grande, sono state introdotte delle unità di misura più comode. Per convenzione si definisce atmosfera (simbolo atm) la pressione esercitata al livello del mare da una colonna di mercurio alta 76 cm (o 760 mm), ovvero:

1 ATM= 101.325 Pa

Un'altra unità di misura è il bar: 1 BAR= 10^5 Pa

e il suo sottomultiplo, il millibar (mbar), usato in meteorologia:

1 MBAR= 10^2 PA è sostituito oggi con l'ettopascal (hPa), dove

1 MBAR= 1 hPa (tratto da Sapere.it)

L'ettopascal viene usato anche per definire le **variazioni di pressione atmosferica durante la produzione sonora.**

La differenza di pressione dell'aria rispetto alla normale pressione atmosferica si chiama **pressione acustica.** Essa rappresenta una piccola "increspatura" rispetto al valore standard di pressione atmosferica, anche nel caso di suoni estremamente intensi, **il suo valore è di circa mille volte inferiore a quello della pressione atmosferica.**

La pressione atmosferica diminuisce con l'altezza dal livello del mare (poiché salendo di quota diminuisce lo strato di atmosfera e quindi il suo peso), varia da luogo a luogo e, a seconda delle condizioni meteorologiche, come si può verificare attraverso le misurazioni barometriche, molte volte.

Lo studio della distribuzione orizzontale della pressione atmosferica costituisce la base della meteorologia, che si serve di carte geografiche sulle quali vengono tracciate le linee che congiungono i punti di uguale pressione atmosferica (le isobare), perché dalla distribuzione della pressione è possibile ricavare il movimento delle masse d'aria. Essa non è costante su tutta la superficie terrestre ed in ogni momento, ma varia a causa di tre fattori: altitudine, temperatura e umidità atmosferica.

Altitudine: la pressione atmosferica ha un comportamento inversamente proporzionale all'altitudine (diminuisce con l'aumentare della quota altimetrica). Infatti, salendo di quota diminuisce lo spessore dell'atmosfera e quindi il suo peso.

Temperatura dell'atmosfera: a parità di altitudine, un aumento della temperatura rende l'aria meno densa e, di conseguenza, più leggera rispetto all'aria fredda. L'aria calda, quindi, tende a salire e di conseguenza la pressione diminuisce.

L'aria umida, cioè l'aria con un maggior contenuto di vapore acqueo, esercita una minore pressione rispetto all'aria secca. Ciò è dovuto al fatto che le molecole di vapore acqueo sono più leggere rispetto alle molecole di ossigeno. Per cui, a parità di volume, l'aria umida esercita una minore pressione rispetto all'aria secca.

Alta pressione e bassa pressione

L'effetto di questi fattori può anche sommarsi.

Ad esempio, l'aria calda e umida, tipica delle zone equatoriali, esercita una pressione minore rispetto ad un'aria egualmente calda ma secca.

Allo stesso modo, un'aria fredda e secca, tipica delle regioni polari, esercita una pressione maggiore rispetto ad un'aria egualmente fredda ma umida.

Si formano, in questi casi, zone di bassa pressione (aria calda e umida) e di alta pressione (aria fredda e secca).

L'aria che lo strumentista emette per comprimere quella contenuta nello strumento è sia calda che umida; lascio immaginare le difficoltà di compressione che si possono avere quando la pressione atmosferica con cui si deve interagire per produrre e sostenere i suoni è umida.

L'aria esterna alla bocca quando è umida e fredda è più pesante di quella interna ma meno di quella secca, queste variazioni di pressione aerea tra interno ed interno influenzano moltissimo la qualità del suono.

Il tipo di suono che viene fuori nascente da dei scarsi rapporti di compressione tra le due colonne d'aria calda e umida e umida-fredda ad esempio, è poco sonoro anche se non decompresso in una situazione di tecnica corretta di emissione del suono; risultato sonoro migliore si ottiene in una situazione dove l'aria esterna è solo fredda e non umida. Il suono ottimale nel flauto lo si ottiene in primavera quando l'aria esterna è meno pesante da comprimere in quanto più tiepida.

Variano, con le temperature, gli attriti che si generano tra le colonne aeree e la reazione dei muscoli della glottide atti al sostegno aerodinamico, influendo sulla qualità e facilità dei suoni da produrre.

Le temperature, i gradi di umidità tra esterno e interno al cavo orale influenzano per variazioni di indice di comprimibilità aerea, dunque, la qualità del suono negli strumenti a fiato e, a mio avviso, anche la qualità della produzione vocale.

Vediamo di seguito qualche esempio tra tubo del flauto, flusso aereo dello strumentista, pressione atmosferica, reazione dei muscoli della glottide: gli stati di maggiore o minore colore nel grafico, rappresentano aria più leggera o più pesante.

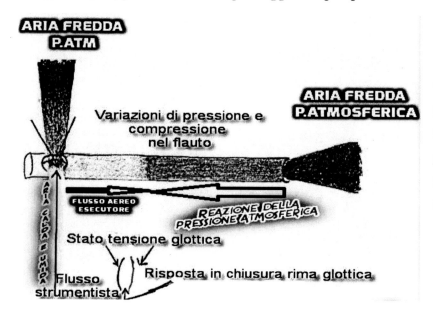

Aria calda-umida che comprime aria fredda: possibilità di sonorità piene e risposta in chiusura della rima glottica maggiore rispetto all'interazione tra aria calda-umida con fredda-umida.

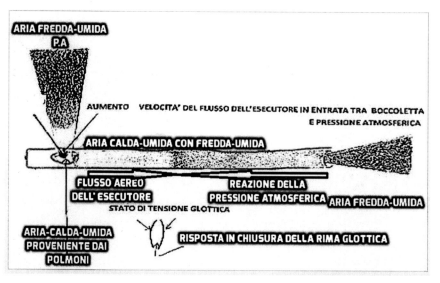

Aria calda e umida che comprime aria fredda-umida: sonorità non molto piene, rima glottica meno addotta.

3.3 - I principi di aerodinamica e le interazioni tra pressione atmosferica, il cavo orale, le corde vocali durante la produzione del suono nel teorema di Bernoulli

Non si può parlare di aerodinamica se non citiamo uno dei suo padri, Daniel Bernoulli, e il suo teorema: ad un aumento di velocità di flusso aereo corrisponde una diminuzione di pressione e viceversa.

Daniel Bernoulli

(Groninga, 29 gennaio 1700 - Basilea, 17 marzo 1782)

È stato un matematico e fisico svizzero.

Ad esempio se un fluido viene immesso con una **stessa energia cinetica** in un tubo più piccolo rispetto ad un altro più grande, il fluido subisce una diminuzione di pressione ed un aumento di velocità, viceversa se dal tubo piccolo un fluido passa al grande si crea aumento di pressione e diminuzione di velocita; ma cosa accade quando sussistono nelle stesse aeree di passaggio aereo punti in cui l'aria va più veloce rispetto ad altri punti in cui ha una pressione maggiore? Si avrà una velocità relativa alla somma globale dei punti.

La cosa accade tra il tratto vocale e gli strumenti a fiato e potrebbe essere argomento di ricerca da parte dei fisici, foniatri, strumentisti a fiato e cantanti.

Le semplificazioni legate alla dimostrazione del teorema di Bernoulli sono spesso dimenticate e l'enunciato "all'aumento di velocità corrisponde una riduzione di pressione" diviene la chiave per la spiegazione di una miriade di effetti qualitativi in aerodinamica e idrodinamica.

È vero che, soffiando tra due lattine vuote, la velocità maggiore nello spazio ristretto tra le stesse, rispetto a quella di uscita, fa sì che la pressione atmosferica esterna alle lattine (maggiore di quella tra esse), le spinga ad accostarsi.

Si può ripetere la stessa esperienza con un singolo foglio sorretto ad un'estremità con le mani, soffiando sulla sua faccia superiore.

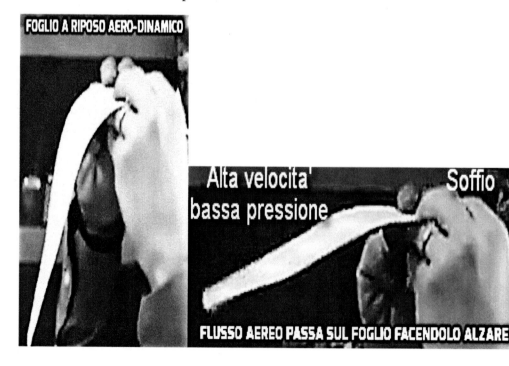

La pressione aerea sotto il foglio è maggiore di quella sopra il foglio e tende a farlo alzare verso l'alto.

La stessa cosa dicasi per l'esperimento di seguito mostrato: un getto d'aria prodotto da un asciugacapelli passa al centro di due linguette di plastica appese a due lati, le linguette si avvicinano e non si allontanano per effetto aerodinamico.

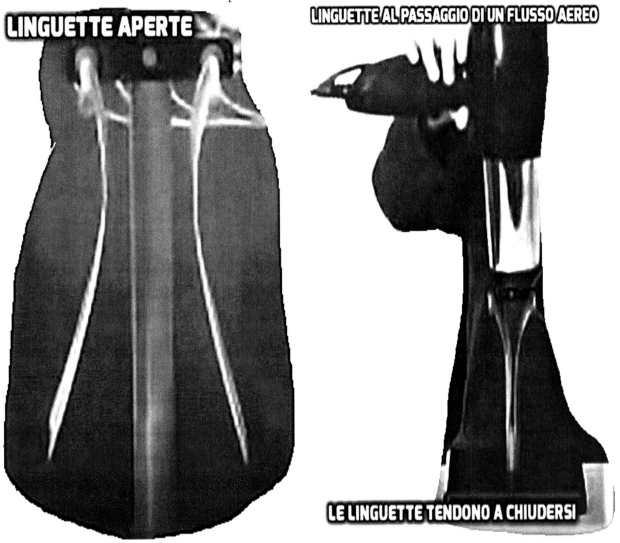

L'aria al centro delle linguette è più veloce e ha meno pressione di quella che si trova ai lati delle stesse, questo è il motivo per cui si avvicinano.

La stessa dinamica si può ritrovare tra la glottide e l'aria circostante ad essa durante la produzione del suono negli strumenti a fiato e nel canto.

Gli strumenti detti giocano un ruolo determinante sulla stessa velocità aerea che passa al centro della glottide.

Si generano tra esecutore e strumento a fiato delle modifiche sulla pressione aerea proveniente dai polmoni che passando tra la glottide, la faringe e le labbra entra nei tubi degli strumenti aumentando la sua velocità di base, originando dei meccanismi aerei che si riflettono sulle corde vocali facendole reagire, secondo il Teorema di Bernoulli.

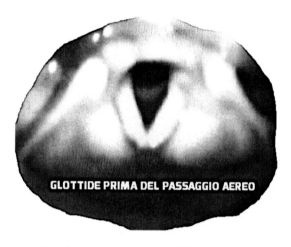

GLOTTIDE PRIMA DEL PASSAGGIO AEREO

GLOTTIDE DURANTE ILL PASSAGGIO AEREO

La dinamica bernoulliana esposta, sarà di seguito ulteriormente approfondita.

Applicando il principio di Bernoulli abbiamo osservato che se si riesce a fare in modo che un fluido si muova rapidamente su un lato di una cosa, su quel lato la pressione del fluido è minore; vediamo come tale scoperta la si applica ancora in molteplici situazioni.

Nel principio di volo degli aerei ad esempio e ritornando al nostro flauto traverso nelle sue dinamiche di produzione del suono, cerchiamone le similitudini:

ALTA VELOCITA'-BASSA PRESSIONE

ALA AEROPLANO

BASSA VELOCITA'-ALTA PRESSIONE

Quando l'aeroplano si muove, l'aria urta contro l'orlo anteriore dell'ala e si divide: parte scorre sotto l'ala, parte sopra.

La parte superiore dell'ala è sempre curva, e quindi un pò più lunga della faccia inferiore, ma le particelle dell'aria impiegano lo stesso tempo a percorrere le due facce. Le particelle che scorrono sulla faccia superiore dovendo fare un percorso più lungo nello stesso tempo sono più veloci e ciò alleggerisce la pressione su tale faccia. La maggior pressione sotto l'ala produce la forza verso l'alto che agisce sull'ala stessa.

Nel soffiare tra lo spigolo esterno e quello interno della boccoletta del flauto si genera in quella zona una diminuzione di pressione e un aumento di velocità che richiama la pressione atmosferica dalla zona finale del tubo dello strumento, creando l'interazione di compressione che genera il suono.

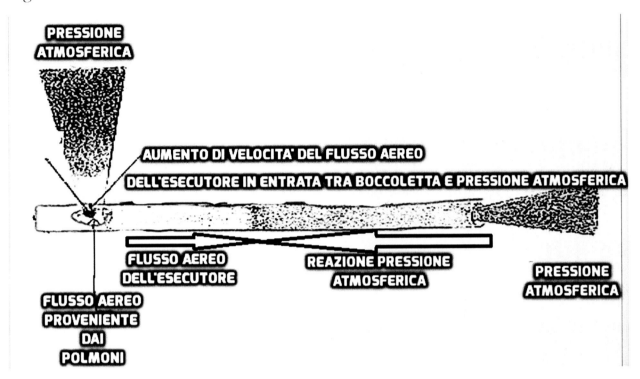

La situazione, dunque, è molto simile a quella che si produce tra l'ala dell'aereo tra la parte superiore (spigolo esterno della boccoletta) e quella inferiore (parte interna del tubo del flauto).

Andiamo ad elencare altri esempi su cui si applica il principio di Bernoulli: se si apre il finestrino dell'auto appena un filo, mentre si fuma una sigaretta, noterete che il fumo prodotto all'interno dell'auto viene trascinato fuori grazie alla minor pressione esterna, data dall'aria che viene spostata dal movimento dell'auto.

Quando si forma una tromba d'aria avviene che le finestre delle case esplodono verso l'esterno, oppure i tetti delle case vengono sollevati. Durante tale fenomeno la velocità del vento è molto elevata e quindi, secondo Bernoulli, ciò causa una bassa pressione in prossimità degli edifici.

La pressione aerea interna alle abitazioni risultando maggiore di quella esterna, determina una forza chè può frantumare le finestre o scoperchiare i tetti.

Aprendo le finestre, la differenza di pressione fra l'interno e l'esterno diminuisce.

TETTO SCOPERCHIATO DAL VENTO

La situazione è anch'essa paragonabile ai principi aerodinamici propri della formazione del suono nel flauto traverso: paragonando il foro della boccoletta attraversato dal flusso aereo dello strumentista al momento in cui sul tetto si verifica un aumento di velocità dell'aria e, l'interno del tubo nella sua reazione pressoria nella fase opposta, così come all'interno dell'abitazione sottostante al tetto l'aria in essa contenuta spinge con maggior pressione verso l'alto, la similitudine è presto fatta.

L'apertura delle finestre durante questi fenomeni aiuta a diminuire la pressione interna dell'abitazione così come una diminuzione pressoria interna del tubo nel flauto avviene aprendo più chiavette, sebbene ciò possa sembrare un controsenso.

In relazione al principio di Bernoulli riflettiamo ancora su cosa accade nel cavo orale del cantante e dello strumentista a fiato mentre produce uno la voce e l'atro il suono: ci sono e si creano dei luoghi all'interno della sua bocca o laringe in cui l'aria ha più velocità e quindi meno pressione di altri e viceversa.

Soffermiamoci sul grafico seguente

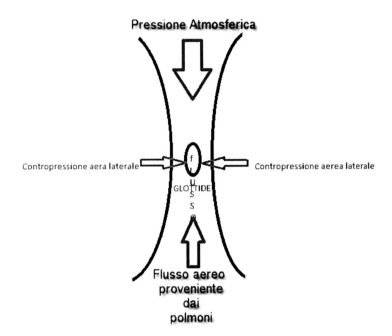

Al centro bisogna immaginare la glottide, l'azione-reazione dei muscoli cricoaritenoidei laterali (vedi capitolo precedente) nasce dal flusso aereo che in fase di compressione dell'aria contenuta nel tubo del flauto in relazione ai suoni da emettere, si contrappone alla pressione atmosferica che reagisce nella fase opposta (vedi freccia che si contrappone a quella che va dal basso verso l'alto). La contrapposizione della pressione atmosferica che va dall'esterno verso l'interno del tubo del flauto genera la simultanea contrazione anche dei muscoli vocali detti cricoaritenoidei posteriori che si contrappongono a quelli laterali. La loro stimolazione nasce dalla contropressione aerea laterale agente sia dell'aditus laringeo, ossia l'imbocco superiore della cavità della laringe, che dalle pressioni aeree che provengono dall'esterno insinuandosi tra i ventricoli del Morgagni.

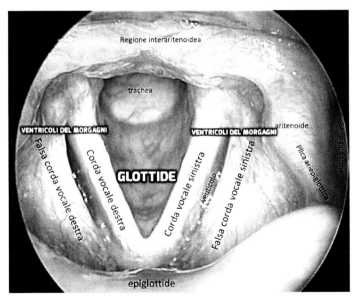

Ventricoli del Morgagni

Una pulsazione delle corde vocali avviene comunque, secondo la mia opinione, in relazione a questi giochi di forze contrapposte, che possiamo definire aero-muscolari. Pulsazione ai limiti della sonorità vocale, per mancate tensioni idonee dei muscoli tiroaritenoidei e aritenoidei trasversi alla produzione vocale propria. Il gioco muscolare vocale generatosi che possiamo ancora una volta definire di sostegno alle pressioni aeree e di regolazione delle stesse ai fini della produzione sonora, dona al suono del flauto prodotto dall'uomo quella morbidezza ed elasticità simile e propria della voce umana. I micromovimenti di vibrazioni delle corde vocali nel flauto traverso sono impossibili da verificare e possono essere solo ipotizzati, in quanto non esistono apparecchi in grado di verificare vibrazioni delle stesse, senza che ci sia produzione vocale vera e propria udibile.

È stato possibile verificare solo gradi di adduzione ma non possibili micro-pulsazioni muscolari che potrebbero riportarsi a suono laringeo a bassissima intensità sonora. Anche se suoni glottici a bassa intensità acustica, soprattutto in aumenti di stati di tensione durante il sostegno dei suoni nel flauto, vengono fuori inavvertitamente.

L'esame detto High Speed Stroboscopia che consiste nel rendere visibile i movimenti delle corde vocali a rallentatore durante la produzione vocale, attraverso la proiezione nella zona della glottide di fasci di luci intermittenti, risulta impossibile da attuarsi al fine di analizzare possibili micro-movimenti vocali durante la produzione del suono sugli strumenti a fiato, perché come detto in precedenza, lo strumento preposto per l'analisi stroboscopica si mette in funzione solo al captare di suono vocale ad una certa intensità sonora. Le differenze delle azioni muscolari tra produzione vocale ed emissione del suono negli strumenti a fiato constano in delle corde che si adducono volontariamente nel canto, con giochi aerodinamici che si generano direttamente tra interno ed esterno del cavo orale, mentre negli strumenti a fiato in un'adduzione data invece dal solo aumento di velocità del flusso tramite l'emissione del suono negli strumenti stessi.

Negli strumenti a fiato e nel flauto durante le fasi di produzione del suono si genera una situazione che conduce le corde vocali ad un'adduzione non totale delle stesse, data soprattutto da minore contrazione sul piano antero-posteriore dei muscoli della glottide, ossia variazioni in lunghezza e spessore.

Le energie aerodinamiche che dal tubo del flauto si riflettono sui muscoli vocali vanno regolate e sostenute. Esse generano contrazione delle corde vocali in maniera marcata esclusivamente su un piano mediano e laterale e meno su quello antero-posteriore. Il tipo di contrazione vocale esposta genera una situazione tale da fare in modo che nonostante le corde si adducano, non producono suoni vocali.

Se prendiamo una pallina di ping pong e la poniamo su un flusso aereo emesso da un asciugacapelli, noteremo che la pallina resta in una condizione di equilibrio tra il flusso emesso e l'atmosfera circostante. La pallina non fa nessun balzo in avanti, ma resta in bilico.

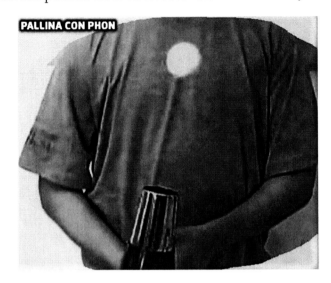

PALLINA CON PHON

(Bernoulli)

Questo accade perché l'aria emessa dall'asciugacapelli ha una pressione minore di quella circostante e sovrastante la pallina che le impedisce di fare un balzo in avanti. Paragonando le corde vocali alla pallina di ping pong, possiamo immaginare che le zone di maggiore velocità aerea che si generano tra il tubo del flauto e la pressione atmosferica creano delle forze che si riflettono sulle zone della glottide al pari di quelle che si riflettono su una pallina di ping pong ad energie variabili e dipendenti dalla velocità del flusso emesso dall'asciugacapelli, similmente a quello emesso dallo strumentista a fiato a reazione dei muscoli vocali.

Un altro esempio che può aiutare a chiarire cosa avviene tra tubo del flauto, pressione atmosferica e muscoli vocali, può essere dato da una stessa pallina di ping pong posta in un imbuto mentre si soffia al suo interno. Mentre si soffia nel foro dell'imbuto tra la pallina posta in prossimità del foro e il suo esterno, si noterà che la pallina non fa un balzo in avanti ma resta ferma e, quasi risucchiata verso il foro stesso dell'imbuto dove c'è il passaggio aereo.

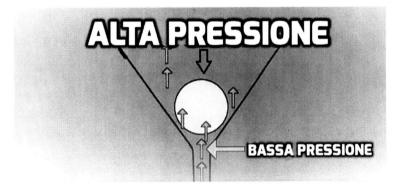

ALTA PRESSIONE

BASSA PRESSIONE

Questo accade perché tra il foro dell'imbuto e la pallina, l'aria ha più velocità ma meno pressione di quella che si contrappone al balzo della pallina verso l'esterno.

La stessa cosa dicasi per l'aria che transita tra il foro della boccoletta del flauto, la glottide e la pressione atmosferica.

Nella produzione del suono negli strumenti a fiato i giochi aerodinamici tra l'aria che passa fra la trachea, il centro della glottide e gli attriti che si generano con la pressione atmosferica fanno in modo che si creino le condizioni affinché l'aria che si trova nella parte laterale e mediana alla glottide stessa reagisca con una pressione maggiore di quella del flusso aereo più veloce venutosi a creare al suo centro, per atto di insufflazione ed emissione dei suoni negli strumenti detti. Si creano non solo i presupposti per il sostegno dei suoni, ma anche che avvenga un'adduzione glottica a diversi stati di chiusura. Se un'abduzione si verifica nella fase di produzione del suono può essere attribuita a due motivi: il primo dato da un insufficiente sostegno dei toni prodotti, generato da una mancata correzione della differenza termodinamica dei flussi aerei che interagiscono e il secondo da un iper-intensità di flusso che attiva i muscoli cricoaritenoidei posteriori più di quelli laterali, generando i cosiddetti suoni spinti a insufficiente velocità aerea di sostegno.

Le immagini che seguono nascono da foto scattate durante l'analisi dei movimenti vocali durante la produzione del suono nel flauto traverso nell'emissione di un do medio, durante la produzione delle dinamiche esposte.

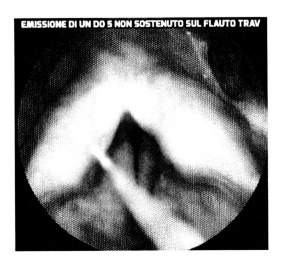

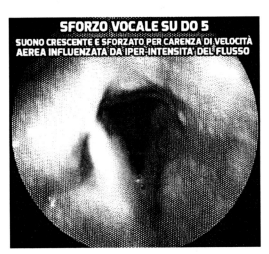

Si possono creare, quindi, le seguenti dinamiche sonore:

Il flusso aereo ha un'intensità non consona alla velocità richiesta per il sostegno dei suoni forti o fortissimo, avremo un tipo di tono dove il prodotto acustico risulta spinto e crescente.

Quando l'intensità del flusso diminuisce troppo e con essa una velocità già non consona alla produzione del suono, si può andare invece incontro a suoni non sostenuti o calanti di intonazione.

Se il suono è vuoto e senza forza, ribadisco ancora, la causa può essere invece attribuita alle differenze termodinamiche dei flussi che agiscono nella formazione dei suoni: la velocità del flusso aereo dello strumentista, ancora una volta, non è sufficiente al sostegno del suono da produrre.

Quando invece un suono acuto, tende a collassare di altezza, ancora una volta si può affermare che la velocità del flusso aereo prodotto dallo strumentista non è sufficiente al sostegno del suono stesso.

Vanno individuate tre forze che per condizioni di attrito dinamico, come da grafico, agiscono in varie direzioni: verso il basso, verso l'alto ed ai lati della rima glottica.

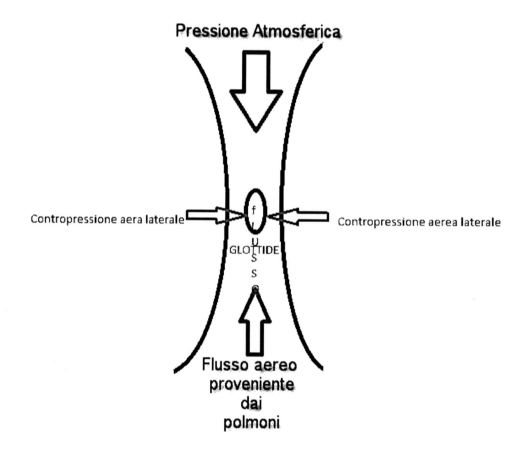

La forza verso il basso va individuata nell'azione della pressione atmosferica agente attraverso le dinamiche di produzione del suono strumentale che si oppone alla forza verso l'alto, data dalla colonna d'aria dello strumentista. Tra il tubo del suo strumento, la sua estremità e l'imboccatura, i flussi aerei interagiscono. Quello immesso dallo strumentista fa reagire quello interno al tubo del flauto, in maniera che si possa opporre alla sua corsa verso l'esterno.

Senza la generazione di queste dinamiche, in linea generale, il suono negli strumenti a fiato sarebbe impossibile da produrre. La pressione atmosferica è maggiore di quella all'interno del corpo dello strumentista o cantante e la velocità del flusso centrale tra la trachea e la glottide deve adeguarsi alla qualità dei toni prodotti o da produrre sia nel canto che negli strumenti aerofoni. Si genera, in virtù di questa situazione aerodinamica, come detto, al centro della rima glottica una velocità variabile del flusso che fa reagire la pressione aerea ai lati della stessa con condizioni anch'esse variabili. I muscoli cricoaritenoidei posteriori che operano solo durante inspirazione e quelli laterali che operano durante espirazione sono individuabili nei muscoli principali che vengono messi in azione durante la fase di produzione del suono, nel flauto e negli altri strumenti a fiato. Nel canto in maniera più sinergica che negli strumenti a fiato entrano in azione da subito anche i muscoli tiroaritenoidei e aritenoidei trasversi a rendere la glottide più accollata ed elasticamente tesa nella sua zona Antero-posteriore, quindi pronta ai giochi mioelastici e aerodinamici produttrici delle frequenze vocali. I muscoli che entrano in azione invece quando la pressione ai lati delle corde vocali le spinge verso un adduzione maggiore in zona mediana e laterale, sono individuabili nei muscoli cricoaritenoidei laterali. I muscoli cricoaritenoidei posteriori e laterali devono essere considerati durante le dinamiche esposte, muscoli antagonisti tra di loro.

I muscoli cricoaritenoidei posteriori tendono ad allargare la glottide per effetto della pressione atmosferica che agisce in maniera più incisiva su di essi, sia durante l'inspirazione che durante la produzione del suono negli strumenti a fiato e nel canto, soprattutto durante la produzione di suoni spinti e crescenti di intonazione. Definirei il gioco aerodinamico che si genera tra i muscoli vocali e la produzione del suono nel flauto traverso e negli strumenti a fiato un accrescimento muscolo-dinamico di quello che accade durante la respirazione tranquilla, adduzione in espirazione e abduzione in inspirazione. Ad ogni azione-reazione di questi muscoli, si associano delle variazioni aerodinamiche che andrebbero rapportate nella coscienza sia dei cantanti che degli strumentisti a movimenti che generano minore o maggiore opposizione aero-muscolare affinché si formi il suono in tutte le sue qualità costitutive, ossia: altezza, intensità, timbro. Opposizione supportata dai muscoli intercostali, diaframma, ed addominali a sostegno, insieme ai muscoli della glottide, delle pulsazioni che si generano nei tubi degli strumenti a fiato e nel flauto traverso in maniera particolare.

Un incremento di velocità del flusso dovrebbe associarsi, soprattutto, ad azione dei muscoli intercostali esterni che spingono il diaframma verso il basso che a sua volta viene rimandato in alto dai muscoli addominali in una sorte di gioco muscolare equilibrato, verso l'alto e verso il basso. In basso per incremento velocità aerea e al contrario mollando in alto per una sua diminuzione. Azione che i cantanti individuano, anche, nel termine: aggancio della voce. L'argomento "Muscoli della respirazione" nelle loro dinamiche di azione, sarà approfondito nel compendio n. 6. L'azione del muscolo diaframmatico che viene tenuto verso il basso dai muscoli intercostali esterni che si oppongono ai muscoli addominali che tendono a farlo risalire velocemente, dopo l'atto inspiratorio e durante la fase espiratoria, deve essere attribuita come supporto all'azione reattiva dei muscoli cricoaritenoidei-laterali. Ciò in relazione all'aumento della pressione muscolare generatasi alla risposta della pressione aerea che si insinua negli spazi ventricolari del Morgagni ed aditus laringeo, dovuta all'aumento di velocità del flusso aereo tra la glottide nelle relative contropressioni aeree laterali di risposta all'azione della produzione dei suoni sia vocali che strumentali. Tuttavia una marcata reazione dei muscoli cricoaritenoidei posteriori cedenti all'azione della pressione atmosferica su di essi, quando non sostenuta dall'apporto costo-addominale all'aria espirata, tende a destabilizzare l'equilibrio di sostegno dei suoni emessi sia nel flauto che nella produzione vocale. La glottide tende ad allargarsi troppo rispetto ai suoni che «sostiene» negli strumenti a fiato o emette nel canto, a seguito di una spinta del fiato troppo sinergica rispetto alle frequenze emesse; nei cantanti ne destabilizza l'azione della pulsazione vocale dunque, e altrettanto nel flauto per quanto riguarda la velocità dell'aria idonea al sostegno e produzione dei suoni.

Lo stato che genera nel flauto un suono spinto e spesso crescente di intonazione nell'aumentare il grado di forza del flusso emesso, è dovuto ad una intensità dell'aria eccessiva rispetto alla velocità ideale alle altezze da emettere, come già detto: troppa intensità di flusso non supportata da adeguata velocità. Può essere corretto sia diminuendo l'intensità del flusso emesso e sia modificando le parti mobili quali la mandibola e le tensioni labiali negli angoli. In un aumento di velocità del flusso aereo ad uno stato di maggior chiusura delle labbra e mandibola le corde si adducono con maggiore facilità, in quanto il contrasto con la pressione atmosferica che tende a spingere verso l'interno è più sinergico. Distinguiamo i possibili suoni emessi, dunque, classificandoli in: suoni spinti e crescenti di intonazione, suoni senza sostegno ossia suoni deboli che non hanno smalto e sono poco brillanti, suoni che tendono a calare di intonazione, suoni sottili che tendono ad essere stridenti e molto soffiosi, suoni pieni ed ampi con tendenza a dare il senso sia della potenza sonora che della brillantezza, suoni molto brillanti ma con poco volume sonoro. Le variabili intermedie da elencare sarebbero infinite.

Cosa determina tutte queste variabili nei suoni prodotti?

In che modo l'apertura delle corde vocali ed il loro grado di adduzione può essere determinante alle variazioni timbriche esposte?

Bisogna ribadire che le variazioni di timbro del suono non sono che variabili di intensità degli armonici contenuti nel suono stesso, il flauto ne contiene circa le prime sei della serie. Una variazione di intensità e velocità del flusso, sia in aumento che diminuzione, non fa altro che variare le intensità delle armoniche contenute nei suoni globali che il nostro orecchio percepisce più scuri o più chiari in maniera equilibrata o disequilibrata. Tutto dipende dalle reazioni dei muscoli vocali agli atti di compressione del flusso aereo contenuto nel tubo del flauto ed al suo impatto sulla pressione atmosferica! L'atto di compressione responsabile della formazione del suono nel flauto, può variare a seconda delle temperature interne ed esterne al nostro cavo orale, e ai gradi di variazione della pressione atmosferica stessa. Un flusso aereo più caldo rispetto ad un altro più freddo è formato da particelle più dilatate e meno compresse già in partenza, l'incontro tra le stesse genera rapporti di compressione diversi che determinano una variazione nella pulsazione dell'aria nel tubo del flauto che a sua volta si ripercuote sulle corde vocali e sulla qualità del suono emesso e altresì sul suo stato di intensità sonoro. Bisogna aggiungere che anche gli stati di tono muscolare su cui si ripercuote la pressione aerea possono variare notevolmente la qualità dei suoni emessi. Muscoli vocali più stanchi possono prolassare più facilmente di muscoli vocali più tonici, variando i gradi di velocità ed intensità del flusso aereo dei due tubi, ossia strumento a fiato e tubo fonatorio, per non capacità di sostegno delle pressioni aerodinamiche su di essi riflesse. Qualità del suono che si modifica, come precedentemente detto, in virtù dei suoi ingredienti armonici non in numero, in quanto non variano, ma nelle singole intensità.

Velocità del flusso minore = suono più scuro.

Velocità maggiore = suono più chiaro.

Prima di citare degli esempi specifici va chiarito, a mio avviso, quali sono gli agenti che determinano la velocità o meno del flusso aereo che si ripercuote sui muscoli vocali durante l'emissione del suono in generale. Tra il tubo del flauto ed il cavo orale ci sono delle differenze fondamentali di dimensione, variabili da studente a studente, nonché da esecutore ad esecutore, che possono modificare le condizioni generali con cui pulsa l'aria nei tubi degli strumenti a fiato e nel flauto, nella sua globalità. Strumento e strumentista sono da considerarsi parte totale di un sistema indissolubile che va oltremodo approfondito alla luce dei fenomeni descritti.

Descrivere ogni cosa in modo scientifico sarebbe possibile, ma assurdo. Non avrebbe senso, sarebbe come descrivere una sinfonia di Beethoven in base alla variazione della pressione d'onda.

Albert Einstein

Compendio n. 4

Differenze tra tubo del flauto e tubo fonatorio
nella produzione del suono

4.1 Note introduttive

4.2 Variabili del flusso aereo e muscolari nelle dinamiche di produzione del suono

4.3 Le differenti conformazioni orali e vocali nel sostegno e nella formazione

dei suoni nel flauto e negli strumenti a fiato

4.4 Le attitudini fisiologiche alla produzione di tipologie timbriche nel suono del

flautista, generabili in relazione a diverse conformazioni oro-faringee e vocali di base

4.5 La teoria del tubo di Giovanni Battista Venturi applicata alle tecniche di produzione
sonora nel flauto e negli strumenti a fiato

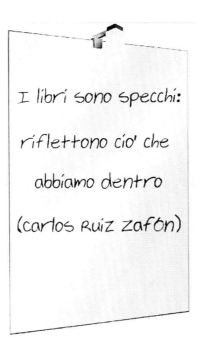

I libri sono specchi:
riflettono ciò che
abbiamo dentro
(Carlos Ruiz Zafón)

4.1 - Note introduttive

Le differenze che sottolineo in questo compendio sono quelle che generano quelle sonorità di base da correggere o meno, e che vengono spesso rapportate a termini empirici quali: non chiudere la gola quando si suona, non spingere, usare le labbra per correggere i suoni, usare le vocali per cambiare il timbro del suono, sostenere i suoni.

Sul chiarimento del concetto di "sostegno del suono" si devono basare tutte le riflessioni che potranno scaturire da questa analisi speculativa di cosa accade e perché tra il tubo del flauto ed il tubo fonatorio.

Come può essere definito un suono poco sostenuto?

Un suono poco sostenuto, a mio avviso, è un suono che tende ad essere quasi opaco, sfocato, a volte calante d'intonazione, dal timbro eccessivamente senza smalto. Un suono a cui manca, dunque, la giusta energia per potersi definire «bello».

Suono non sostenuto vuole indicare anche un suono che tende a perdere la sua altezza tonale, ossia un suono che dal registro medio o acuto tende a scendere a quello inferiore.

E come possiamo definire, invece, l'energia che gli manca o l'energia che lo rende più brillante, meno chiaro, scuro, che ha minore o maggiore proiezione (per proiezione va intesa la potenzialità di un determinato suono o gruppi di essi a viaggiare nello spazio aereo ed essere udibili alle più grandi distanze possibili).

La definiremo con i termini che andremo ora ad analizzare, già usati nel corso di questo manuale, andandoli ad approfondire in maniera sempre più analitica.

4.2 - Variabili del flusso aereo e muscolari nelle dinamiche di produzione del suono

Flusso aereo tra cavo orale e tubo del flauto in condizioni di staticità di movimento: il flusso aereo nel cavo orale è più caldo e umido di quello tra il tubo del flauto e la pressione atmosferica.

L'aria esterna e interna al flauto ha una pressione maggiore rispetto a quella contenuta tra il cavo orale e i polmoni, è questo il motivo per cui la respirazione è possibile a prescindere dalla produzione del suono.

L'aria esterna richiamata verso l'interno dall'atto inspiratorio, penetra nel cavo orale e arriva ai polmoni alleggerendosi sempre di più, grazie agli stati di calore variabili che incontra nel percorso inalatorio.

Per il motivo inverso l'aria interna che viene espulsa verso l'esterno nell'atto espiratorio trova poco impatto di compressione con quella esterna, in quanto è più leggera perché umida e calda, tende a salire e non a bloccarsi, senza comprimersi.

Per aumentare lo stato di compressione in uscita il flusso aereo umano deve aumentare la sua velocità, ciò per far in modo che le particelle aeree dilatate dal calore possano avvicinarsi tra loro e avere maggiore impatto energetico che ne determina una maggiore forza di attrito con l'aria esterna.

In questa manovra fondamentale che lo strumentista a fiato deve compiere per comprimere l'aria nel suo strumento, nella capacità di uso delle sue parti interne ed esterne quali lingua, mandibola, muscoli intercostali, diaframma, addome, labbra, consiste la sua arte della sonorità e tecnica globale negli strumenti a fiato.

Velocità del flusso aereo: è la velocità del flusso aereo in stato di movimento attraverso le vie respiratorie.

Essa è inversamente proporzionale alla sezione del tubo fonatorio e raggiunge la maggiore velocità tra altezza della rima glottica e nelle parti più strette a chiusure variabili prima di giungere all'esterno; ossia tra la stessa glottide, la base della lingua e il palato, l'apertura delle labbra.

Tuttavia la sua velocità è leggermente influenzata anche dalla sua forza e intensità di espulsione.

La velocita di flusso varia anche da strumento a fiato a strumento a fiato durante la produzione dei suoni, come varia la reazione della pressione aerea in essi contenuta a seconda della velocità aerea globale creatasi in contrapposizione e antagonismo con la stessa pressione atmosferica.

Quest'ultima possiamo definirla, come illustrato nei precedenti compendi, anche "massima pressione aerea a sviluppi variabili in altitudine e temperature".

La velocità aerea complessiva che si genera tra strumentista e strumento a fiato, in relazione all'emissione del suono nelle varie tipologie di strumenti e alle loro caratteristiche, deve essere considerata sempre somma: delle variabili di apertura del tubo fonatorio tra posizione della lingua e laringe, dell'azione-reazione dei muscoli vocali nelle loro dimensioni e tonicità nel sostegno delle energie aerodinamiche su essi riflesse e modulate dall'azione dei muscoli costo-addominali e labiali, anche in cooperazione con i movimenti della mandibola.

Il tutto, non va mai dimenticato, in contrapposizione con la pressione atmosferica nelle sue svariate variabili.

Intensità del flusso aereo: è da considerarsi la forza di spinta verso l'esterno del flusso aereo proveniente dai polmoni dello strumentista o cantante.

Al suo aumentare varia anche sensibilmente la sua velocità e viceversa.

Nel flauto se si aumenta l'intensità del flusso e lo stesso non è accompagnato da una condizione di velocità aerea proporzionata al suono da sostenere, lo stesso tende a crescere ed essere sforzato. Si potrà dire che il suono è sforzato perché l'intensità del flusso non ha una velocità adeguata al suo sostegno.

Al contrario se un suono risulta calante in un diminuendo, si potrà dire che il suono non ha una velocità aerea di sostegno consona alla sua diminuzione d'intensità.

Diminuisce l'intensità e diminuisce la velocità, aumenta l'intensità e aumenta la velocità, ma se le condizione dei due parametri aerodinamici non sono proporzionati ai suoni da emettere e sostenere, si andrà incontro agli squilibri summenzionati di qualità sonora tra spinta, intonazione e variazione di tonicità timbrica del suono stesso.

Bisogna anche ribadire che, naturalmente, rispetto a tutti i frangenti aerodinamici finora esposti, il flautista principiante tende ad avere un suono flaccido e poco energico, ossia non sostenuto.

Esso è indice di muscoli vocali, respiratori e labiali poco allentati a controllare gli stati di velocità del flusso aereo in uscita in contrapposizione a quello che avviene tra i tubi degli strumenti a fiato e la pressione atmosferica.

Nell'uso consapevole degli elementi con cui si opera, il flautista principiante, studente avanzato o professionista, deve indirizzare il suo impegno nel produrre un flusso aereo in uscita in grado di comprimere quello contenuto nel flauto nelle dimensioni di equilibrio aerodinamico-muscolare atto a generare un bel suono.

Portata del flusso aereo durante la produzione del suono negli strumenti a fiato: la portata di massa o portata massica ($\dot{m}$) indica la massa che scorre attraverso una sezione nell'unità di tempo, s'intende il volume aereo che attraversa la sezione di tubo fonatorio e strumento a fiato, in relazione alla sua lunghezza e spessore. La portata del flusso aereo rappresenta l'iniziale di "quantità-massa" della materia aerea, che a parità d'intensità di flusso in movimento incide sul suo stato di velocità.

Più quantità volumetrica di aria ci sarà da spostare tra cavità orale e strumento a fiato e meno velocità globale si avrà, incidendo sul colore dei suoni da produrre, nonché sulla loro stessa intensità.

Una quantità volumetrica aerea non consona ai suoni da produrre è responsabile anche di suoni poco sonori. Spesso possono essere dovuti alla rigidità dei muscoli costrittori della faringe (gola chiusa), che diminuendo troppo il passaggio aereo tra le pareti faringee ne riducono anche la stessa portata aerea durante l'emissione dei suoni, incidendo sulla velocità globale del flusso aereo emesso.

Tuttavia una portata eccessiva aerea comporta nell' emissione del suono flautistico, il rischio di produrre suoni troppo poco energici e sostenuti.

Il flauto e l'ottavino sono, tra gli strumenti a fiato, quelli con velocità di flusso aereo maggiore che vibra al loro interno ma con portata aerea minore (suoni più acuti maggiore velocità di pulsazione del flusso aereo e minore quantità di flusso che si muove, suoni più gravi minore velocità di flusso pulsante e maggiore quantità di flusso in movimento).

Un fagotto che produce suoni più gravi nella sua natura costruttiva, ha al suo interno maggiori masse aeree (portata maggiore) che si muovono con velocità minori rispetto a quelle contenute in un flauto, per intenderci meglio.

I vari strumenti tra loro richiedono una diversa velocità di flusso aereo **lineare, ossia non pulsante,** in uscita dal cavo orale atto a produrre e sostenere i suoni.

Sostegno sonoro che avviene insieme ai muscoli vocali e respiratori, che cooperano tra loro.

Il flusso, proporzionato in velocità ideale al sostegno dei singoli suoni in relazione alle loro altezze tonali, si associa alla tipologia di muscolatura e alle diverse conformazione del cavo orale variabili da strumentista a strumentista, determinandone il timbro.

Un cavo orale ampio di costituzione rispetto ad un altro più stretto avrà una velocità di flusso diverso in ingresso nel tubo del flauto, incidendo su qualità e intensità del suono.

La stessa cosa dicasi per una glottide formata da corde vocali più spesse o meno spesse: corde vocali più spesse e meno lunghe incideranno sul modo in cui le velocità aeree vengono sostenute muscolarmente tra il tubo fonatorio e quelli degli strumenti a fiato nella produzione sonora complessiva.

Corde più spesse e corte hanno capacità di movimento minore rispetto ad altre più sottili e lunghe, incidendo sulle capacità di sostegno dei suoni, soprattutto in relazione alle tipologie di strumenti a fiato nelle diversità delle altezze dei suoni da generare ed energeticamente supportare e/o sostenere.

Corde più spesse e meno lunghe sostengono meglio suoni più gravi rispetto a quelli più acuti che necessitano di corde vocali più lunghe e sottili.

La capacità di movimento nel creare delle aperture maggiori o minori della rima glottica, dunque, variano con il variare dei lunghezza e dallo spessore delle corde vocali stesse.

Corde piccole e lunghe si muovono più agevolmente di corde più spesse e corte.

È la dimensione delle corde vocali e l'ampiezza del cavo orale in relazione alle varie conformazioni anatomiche variabili da individuo a individuo, classificabili anche in estensioni vocali e timbriche, a generare le tipologie di persone dotate per natura delle conformazioni oro- faringo-laringee adatte ad uno strumento a fiato o un altro e rapportabili anche, a mio avviso, nelle tipologie di voci possibili quali: tenore, soprano, baritono, mezzo-soprano, contralto, basso.

Associare una conformazione vocale per ogni tipologia di strumento a fiato potrebbe essere la soluzione per definire le attitudini agli strumenti stessi, nella possibilità di creare più facilmente i suoni ideali durante l'emissione del flusso aereo?

A mio parere, la risposta potrebbe essere affermativa.

Pressione muscolare: al suo aumentare aumenta la velocità del flusso aereo. La glottide ed i muscoli vocali devono restare liberi di reagire senza intervento da parte dei muscoli costrittori della faringe, bisognerebbe agire reagendo in maniera naturale a quello che avviene tra il tubo del flauto e il cavo orale.

Ad agire devono essere i muscoli labiali e della respirazione individuabili in quelli che la scuola tradizionale di flauto indica: diaframma, addome, muscoli intercostali e, solo per effetto di sostegno reattivo alle pulsazioni che avvengono nel tubo del flauto, i muscoli della glottide.

Questi ultimi individuati in cricoaritenoidei laterali e posteriori, cricotiroidei per i suoni acuti e in piccola parte i tiroaritenoidei, vanno lasciati liberi di sostenere i suoni prodotti, evitando delle azioni dirette che porterebbero a delle costrizioni volontarie dei muscoli costrittori della faringe e/o della deglutizione.

Le variabili del flusso aereo sono direttamente proporzionali all'azione dei muscoli volontari prima citati, in sostegno a quelli vocali che diremo involontari.

Questi ultimi saranno richiamati in campo in un riepilogo sempre più approfondito di questo pianeta poco esplorato in cui ci stiamo orientando e che definiremo del: **suonare con conoscenza e coscienza.**

Un percorso di studio il nostro, che cerca di indirizzare i suoi lettori in analisi sempre più amplie delle dinamiche che si generano nelle tecniche di base del flauto e degli strumenti a fiato, tra produzione del suono e contingenze che lo producono nel rapporto esecutore-strumento.

Un'opera didattica, dunque, codesta, che sfocerà nella sua evoluzione descrittiva a ritrovarsi ad affrontare le consuete lezioni frontali di strumento a fiato in modalità diverse da quelle tradizionali.

Metodologie tradizionali, ancora oggi in uso, che tendono ad insegnare senza analizzare tutti gli aspetti che gravitano intorno alla consapevolezza del saper fare.

Le cause che tendono a rallentare, a mio avviso, la velocità del flusso aereo dello strumentista, riflettendosi sulle frequenze da emettere nell'emissione del suono nel flauto traverso e negli strumenti a fiato creando quei disagi in quello che è appunto il mancato e giusto sostegno del suono, trovano le loro radici in delle variabili energetiche tra cavo orale e tubo dello strumento che potremmo tentare di ridefinire, in un riepilogo sempre più chiaro, anche nei modi seguenti:

Rallentamenti in velocità di flusso generati dalla massa che compone i muscoli vocali

Le pulsazioni del suono che dal tubo del flauto si riflettono sulle corde vocali, attraverso le variazioni di velocità del flusso aereo che lo strumentista immette per produrre un suono, possono essere rallentate dalla tipologia di massa muscolare che le sostiene.

La materia muscolare vocale che sostiene le differenze di velocità aeree nell'emissione dei suoni nel flauto e negli strumenti a fiato ha un grado di elasticità di base proporzionata al suo spessore e lunghezza. Delle corde piccole e sottili hanno più capacità di sostegno per il flauto, rispetto a corde più spesse e meno lunghe che le hanno per strumenti con suoni meno acuti in cui a pulsare sono masse aeree con una portata maggiore e di PESO maggiore da sostenere.

In pratica i suoni degli strumenti a fiato possono essere rapportati a dei pesi materiali da sostenere, dove la materia è data dalla stessa aria ed a cui si associano conformazioni vocali idonee o meno idonee al suo sostegno, in relazione alle altezze tonali da produrre.

Le corde vocali possono generare un moto frenante che si ripercuote sul grado di velocità del flusso stesso, dopo la loro reazione all'atto di compressione aerea nel nostro strumento.

Il moto rallenta o accelera a seconda delle strutture muscolari e del loro gradi di tonicità, e con esso la velocità aerea che si riflette a sua volta sulla timbrica nel suono.

Le variazioni a cui mi riferisco sono minime e si riflettono sul suono attraverso la maggiore o minore intensità dei suoni armonici che lo compongono.

Rendere i muscoli vocali tonici ed elastici deve essere uno degli obiettivi principali a cui deve mirare un flautista e uno strumentista a fiato in genere, affinchè le minime variazioni di velocità aeree che creano variazioni sia timbriche che di altezza dei suoni possano avvenire senza contrazioni eccessive da parte dei muscoli costrittori della faringe, e in connubio con i muscoli labiali e respiratori.

Nel sostegno dei suoni le corde vocali, dunque, vanno lasciate libere di agire. Pensare di averne un controllo diretto porterebbe su di esse un grado di tensione tale da creare quelle contrazioni che inciderebbero sulle creazioni di velocità e portate aeree non idonee alla produzione di suoni ideali.

Per suoni non ideali si intendono suono stimbrati e/o piccoli, poco omogenei sia nel timbro che nell'intonazione tra i vari registri, nonché senza proiezione e troppo spinti.

Rallentamenti di velocità di flusso aereo per effetto di dimensione delle cavità orofaringee

Il tratto vocale ha un canneggio nettamente più largo (zona orofaringea) del tubo del flauto e questo è un altro motivo di rallentamento della velocità aerea che dovrebbe generare il suono ideale tra la boccoletta ed il tubo del flauto stesso, nella produzione dei suoni fondamentali della prima ottava.

Il modo per variare questo rapporto dimensionale di velocità aeree ideali atte a produrre i suoni sostenuti tra tubo del flauto e tubo fonatorio, consiste nel modificare l'apertura o la chiusura del cavo attraverso un uso consapevole non solo delle labbra ma anche della mandibola tra la posizione della lingua dalla sua base verso il palato e viceversa.

Rallentamenti di velocità dovuti a variazione di temperatura del flusso aereo dello strumentista nell'atto di compressione

Le particelle dell'aria immesse nel tubo del flauto dallo strumentista hanno una temperatura maggiore di quelle con cui si interagisce, ossia quelle che si trovano tra il tubo del flauto, la boccoletta e l'aria esterna.

La temperatura delle particelle dell'aria che compongono il flusso aereo immesso hanno una capacità di compressione limitata rispetto a quelle con cui interagiscono, in quanto la pressione aerea esterna, individuata nella pressione atmosferica, è più elevata di quella interna.

Le molecole aeree che si trovano tra parte interna ed esterna della boccoletta, tubo del flauto e piede dello stesso dove c'è incontro con la pressione atmosferica, avendo una temperatura meno elevata sono più condensate ed hanno una pressione maggiore di quelle con cui si agisce.

La pressione atmosferica va considerata in maniera assoluta il luogo di massima energia aerodinamica con cui si interagisce, mentre l'interno del flauto è il luogo in cui avvengono gli atti di compressione iniziali nella produzione del suono.

È internamente allo strumento che si muovono i pesi variabili della colonna aerea racchiusa ed in contatto con l'esterno.

I pesi aerei variabili si possono classificare a seconda della produzione del suono nelle altezze tonali, tra temperature variabili della stessa pressione atmosferica in contrapposizione a quella aero-corporea.

La spinta minore che producono le particelle aeree dello strumentista in relazione a quella maggiore che è presente tra l'interno del flauto e l'atmosfera circostante, può generare tutti i problemi di suono non sostenuto o non abbastanza sostenuto o meno sostenuto di quello ideale da produrre nella tecnica del flauto e negli strumenti a fiato.

Le differenze di temperature aeree tra aria interna al corpo e quella esterna durante la produzione vocale condiziona, a mio parere, anche le tecniche proprie del canto.

Come ottimizzare il flusso in entrata che tende a rendere il suono poco brillante e spesso troppo opaco e senza forza, soprattutto nei principianti nel flauto traverso?

Non certo agendo sui muscoli vocali chiudendoli con atti di reazione muscolo-nervosa che tendono a restringere troppo il passaggio aereo ad opera dei muscoli costrittori della faringe, ossia chiudendo la gola e incidendo sul modo in cui la pulsazione aerea con supporto muscolare avviene.

I maestri contemporanei di flauto riferiscono questo fenomeno attraverso la terminologia, appunto, di «gola chiusa».

Il flusso aereo non va ottimizzato nemmeno chiudendo le labbra nella parte centrale, ovvero creando nel suono quel marcato senso di metallico e di spinta soprattutto nei suoni acuti; non bisogna neppure spingere e sparare l'aria con forza senza che questo tipo di approccio non sia modulato da un uso consapevole delle labbra.

I muscoli che devono consapevolmente cercare di trasformare con la loro azione il flusso troppo lento dello strumentista in flusso più veloce ideale nell'atto della produzione del suono, sono quelli che già dovremmo conoscere e che approfondiremo ancora nel corso dei prossimi compendi, ovvero:

1) **Il diaframma** - Esso contrasta con il supporto dei muscoli intercostali esterni l'azione dei muscoli addominali che tendono a farlo risalire troppo velocemente.

   Dopo il processo che segue l'inspirazione corretta, nell'abbassamento del muscolo diaframmatico verso la parete addominale, bisogna evitare che lo stesso risalga troppo in fretta, spinto dai muscoli dell'addome, nella fase espiratoria.

   La risalita veloce che genera nel flusso aereo espiratorio un ulteriore decompressione alla pulsazione sonora, va compensata, dunque, con una forza muscolare che si oppone verso il basso a quella verso l'alto della parete addominale.

   Questo può avvenire con un'azione da parte dei muscoli intercostali che guidano il diaframma verso il basso, dando luogo ad un aumento di velocità del flusso che possiamo immaginare in un rumore dell'aria somigliante ad una frequenza del tipo «fffffffffffffffffffffff» oppure «sssssssssssssssss».

   In questa azione ora descritta di aumento di velocità del flusso aereo dello strumentista, si deve intendere l'azione dei muscoli costo-addominali nel loro complesso in stati di tensione variabili, a sostenere o appoggiare i suoni strumentali emessi o da emettere.
   In cooperazione con i muscoli labiali sono oltremodo gli artefici nel dosaggio del fiato durante le esecuzioni strumentali.

2) **Labbra** - L'aumento di velocità del flusso aereo in entrata nello strumento deve avvenire anche attraverso un loro uso consapevole. Esse devono svolgere un'azione sinergica tra labbro inferiore e superiore nelle parti degli angoli bassi o laterali, cercando di non agire sulla parte centrale, soprattutto quando si emettono le note sovracute sull'ottavino e le acute nel flauto.

   Gli angoli laterali creeranno le condizioni necessarie per generare un aumento di velocità del flusso aereo senza compromettere la sua portata in entrata, solitamente erroneamente modificata dai principianti da un uso spropositato delle stesse labbra nella loro zona centrale, ossia iper-agendo sull'orifizio labiale che si forma per dar vita al suono.

Il ruolo delle labbra dovrebbe assolversi alla sola azione muscolare rivolta alla tensione nei suoi angoli, il resto dei suoi movimenti nelle altezze dei suoni dovrebbe avvenire con atti di reazione e non di azione.

Per portata di flusso aereo si intende, come specificato in precedenza, la quantità-velocità dell'aria che passa tra l'orifizio labiale, condizionata anche dalla minore o maggiore apertura della glottide e della cavità orofaringea ad opera del rilassamento, soprattutto, dei muscoli costrittori.

3)   **Apertura e chiusura della glottide -** Come agire sui muscoli della glottide che in relazione alla loro massa maggiore o minore creano un supporto frenante o di sostegno alla velocità del flusso durante la produzione del suono?

La risposta è nel corretto controllo dei muscoli costo-addominali, delle labbra, della lingua e mandibola: diaframma e addome che sperimentano il giusto ruolo antagonista di una forza che si muove verso il basso opponendosi all'altra che si muove verso l'alto, appoggiata dalle corrette tensioni labiali, tende ad aumentare la velocità del flusso aereo dello strumentista facendo reagire in maniera equilibrata nel sostegno dei suoni, gli stessi muscoli della glottide.

Il processo globale di sostegno del suono corretto deve dunque evitare il restringimento della faringe che, attraverso un'azione diretta sui muscoli costrittori tende a sopperire alla mancanza di velocità del flusso aereo umano nell'apporto al sostegno dei suoni.

Aumentando nella maniera consona la velocità del flusso aereo, invece, nella corretta portata dello stesso tra le vie respiratorie ed il tubo del flauto, cosa che non avviene con la chiusura della gola, aumenta l'adduzione della rima glottica dovuta alla reazione dei muscoli adduttori che rispondono ad aumento di pressione aerea laterale ad essi, lasciando aperta la faringe.

Purtroppo le variabili di questi giochi muscolo-aerodinamici sono infiniti e la sensazione dello strumentista sarà sempre associata ad un'acquisizione della tecnica del suono mai statica, ma sempre in evoluzione o involuzione.

Il suono del flautista in virtù delle variazioni della pressione atmosferica e degli stati di tono muscolare non sarà mai perfettamente uguale ogni giorno, e spesso, ahimè, in ogni momento della giornata.

Durante l'emissione dei suoni negli strumenti a fiato, le variazioni delle temperature aeree esterne influenti sull'alta o bassa pressione atmosferica che interagiscono con l'aria all'interno dello strumento in antagonismo con il flusso aereo dello strumentista, specchio delle sue temperature corporee nelle pulsazioni dell'aria che si riflettono sui toni muscolari variabili, saranno il termometro mai statico della qualità dei suoni prodotti.

Lo stato di compressione che si forma tra il tubo del flauto, la glottide e la pressione atmosferica, non è da intendersi come un sistema aperto, ma ad un sistema che interagisce chiudendosi in uno spazio circoscritto; quindi tutti gli agenti confluiscono in circuito chiuso che passa tra flusso in entrata, pressione atmosferica, reazione dei muscoli vocali nella produzione delle cosiddette onde stazionarie che richiamano al suono prodotto.

Per onda stazionaria si intende una perturbazione periodica di un mezzo materiale, nel nostro caso l'aria supportata dai muscoli vocali, le cui oscillazioni sono limitate nello spazio.

Ritornando al discorso sulla qualità dei suoni prodotti in relazione al variare di temperature esterne e interne tra tubo del flauto, strumentista e pressione atmosferica nei rapporti di compressione, prenderemo ad esempio un flusso aereo in entrata nel tubo del flauto che ha una temperatura molto alta tipo 38 gradi interagente con aria umida che è anch'essa molto leggera, che tipo di suono potrà venir fuori, ed a che intensità sonora?

A mio avviso un suono non molto potente che potrebbe tendere al metallico.

E di un flusso aereo in entrata nel flauto a temperatura di 36 gradi incontrandosi con un'elevata pressione atmosferica, che tipo di suono potrebbe produrre ad intensità di flusso uguale a quella emessa nell'esempio precedente con tensione labiale ben sostenuta muscolarmente?

A mio avviso un suono pieno, potente e ben sostenuto, ovvero più potente di quello precedente nonostante si usi la stessa intensità del flusso aereo!

Perché?

Semplicemente perchè la velocità del flusso aereo in entrata alla boccoletta viene ottimizzato dall'aumentata pressione atmosferica che spinge lo stesso flusso verso lo spigolo interno della boccola in contrapposizione alla sua direzione verso l'esterno.

Rispetto all'esempio precedente, le molecole dell'aria entrano nella boccoletta con un maggiore aumento di condensazione generando una velocità maggiore e per questo motivo un sostegno del suono più energico.

La situazione aerodinamica descritta, grazie a delle particelle aeree che si condensano più facilmente tra loro nel momento della fase di

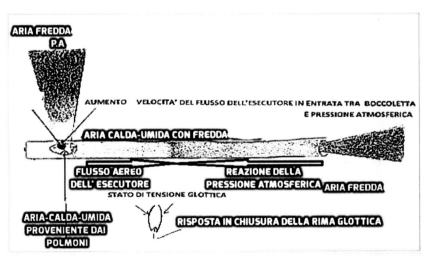

compressione tra interno ed esterno della boccoletta, porta ad avere un'apertura glottica ad uno stato di tensione laterale e mediale maggiore.

Si genera una buona portata del flusso aereo ad un'adeguata velocità rispetto ai suoni da produrre, sfociante in una sonorità sostenuta e nello stesso tempo naturalmente ampia.

Il giorno dopo lo stesso flautista che soffia allo stesso modo con le stesse contingenze di pressione atmosferica e di temperatura, se è più stanco del giorno precedente avrà un tono muscolare diverso e farà collassare il suo suono in quanto i muscoli vocali, più stanchi, sosterranno le pressioni ed i giochi aerodinamici in maniera diversa.

Le situazioni sono davvero infinite ed è questo che spesso destabilizza il flautista, inducendolo in una ricerca quasi infinita delle corrette posture da utilizzare nella produzione del suono.

È in questa ricerca del capire "come fare" che io stesso mi sono ritrovato nel corso dei miei anni di insegnamento a studiare ed approfondire gli argomenti esposti in questo manuale, nella sensazione di stare in un tunnel senza fine. Pensare va bene, analizzare anche, ma va fatto con la giusta parsimonia. Bisogna puntare comunque a fare musica prima di tutto, ma senza tecnica o con un didattica troppo empirica, le difficoltà dell'obiettivo legato a raggiungere esecuzioni musicali corrette ed espressive sui nostri strumenti a fiato si complica indubbiamente.

Il Maestro disse a un suo allievo: Yu, vuoi che ti dica in che cosa consiste la conoscenza? Consiste nell'essere consapevoli sia di sapere una cosa che di non saperla. Questa è la conoscenza.

Confucio

Da tutte le osservazioni esposte finora si possono evincere ulteriori considerazioni sulle differenze tra emissione del suono sullo strumento a fiato e la produzione vocale:

La pressione interna del cavo orale è minore di quella atmosferica (aria più umida e calda), la pressione che si genera nel tubo del flauto **durante l'emissione del suono** è maggiore di quella interna allo strumentista ma minore di quella atmosferica.

Il flautista ogni giorno si confronta con la pressione aerea adiacente al tubo del flauto, ossia quella atmosferica.

La sua colonna aerea ha meno pressione di essa, ma l'antagonismo tra la sua colonna d'aria e la pressione esterna viene potenziato da quello che accade nel tubo del flauto durante l'emissione del suono.

La pressione aerea che si genera nel tubo del flauto è maggiore di quella interna dello strumentista in quanto le particelle dell'aria si pongono in maniera più ravvicinata rispetto a quelle interne provenienti tra i polmoni e la cavità faringea.

Si generano dei differenziali aerodinamici che mettono in vibrazione sia la colonna aerea che il tubo contiene e in minima parte le corde vocali, per effetto delle leggi di Bernoulli.

Le corde vocali non producono suono in quanto non sono tese nella maniera ideale per poterlo fare.

Nella voce parlata e cantata ideale, data una frequenza emessa, sarebbe necessario che la frequenza aerea che si genera nel tratto vocale in virtù di quella emessa dalle corde, fosse in concordanza energetica con quest'ultima: i cantanti identificano quanto affermato, nella ricerca delle corrette risonanze tra le cavità orofaringee nell'emissione vocale.

Quest'equilibrio si può ottenere modificando le aperture o chiusure dei risuonatori, ossia del tratto oro-faringeo, o cercando un equilibrio tra frequenza vocale ed emissione in intensità del flusso aereo erogato durante la produzione vocale.

Variare il rapporto tra frequenza vocale emessa e intensità del flusso aereo in uscita dal cavo orale, può incidere sugli indici di compressione tra stesso flusso e pressione atmosferica.

Indici di compressione che generano attriti aerodinamici con la pressione atmosferica riflettendosi sui muscoli della glottide, al pari di quello che avviene tra strumenti a fiato e corde vocali.

Gli attriti aerodinamici enunciati, possono favorire o sfavorire la stessa frequenza vocale emessa, dando sensazioni di facile o difficile produzione vocale.

Quando il flusso aereo emesso nella sua intensità di impatto con la pressione atmosferica durante l'emissione dei suoni vocali è consono alla frequenza vocale, la voce prodotta risuona tra il cavo orale e il suo esterno con una proiezione ideale, generando a mio avviso quella condizione che i tecnici della voce identificano nella voce in "maschera".

Se si apre troppo il cavo orofaringeo rispetto all'emissione di una frequenza vocale bassa ad esempio, le corde possono collassare in quanto la frequenza del flusso aereo non corrisponde a quella ideale per sostenere il tono prodotto.

Affinché si possano generare tra il cavo e la pressione atmosferica i giusti attriti aerodinamici, riflessi sui muscoli vocali tra i ventricoli del Morgagni e le loro zone mediali e laterali, atti a sostenere la frequenza stessa nella sua produzione aero-muscolare, vanno a mio avviso ricercate le corrette modalità di espulsione del fiato nei suoi parametri costitutivi, definite da diverse scuole di canto nella terminologia "Cantar sul fiato".

Anche un cavo troppo chiuso, rispetto ad una frequenza vocale medio-alta, potrebbe comportare una tensione sproporzionata dei muscoli della glottide rispetto all'altezza da sostenere, ciò perché un cavo chiuso comporterebbe un aumento di velocità aerea troppo elevata rispetto alla frequenza stessa, con conseguenti reazioni della pressione atmosferica retroattiva sulle corde vocali che andrebbe a inciderne sulla qualità vocale prodotta.

Tensioni sproporzionate a carico della glottide, durante l'emissione di suoni vocali di iper-tensione o ipo-tensione, dovuti a insufficiente o iper-impatto sulla pressione atmosferica del flusso aereo emesso, possono favorire o sfavorire, a mio avviso, la produzione dei suoni vocali nella reazione dei risuonatori e dello stesso movimento periodico regolare delle corde vocali durante la produzione della voce impostata nel canto lirico professionale e/ o di altro genere musicale.

Due elementi che vibrano coesistono tra loro, interferendo ed interagendo in maniera diversa, sia nell'arte del canto che in quella degli strumenti a fiato: nel canto l'aria che si riflette sui muscoli e negli strumenti a fiato i muscoli che cooperano con l'aria tra i vari impatti di compressione durante l'emissione del suono nelle varie altezze e tipologie strumentali.

Possiamo anche affermare, in linea generale, che un cantante principiante a pari di un flautista ai suoi esordi ha tendenza ad avere tensioni vocali da iper-abduzione glottica.

La frequenza aerea che si genera nell'aria intraboccale è di solito sempre più bassa di quella vocale o strumentale emessa. Considerando che è l'aria a mettere in vibrazione le corde vocali nella produzione canora in virtù degli stati di tensioni muscolo-vocali e, vista la differenza tra la pressione aerea interna al cavo orale e quella esterna allo stesso (aria interna ha meno pressione di quella esterna in quanto più calda), quella esterna se non compressa in maniera adeguata al passaggio del flusso aereo proveniente dai polmoni non genera delle reazioni tali da favorire un aumento di compressioni aeree mediali e laterali alla rima glottica atte al sostegno delle pulsazioni aero-muscolari nell'emissione degli stessi suoni vocali.

Vedi grafico seguente, già illustrato a pagg. 107 e 112 nel compendio n. 3

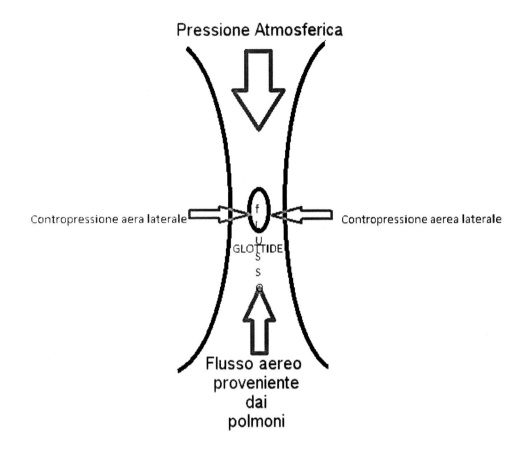

Le corde vocali pulsano nella produzione vocale in funzione delle variazioni aerodinamiche e degli stati di contrazione muscolari, nel rispetto delle leggi di neurofisiologia del movimento e aereodinamiche di Bernoulli. Il sistema di produzione vocale si deve considerare, a mio avviso, al pari di quello che avviene tra uno strumento a fiato che prevede alla base della sua produzione del suono delle doppie ance battenti.

Le ance vengono messe in una condizione di tensione materiale dalle labbra dell'esecutore facendo in modo che l'aria proveniente dai polmoni dello strumentista le attraversi con una velocità idonea a far sì che ci possano essere delle risposte in contropressione atmosferica proveniente dall'estremità opposta dello strumento atte a generare delle pulsazioni aeree che mettono in vibrazione le stesse ance per riflesso delle pulsazioni aeree generatesi.

È ovvia la similitudine con la produzione vocale, in quanto lo strumentista per mettere in vibrazione le ance non apre e chiude le labbra a pari di un cantante che non varia gli impulsi nervosi di tensione sulle corde vocali stesse durante la produzione vocale, ma sono le pulsazioni aeree a variarne le aperture e chiusure in entrambi i casi.

Tuttavia la tensione dei muscoli costrittori della faringe, nella ricerca delle giuste emissioni sonore nelle due categorie, genera tensioni e restrizioni delle cavità faringee non idonee al passaggio aereo, sfavorendo la corretta emissione sonora.

Nella categoria dei cantanti la stretta faringea gioca un ruolo controproducente sui movimenti glottici durante la produzione dei suoni e negli strumentisti a fiato nel passaggio aereo e quindi su tutti i parametri aerodinamici già esposti.

Ricapitolando: il gioco tra tensioni muscolari, aperture orali, intensità del flusso sono determinanti al fine di trovare i suoni giusti con le risonanze giuste sia nel canto che nell'arte dei fiati.

La voce spinta nei cantanti è condizionata alle reazioni della pressione atmosferica sui muscoli cricoaritenoidei posteriori durante le produzioni vocali nella mancata gestione del flusso aereo emesso, come nel flauto traverso, oltre che dal mancato controllo dei muscoli costrittori della faringe.

Nel caso dei suoni vocali e/o flautistici non sostenuti, la frequenza prodotta presenta una ipo-velocità di flusso rispetto a quello ideale nei riguardi del tono prodotto. I suoni calanti e non sostenuti, negli strumenti ad ancia nascono invece per iper-intensità del flusso emesso!!!

Le contropressioni aeree provenienti dagli strumenti verso le ance nel senso opposto di insufflazione dello strumentista, tendono ad aprirle con le conseguenze ora esposte.

La ricerca della stessa frequenza formatica del soffio di quella da emettere nel canto e negli strumenti a fiato, dove per formatica si intende la giusta velocità di flusso per ogni suono da sostenere tra qualità e sue timbriche, può essere la soluzione alle corrette prassi di emissione.

La questione sarà affrontata nel compendio n. 7, al capitolo sulla presentazione di un software per la didattica degli strumenti a fiato e nel canto da me ideato e soprannominato "Intona-Soffio" (vedi pag. 232).

4.3 - Le differenti conformazioni orali e vocali nel sostegno e nella formazione dei suoni nel flauto e negli strumenti a fiato

Un cavo orale più ampio rispetto ad uno più piccolo, a parità d'intensità di un flusso aereo che lo percorre, produce una velocità aerea minore in uscita e viceversa.

Possiamo immaginare dei suoni di flauto emessi con timbriche diverse, in virtù di quanto affermato.

Cavità orali di base piccole per suoni più chiari e ampie per suoni più scuri.

Anche l'associazione, però, tra tipo di ampiezza del cavo e lunghezza e spessore delle corde vocali determina il timbro del flautista o strumentista a fiato in genere, facilitando o meno il sostegno dei suoni emessi.

In questi connubbi, dunque, consiste l'attitudine ad un tipo di sonorità rispetto ad un'altra nel flauto e negli strumenti a fiato e la soggettività di riuscita tra uno strumento e il suo strumentista.

Nelle corde vocali più spesse la velocità del flusso in uscita può risultare più frenata nella produzione sonora, dopo l'atto di compressione, che se riflessa su corde vocali più sottili.

La massa delle corde vocali incide sulla possibilità di sostegno del suono nel flauto e negli strumenti a fiato in quanto l'aria pulsante che si riflette su esse **a seconda dell'elasticità e spessore dei muscoli che l'accolgono, può risultare più o meno sostenuta nella sua velocità ideale per la produzione di una determinata altezza o timbrica sonora.**

Corde sottili hanno movimenti più celeri di corde più spesse.

Il sostegno dato all'aria che si muove da sinistra verso destra nel tubo del flauto, dunque, può essere favorito o sfavorito dalla tipologia di cavità oro-faringea e dalla massa vocale che ne sostiene i movimenti in ordine allo stato della velocità del flusso pulsante.

La conformazione oro-faringea (cavo orale) varia la velocità del flusso aereo immesso alla boccoletta, in partenza.

La tipologia di corde vocali ne sostiene o meno lo stato aerodinamico iniziale.

Tipi di conformazioni oro-faringee

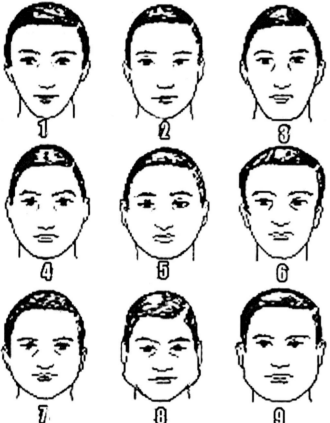

Dal 1 fino a 9: Varie dimensioni del cavo orale

Cavi meno ampi: velocità del flusso aereo in uscita maggiore che nei cavi più ampi.

Ad esempio la velocità del flusso aereo in uscita del cavo 1 avrà una velocità maggiore che nel cavo 9, con ricadute sul timbro strumentale **e sulla capacità di compressione del flusso aereo dello strumentista interagente con quello contenuto tra interno ed esterno allo strumento stesso, nei vari luoghi di formazione del suono, ossia: esterno ed interno della boccoletta, piede della canna.**

Le dimensioni nonché spessore delle corde vocali vanno ad incidere sul sostegno del suono, che altro non è che una velocità aerea pulsante e variabile che si riflette sui muscoli vocali stessi.

Varie tipologie di corde vocali nella potenzialità di sostegno dei suoni negli strumenti a fiato

Corde vocali più sottili e lunghe: capacità di sostegno negli strumenti con produzione di suoni più acuti.

Le corde vocali necessitano di agilità di movimento per sostenere le velocità dell'aria necessarie alla produzione sonora negli strumenti a fiato con produzione di suoni più acuti rispetto agli altri con suoni meno acuti.

La rima glottica necessità di assumere una posizione più stretta rispetto al sostegno del suono in strumenti a fiato con suoni più gravi.

Una massa vocale più grande, invece, con capacità di movimenti meno celeri nel sostenere gli attriti che si generano tra i flussi aerei interagenti durante gli atti di compressione aerea, non riesce a sostenere delle velocità di flusso aereo idonee alla corretta produzione di suoni più acuti.

Corde vocali più corte e spesse: capacità di sostegno negli strumenti con produzione di suoni più gravi.

L'emissione del suono negli strumenti a fiato con produzione di suoni più gravi necessita di movimenti meno celeri, in quanto le velocità aeree da sostenere in contrapposizione alla pressione atmosferica sono minori e minori sono le aperture che si devono generare tra la glottide per sostenerle. Gli strumenti a fiato che producono suoni più gravi hanno al loro interno delle masse aeree maggiori (portate aeree maggiori) e quindi più pesanti da sostenere durante la loro pulsazione, necessitando di muscoli vocali più spessi con capacità di sostegno maggiore e non necessariamente agili come quelli più sottili e lunghi. Più i suoni da emettere saranno acuti e maggiore dovrà essere la risposta in termini di energia di moto muscolare che apre e chiude la rima glottica, e al contrario per i suoni pesanti da sostenere che si formano su masse aeree maggiori, minore dovrà essere l'energia di moto, ma maggiore la massa dei muscoli per ottenere un energico sostegno ai suoni stessi. La corda aerea che si genera tra il tratto vocale dello strumentista, il tubo del flauto e la pressione atmosferica nei suoni medio-acuti dovrà essere sempre più tesa tra gli estremi che la sostengono, ossia tubo del flauto, pressione atmosferica, corde vocali!!!

> **Muscoli grandi, dunque, per movimenti più lenti deputati al sostegno dei suoni gravi che si generano su velocità aeree minori che definiremo di energia muscolare di moto minore ma di peso maggiore, e muscoli piccoli per suoni più acuti che si muovono su velocità aeree maggiori che definiremo di energia muscolare di moto maggiore e di peso minore.**

Masse muscolari piccole per movimenti più celeri e rapidi nel sostegno di suoni che richiedono capacità di flussi aerei celeri e veloci da contrapporre alla pressione atmosferica, e masse muscolari più grandi per movimenti più lenti rispetto a flussi aerei meno celeri nella loro pulsazione.

Maggiore sarà la velocità del flusso aereo all'ingresso degli strumenti a fiato e maggior contrapposizione di pressione atmosferica si avrà, come maggiore sarà **l'energia di moto** muscolare richiesta per il sostegno di codesti suoni collocabili tra medi e acuti.

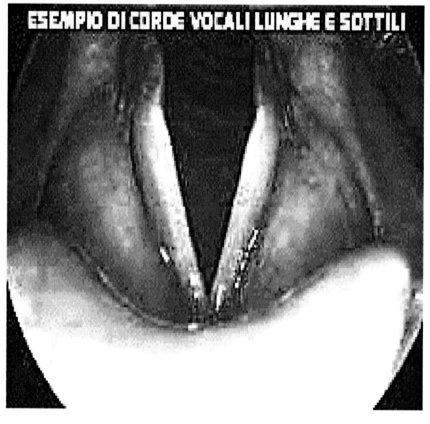

ESEMPIO DI CORDE VOCALI LUNGHE E SOTTILI

Esempio di corde vocali lunghe e sottili in grado di opporsi con celerità alla pressione atmosferica negli atti di compressione in strumenti a fiato con estensioni sonore medio-acute.

Sono ideali nella tipologia di strumenti come il flauto e l'ottavino. Sono di solito collocate nelle estensioni vocali di tenore, soprano e mezzo-soprano in relazione alle loro dimensioni in lunghezza e spessore.

Le estensioni vocali del tipo contralto possono essere attribuite come ideali a strumenti a fiato con altezze tonali intermedie da sostenere. Le variabili muscolari e orofaringee sono infinite, è impossibile ad oggi tracciare degli schemi **infallibili** ideali tra strumenti a fiato e conformazione oro-vocali, che renda lo studio di uno strumento a fiato semplice per attitudine fisica ad esso. In relazione a tutte le considerazioni fatte è possibile tuttavia **ipotizzare** quale può essere uno strumento a fiato ideale da attribuire ad un tipo di conformazione orale-vocale.

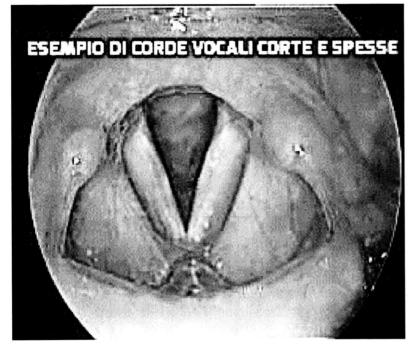

ESEMPIO DI CORDE VOCALI CORTE E SPESSE

Esempio di corde vocali corte e spesse in grado di opporsi con meno celerità alla pressione atmosferica negli atti di compressione nell'emissione su strumenti a fiato con estensioni medio-acute.

Esse sono più adatte al sostegno dei suoni degli strumenti a fiato con estensioni medio- gravi.

Questi ultimi richiedono meno velocità di flusso aereo nella generazione e sostegno del suono nelle tipologie di strumenti come il fagotto ad esempio e riconducibili ad estensioni vocali tipo basso, baritono, contralto. Gli strumenti a fiato con masse aeree più pesanti che vibrano al loro interno, richiedono masse muscolari più poderose idonee al loro sostegno. **Va tenuta presente in questo tipo di analisi per un'ipotetica attribuzione di uno strumento a fiato per ogni costituzione fisica, anche la forma del cavo orofaringeo oltre alla tipologia di corde vocali.**

Auguriamoci che in un futuro non troppo lontano, i giovani aspiranti allo studio di strumenti a fiato, dopo un'analisi scientifica della loro conformazione orofaringea e vocale a seguito di visita foniatrica, possano trovarsi attribuito lo strumento più congeniale per attitudine fisica e quindi più semplice da essere acquisito tecnicamente.

4.4 - Le attitudini fisiologiche alla produzione di tipologie timbriche nel suono del flautista, generabili in relazione a diverse conformazioni orofaringee e vocali di base

a) Cavità oro-faringea ampia con corde vocali sottili: predisposizione ad un suono pieno e sostenuto, teso ad una timbrica scura.

b) Cavità oro-faringea di piccole dimensioni e corde vocali spesse: predisposizione ad un suono pieno e sostenuto con timbrica scura.

c) Cavità oro-faringea di piccole dimensioni e corde vocali sottili: suono potenzialmente brillante anche se non di grossa sonorità, portata aerea minore rispetto agli esempi A e B.

d) Cavità oro-faringea di ampie dimensioni con corde vocali spesse: suono non sempre sostenuto teso al timbro troppo scuro e poco brillante, propensione al suono calante, suoni ingolati e affossati.

Portata aerea troppo elevata rispetto al tipo di velocità da generare e sostenere tra tubo del flauto e tubo fonatorio.

Centinaia di esempi timbrici di suono diverso potrebbero venire fuori in un'analisi di conformazioni oro-vocali intermedie a quelle esposte.

La posizione alta o bassa della laringe sulla trachea in relazione a movimenti della mandibola e lingua che influiscono sulle tensioni muscolari di base oltre che di apertura del cavo, potrebbero modificare oltremodo ogni esempio summenzionato.

Tuttavia tipologie labiali e loro posture sulla boccoletta, tipi di respirazione e modi di far uso dei muscoli costo-addominali, altresì variazioni di pressione atmosferica in relazione a situazioni metereologiche, potrebbero ancora modificare il tutto.

L'importanza dell'uso delle vocali nei cambiamenti di apertura orale nella didattica di canto e degli strumenti a fiato, alla ricerca del timbro sonoro, è giustificabile in quanto incide sulla velocità del flusso aereo che varia il modo in cui le frequenze armoniche dei suoni prodotti possono essere messe in risalto.

La vocale O tendenzialmente tende a diminuire la velocità del flusso aereo in quanto richiede un'apertura maggiore del cavo a differenza della pronuncia della vocale I; un flusso aereo che si muove con una velocità minore tra il cavo orale e il suo esterno produce attriti diversi sulla pressione atmosferica che si ripercuotono sul modo e frequenze con cui le corde vocali vibrano nella produzione vocale e sul modo in cui si adducono e viene compressa l'aria tra i tubi sonori e il suo esterno negli strumenti a fiato.

Tuttavia nel canto l'importanza del sapiente uso delle vocali nella formazione del timbro è data anche dalle variazioni di dimensioni proprie delle cavità orofaringee che mettono in risalto delle armoniche rispetto ad altre, modificandole nella loro intensità, con il variare delle aperture stesse.

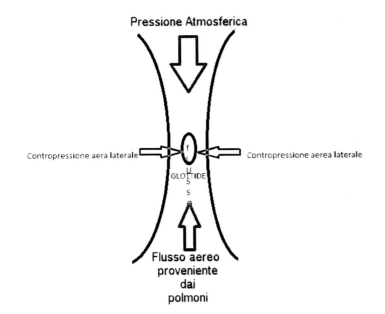

Con i giochi vocalici si agisce sulle velocità del flusso aereo in uscita dal cavo che si imbatte sulla pressione atmosferica e di conseguenza sulle pressioni aeree formatesi per effetti di variazioni di velocità e pressioni laterali tra centro della glottide, aditus laringeo, ventricoli del Morgagni, incidendo ancora una volta sulla formazione della qualità dei suoni vocali e anche strumentali.

In questi giochi aerodinamici e di reazioni nervose nelle micro modifiche del suono negli strumenti a fiato, va tenuto conto anche dei materiali con cui vengono costruiti gli stessi tra ampiezza del canneggio e il suo spessore, nella forma della boccoletta nel flauto, tipo di ance, piccole variazioni di dimensioni tra bocchino e strumento negli ottoni.

Le circostanze citate fanno variare i rapporti di attrito che si creano tra gli elementi in questione nella trasmissione delle energie acustiche, incidendo sugli stati di velocità del flusso aereo nella produzione dei suoni nella loro timbrica e nel loro sostegno.

Canneggi più larghi aiutano a diminuire la velocità del flusso dove necessario e viceversa, boccolette con aperture diverse fungono alla stessa funzione; tipi di associazione tra leghe e metalli possono condizionare il timbro per spessore dei materiali, oltre che per conduzione di calore e/o per capacità di isolamento dalle temperature aeree esterne, come ad esempio l'oro nel flauto.

Un tubo contenente aria che si riscalda più facilmente crea delle situazioni ottimali per generare rapporti di compressione ideali, o quasi, tra aria immessa e quella contenuta al suo interno e in contatto con la pressione atmosferica, al fine delle corrette emissioni timbriche-sonore.

Un flauto con caratteristiche costruttive diverse, dunque, per ogni conformazione diversa: è questo il motivo per cui gli strumenti sono soggettivi e vanno provati e riprovati prima del loro acquisto da parte degli studenti avanzati e non solo.

I muscoli si adattano agli strumenti e gli strumenti possono aiutare i muscoli a funzionare meglio.

Sono sempre da favorire i metalli e le leghe che sono conduttori di calore e isolanti termici nella costruzione dei flauti, come l'argento per la conduzione di calore e l'oro per l'isolamento termico tra il metallo stesso e l'ambiente esterno.

Proviamo a riassumere quando detto finora, avvalendoci del concetto utilizzato in fisica e denominato **IMPEDENZA ACUSTICA.**

> **L'impedenza acustica è il particolare tipo di resistenza che il moto alternativo delle vibrazioni acustiche incontra nel mezzo che è sede del moto stesso o nel passaggio da un mezzo ad un altro, in relazione agli attriti che si incontrano.**

Tra gli attriti, oltre che quelli muscolari relativi alle diverse conformazioni vocali, labiali e respiratorie nel connubio interattivo Strumento-Strumentista nella produzione e sostegno dei suoni, vanno menzionate le variazioni di pressioni atmosferiche e l'impatto che un tipo di emissione può avere su di esse.

In quest'ultima interazione si pone il concetto di **proiezione del suono**, definibile in suono udibile o meno a lunga distanza rispetto alla sua sorgente di produzione.

Esso è vincolato agli attriti che incontra nel percorso che vanno dalla sua sorgente di emissione alle orecchie dell'ascoltatore.

Diminuire gli attriti che si possono generare attraverso il modo in cui si emette il suono, in relazione alle variazioni di pressione atmosferica che rappresenta il mezzo principale della sua trasmissione dalla sorgente sonora all'ascoltatore, consistono le differenze nelle variabili di proiezione dello stesso suono.

Il concetto sarà oltremodo approfondito nel capitolo delle tecniche del flauto e dei perché delle loro modalità esecutive al compendio n. 7.

Attraverso cosa agire per trovare i giusti equilibri energetici in queste azioni-reazioni nella ricerche delle belle sonorità?

Per gli strumentisti a fiato, a mio avviso, la giusta risposta è tra le labbra tese ai lati, quanto basta per convogliare in velocità il flusso aereo tra il foro della boccoletta e il suo spigolo esterno nel flautista, tra le ance e labbra negli strumentisti che le richiedono alla base della produzione del suono e tra labbra e bocchino negli ottoni, ricercando le variazioni timbriche nelle aperture orali attraverso un uso coerente della mandibola (uso delle vocali da abbinare alla pinza labiale). Il tutto supportato ovviamente dal corretto assetto respiratorio costo-addominale nella totale assenza di tensioni dei muscoli costrittori della faringe. Nel flauto sono fondamentali anche le variazioni d'indirizzo della colonna aerea sullo spigolo esterno della boccoletta e come è costruito lo stesso.

Gli strumentisti a fiato non devono dimenticare che sono due i momenti dei cambi di pressioni aeree che si riflettono dagli strumenti alla laringe e muscoli vocali: il nodo ossia aria più condensata ed il ventre aria più rarefatta in un crescendo, nel variare delle altezze tonali, di zone di condensazione e rarefazione del flusso aereo pulsante da generare e sostenere. Negli stati di condensazione dell'emissione nel suono strumentale i muscoli vocali si adducono in maniera crescente rispetto agli atti espiratori senza emissione di suono. L'adduzione maggiore la si ottiene nella rarefazione della pressione aerea tra tubo e pressione atmosferica, ossia nel momento in cui la pressione acustica e massima e quella aerea è minima; tuttavia si hanno abduzioni dopo stati di adduzione in stati di contrazione muscolare ad aumenti spropositati di flusso aereo in intensità rispetto alle frequenze strumentali emesse, come precedentemente prospettato per i suoni sforzati, sia nel flauto che nel canto.

Quest'ultima situazione, che si verifica quando l'aumento di intensità di flusso aereo non si sposa con la giusta velocità in relazione ai suoni da sostenere nei Forte e Fortissimo, potrebbe trarre in inganno molti foniatri nella valutazione dei movimenti vocali nell'emissione sonora sugli strumenti a fiato e nel flauto in particolare, in quanto un'adduzione e un'abduzione delle corde vocali, come quella che potrebbe apparire nella produzione del suono flautistico potrebbe richiamare ad un movimento tipico di una produzione vocale vera e propria!

Sottolineo ancora che la differenza tra adduzione e abduzione in fase di produzione del suono, nel flauto in particolar modo, rispetto alla produzione canora, è data da un tipo di adduzione in alcuni casi uguale a quella vocale variando in una cosa essenziale: l'attività dei muscoli Tiroaritenoidei, ovvero quelli che allungano le corde rendendole più elastiche e facilmente stimolabili dalla pressione aerea sottoglottica, non è sufficiente ai fini di una produzione vocale vera e propria.

Nel flauto le pressioni aeree che si ripercuotono sui muscoli vocali sono maggiori rispetto a quelle degli altri strumenti, perché le frequenze emesse sono più alte e quindi la velocità dell'aria che richiama a se la pressione atmosferica è più energica.

Per questo motivo l'adduzione delle corde è maggiore rispetto ad emissione sonora su un fagotto, per esempio.

Maggiori velocità di flusso in relazione alle frequenze emesse, generano una maggiore pressione ai lati delle corde, adducendole in maniera crescente rispetto ad uno strumento dove le velocità di flusso al suo interno sono minori.

Le labbra nel flautista giocano un ruolo importante anche nel co-sostenere con gli altri muscoli i suoni prodotti, siano gli altri muscoli idonei o meno idonei alla produzione del suono.

Insieme alle aperture della bocca e attraverso la mandibola possono essere considerate le ottimizzatrici del flusso aereo in fase di frequenza pulsante, troppo aperto tutto crolla, ossia i rapporti di compressione ed il suono stesso.

Labbra troppo chiuse, soprattutto nella zona centrale porta a degli irrigidimenti aerodinamici.

L'aria non passa con la giusta portata, la velocità del flusso aumenta in maniera non consona al suono e timbro da produrre. I suoni prodotti mancano di pienezza.

La ricerca degli atteggiamenti del cavo orale nella produzione dei suoni strumentali e in particolare flautistici può essere al momento considerata soggettiva, anche se proverò a coadiuvarla con particolari esercizi che esporrò nel compendio n. 7 sulle tecniche.

4.5 - La teoria del tubo di Giovanni Battista Venturi applicata alle tecniche di produzione sonora nel flauto e negli strumenti a fiato

Dalla trachea ed attraverso un passaggio più stretto quale la rima glottica, proviene un flusso aereo di una certa velocità che rallenta al passaggio in una cavità più larga quale quella oro-faringea e aumenta ancora attraverso le labbra.

Il risultato finale è una velocità ideale o non ideale alla formazione del suono e al suo sostegno muscolare nel flauto e negli altri strumenti aerofoni.

Il tubo fonatorio può essere paragonato al tubo di Venturi nel suo complesso rispetto alla formazione della velocità del flusso aereo proveniente dai polmoni.

Al fine di approfondire questo aspetto vi rimando alle leggi del fisico in questione, G.B. Venturi (Bibbiano, 11 settembre 1746 - Reggio Emilia, 10 settembre 1822), sul passaggio dei fluidi nei tubi che variano la loro dimensione durante il tragitto.

Importante è il suo contributo allo studio della meccanica propria nei fluidi, con la descrizione di quello che viene chiamato effetto Venturi in un condotto e che si rifà alle leggi di Bernoulli nelle differenze tra pressione e velocità di un fluido e le sue interazioni energetiche.

Ipotesi di un condotto dove si possono esplicare i termini di raffronto dell'effetto Venturi rapportabile al tubo fonatorio dove passa il flusso aereo prodotto da uno strumentista a fiato: **CHE SIA UN FLUSSO AEREO O FLUIDO, LE ZONE IN CUI IL CONDOTTO SI RESTRINGE SONO LE ZONE IN CUI LA VELOCITÀ DEL FLUSSO È MAGGIORE E LA PRESSIONE MINORE**.

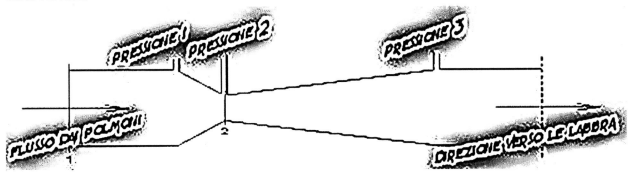

Una delle domande che potrebbe sorgere spontanea nel lettore è: questo tipo di speculazione analitica degli elementi con cui opera uno strumentista a fiato può definire in maniera sempre più scientifica e convincente, se a seconda della lunghezza e spessore dei muscoli vocali e delle dimensioni delle cavità interne orofaringee diverse da un individuo ad un altro, si possa avere più facilità o meno facilità di emissione su uno strumento a fiato rispetto ad un altro?

A questo proposito ribadiamo ancora le nostre considerazioni, che ritroverete in ogni compendio, approfondendo il concetto di massa, e di massa che riflette il proprio stato di energia in movimento su materie diverse.

La massa - dal greco μᾶζα, torta d'orzo, grumo (di pasta) - è una grandezza fisica, cioè una proprietà dei corpi materiali, che determina il loro comportamento dinamico quando sono soggetti all'influenza di forze esterne. Mentre il peso rappresenta la forza di attrazione di un corpo verso il centro della Terra (o di qualsiasi altro pianeta in cui si trovi), la massa corrisponde esattamente alla quantità di materia di un corpo.

Abbiamo detto finora che le pulsazioni aeree che si generano nei tubi degli strumenti a fiato si riflettono sui muscoli vocali e nel cavo oro- faringeo, denominato anche Tubo fonatorio o tratto vocale.

Possono essere, in relazione alle varie conformazioni su cui si riflettono, rallentate o anche accelerate e che questo stato di accelerazione o rallentamento può dipendere dalla lunghezza e spessore delle corde vocali oltre che dalle dimensioni del cavo orale e dal modo di usare il flusso d'aria attraverso le sue parti mobili.

Considerando la pressione aerea pulsante (il suono che si genera nei tubi sonori) una forza variabile e rapportabile ad una massa su cui avviene, codificabile nelle quantità aeree contenute nei tubi degli strumenti a fiato e definibili anche come portate aeree, riaffermiamo ancora una volta che delle corde vocali con una minore lunghezza e maggior spessore riescono a sostenere meglio dei suoni più gravi generati da strumenti che hanno estensioni di altezze minori rispetto altri con estensioni maggiori (suoni più acuti).

Cambiano i pesi da sostenere, ribadendo che il concetto "peso" va rapportato ad un suono che si riflette con variazioni di pressioni aeree su una massa muscolare più o meno idonea o/e allenata a questa interazione di azione–reazione e con essa l'associazione ad una maggiore o minore facilità di produzione sonora sugli strumenti detti.

Le sensazioni legate alle diverse capacità di sostegno facili o meno facili, nascono da queste interazioni, ad esclusione dei suoni acuti che richiedono una tecnica di emissione ad appannaggio esclusivo delle fasce muscolari e posturali.

Esempi: un suonatore di flauto che ha un'estensione vocale di una voce di basso, corde vocali meno lunghe e più spesse, tende a rallentare per costituzione le pulsazioni che dal tubo del flauto si riflettono su di esse smorzando gli armonici più alti e facendo in modo che nel flauto si generino dei suoni più scuri !!!!

Ma a volte anche intubati, ingolati, senza sostegno e calanti.

Questo perché la massa più grande delle corde vocali ha più difficoltà di movimento nel sostenere delle velocità aeree ideali rispetto a quelle da sostenere in un fagotto, ad esempio.

Un suonatore di fagotto che ha delle corde vocali da tenore ossia più sottili di quelli di un basso avrebbe a mio avviso un tipo di suono poco pieno e profondo rispetto ad un suonatore di fagotto con corde da basso o baritono.

Il peso dell'aria maggiore da sostenere, maggiore nel fagotto rispetto ad un flauto, porterebbe le corde vocali ad avere un'energia non ideale da sostegno muscolare per massa muscolare insufficiente, che si ripercuoterebbe in maniera negativa sulla timbrica del suono.

Ovviamente si ipotizza senza tener conto delle dimensioni dell'apparato Oro-faringeo che potrebbe concorrere, in relazione alle sue dimensioni in lunghezza e spessore, ad ottimizzare il tutto. Possiamo definire i suoni gravi come masse energetiche maggiori, in quanto il peso dell'aria da spostare è maggiore. Per rendersi conto della questione basta guardare le dimensioni in circonferenza degli strumenti, un tubolare più ampio racchiude masse d'aria maggiori producendo suoni più gravi con timbriche scure e viceversa.

Dire ad un giovane che si appresta allo studio di uno strumento a fiato, in relazione alla lunghezza e spessore delle sue corde vocali, abbinate a dimensioni e ampiezza del suo cavo orale, su quale strumento potrebbe riuscire meglio sarebbe davvero meraviglioso.

È questo che mi auspico per il futuro della didattica negli strumenti a fiato, nella speranza di evitare quelle spiacevoli patologie vocali che possono nascere da sforzi di emissione sonora e che ad oggi la maggior parte degli strumentisti a fiato e docenti ignora.

Una visita foniatrica di controllo come per i cantanti così anche per gli strumentisti a fiato sarebbe d' uopo, soprattutto per coloro che nonostante continuo esercizio e cambiamenti di tecniche non riescono a risolvere i loro problemi di base.

Uno studio serio, metodico e soprattutto consapevole in ogni strumento a fiato può sopperire a qualsiasi mancanza di conformazione orale ideale, questo non deve essere mai dimenticato.

Le corde vocali, tutti i muscoli della respirazione e labiali vanno costantemente e correttamente allenati, soprattutto attraverso l'uso di un buon orecchio e del senso estetico;

se non si rincorrono i giusti parametri del bel suono, ma soprattutto se non lo si sa distinguere tutto diventa inutile.

Come già detto sono infinite le variabili che si possono generare tra strumenti e la loro costruzione, le conformazioni degli strumentisti, le variazioni di temperatura del flusso aereo dello strumentista e della pressione atmosferica nonché i suoi gradi di umidità globali misti. Molteplici sono gli stati relativi ai toni muscolari degli esecutori come tante le sfumature dei loro stati emozionali che su di essi incidono.

Tutte queste interazioni avvengono attraverso le azioni e le reazioni volute e non volute dei muscoli vocali, respiratori e labiali. Non volute in quanto con il passare degli anni i muscoli tendono a perdere gli stati di tonicità, dando luogo anche in grandi strumentisti a quelle scene raccapriccianti di modi di suonare che richiamano il dilettantismo puro. Il comprendere che non è sola aria a generare il suono negli strumenti a fiato, potrebbe aiutare molti grandi nomi a depositare "i ferri" dopo una certa età.

COMPENDIO n. 5

Le labbra ottimizzatrici del flusso aereo
in tutti gli strumenti a fiato

C'È ORO E CI SONO MOLTE PERLE, MA LA COSA PIÙ PREZIOSA SONO LE LABBRA ISTRUITE

(SALOMONE)

5.1 - Note introduttive

Il ruolo delle labbra, in tutti gli strumenti a fiato, consiste nell'ottimizzare in velocità il flusso aereo proveniente dal cavo orale indirizzandolo negli strumenti stessi. Senza di esse la produzione sonora negli strumenti detti, sarebbe di impossibile realizzazione. Vista l'interazione con la glottide ed il cavo orale durante l'emissione del suono, il ruolo delle labbra non è da considerarsi come isolato, ma come interagente. Esse giocano un ruolo determinante nell'ottimizzazione del flusso aereo proveniente dai polmoni nella questione legata ai suoi stati di calore, nelle variabili di compressione tra lo strumentista, lo strumento a fiato e la pressione atmosferica.

Uno strumento a fiato è un apparato in grado di trasformare il flusso aereo costante dello strumentista in flusso aereo pulsante (cfr. A.H. Benade: Interactions between the player's' windway and the air column of a musical instrument Department of Physics, Case Western Reserve University, Cleveland. Submitted for publication Apr 1985; revision accepted Dec 1985. This study was supported in part by grants from the National Science Foundation).

A seconda dei gradi di tensione labiali voluti si può modificare il timbro agendo sulla velocità delle pulsazioni e/o ottimizzare il suono nelle variazioni di intensità, e ancora aiutare la glottide nel suo "sostegno" aerodinamico del suono nelle svariate riflessioni delle pulsazioni aeree su di essa. Le variazioni di pressioni aeree si riflettono, non va mai dimenticato, attraverso i diversi cambiamenti di velocità tra punti nodali e ventrali generatisi nel flauto e nelle varie tipologie di strumenti a fiato, nelle differenze di altezze sonore da generare e sostenere. La glottide tende a rallentarne la velocità o sostenerla in virtù della sua conformazione. È uno dei regolatori di flusso aereo più sofisticati che potesse essere mai applicato ad uno strumento aerofono. Essa è un regolatore e agente di sostegno tra i più sensibili ed elastici, molto più delle labbra stesse. Queste ultime vanno considerate come zona di arrivo e di partenza di un flusso aereo che si regola dall'interno verso l'esterno, rispetto a dei sistemi dettati dalle tipologie di strumenti che interagiscono dall'esterno verso l'interno con lo strumentista stesso. Come tutti i muscoli coinvolti nella produzione del suono, anche nelle labbra, bisogna distinguere quando esse devono agire e quando devono reagire. Agiscono sui suoni gravi e reagiscono sui suoni medi ed acuti. **Le differenze di velocità di flusso relative alla produzione dei suoni nelle svariate altezze vanno prodotte internamente** attraverso modifiche delle parti mobili quali: mandibola, lingua nella parte centrale-posteriore tra palato e pavimento della bocca. Le azioni labiali non consone alle situazioni aerodinamiche che si determinano tra cavo orale e tubo del flauto possono creare tensioni eccessive o al contrario poco energiche. Queste si riflettono sulla qualità dei suoni da produrre nelle svariate timbriche, generate e/o ricercate.

5.2 - Le labbra sono i contorni esterni della bocca

Morbide, mobili e flessibili, le labbra giocano un ruolo chiave nell'assunzione del cibo e nell'articolazione di suoni e parole; agiscono anche come organo tattile, contribuiscono alla mimica facciale.

Le labbra comprendono porzioni di cute, rivestimenti cutaneo-mucosi e zone di mucosa vera e propria. Inoltre, sono legate a numerose muscoli, sono finemente innervate e presentano una fitta rete di vasi sanguigni.

Definizione di labbra

Le labbra (al singolare labbro) sono i due margini esterni della bocca. Visibili a occhio nudo e dotate di una certa sensibilità tattile, le labbra sono discretamente morbide, mobili e flessibili.

Anatomia

Gli anatomisti distinguono le due labbra in labbro superiore e labbro inferiore.Il labbro superiore è il margine esterno della bocca che ricopre l'arcata dentaria superiore e le gengive superiori; comincia appena sotto il naso. Il labbro inferiore, invece, è il margine esterno della bocca che ricopre l'arcata dentaria inferiore e le gengive inferiori; è in continuità con il mento. Labbro superiore e labbro inferiore si congiungono laddove gli anatomisti individuano i cosiddetti **angoli della bocca**.

Angoli delle labbra che sono fondamentali ad ottimizzare il flusso aereo in entrata negli strumenti a fiato, in relazione ai loro stati di avvicinamento e tensione, tuttavia, alle variazioni contribuiscono anche la conformazione delle arcate dentarie inferiori e superiori. Non bisogna mai chiudere la parte centrale delle labbra nell'emissione del suono nel flauto traverso, ossia la parte dove grazie alla tensione degli angoli della bocca si forma il foro centrale dove passa il flusso aereo che entra nei vari strumenti. Andare ad incidere sul foro labiale significherebbe limitare la portata aerea e aumentare troppo la velocità del flusso, con le conseguenze di suoni poco pieni e soffiosi soprattutto sugli acuti.

Labbro leporino

Noto anche come cheiloschisi o labioschisi, il labbro leporino è una malformazione congenita delle labbra, più precisamente del labbro superiore.

Chi soffre di labbro leporino, infatti, presenta una o due incisioni sul labbro superiore, che si possono estendere fino al pavimento di una o entrambe le narici nasali.

La presenza di tali incisioni deriva da un'anomalia dello sviluppo embrionale, che comporta la mancata fusione dei tessuti destinati a costituire il futuro labbro superiore.

Il labbro leporino comporta, principalmente, difficoltà nel mangiare e nel parlare, problemi dentali e predisposizione alle otiti e al calo dell'udito.

I punti di congiunzione delle due labbra, presenti agli **angoli** della bocca, prendono il nome di commissure labiali.

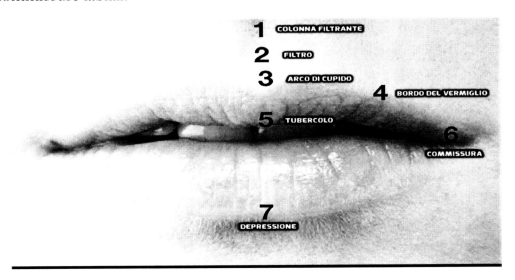

La labbra presentano un complesso sistema di muscoli e sono finemente innervate.

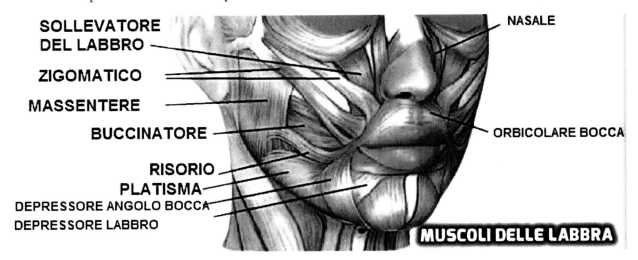

Dimensioni

Le dimensioni delle labbra variano da individuo a individuo e dipendono, principalmente, da: la razza di appartenenza, fattori genetici. Un labbro troppo grosso per un flautista, potrebbe comportare un difetto di impostazione caratterizzato da una chiusura troppo grande del foro della boccoletta, con conseguente suono troppo chiuso e tendente al calante. Bisogna sempre adattare la posizione della boccoletta sotto le labbra in relazione alla loro dimensione e fare in modo che il foro della stessa possa trovare la giusta collocazione sotto il labbro inferiore, al fine di non produrre suoni nè troppo aperti e nemmeno troppo chiusi. La sua collocazione nella scuola di flauto prevede che il suo foro sia coperto dal labbro inferiore nella sua terza parte. Un labbro inferiore grande che tende a coprire il foro della boccoletta più del dovuto va equilibrato con una leggera rotazione dello strumento verso l'esterno. Un tipo di testata del flauto con una conformazione del foro della boccoletta più ovale o ampia, potrebbe aiutare ad ovviare alla problematica esposta.

Muscoli

Il movimento delle labbra dipende da diversi muscoli. I muscoli che consentono il movimento delle labbra giocano un ruolo fondamentale all'interno della cosiddetta mimica facciale (o espressione facciale). Sul labbro si inseriscono i muscoli mimici che vengono classificati in base alla loro funzione di elevazione o depressione del labbro stesso. Sono convinto che la mimica sia una cosa importante nell'interpretazione musicale, nel senso che credo che negli strumenti a fiato una mimica possa influenzare le velocità aeree che dal cavo orale cooperano con le pressioni che si generano nei tubi dei nostri strumenti a fiato, dando al suono la giusta dimensione sono-espressiva che altro non è che una dimensione energetica che ci riporta a delle emozioni. Credo che la stessa cosa valga per tutti gli strumenti, compresa la voce. Ho sempre pensato che un'emozione non sia altro che un grado di tensione respiratoria che si riflette su tutto il corpo, dando vita a quegli stati dell'animo che possono farci percepire il mondo in un modo o in un altro.

Conformazioni dentali: incidono sul modo in cui le labbra si chiudono e quindi sulle velocità del flusso aereo in ingresso nel flauto e negli altri strumenti a fiato. Nel flauto, inoltre, possono incidere oltremodo anche sulla direzione del flusso aereo prodotto dallo strumentista nelle variazioni di indirizzo verso lo spigolo esterno del foro della boccoletta e di conseguenza sulla timbrica del suono emesso.

5.3 - Labbra e mimica facciale
Descrizione del ruolo dei muscoli

Le labbra permettono l'espressione di sentimenti, stati d'animo, contribuendo alla mimica facciale. Si pensi, per esempio, al sorriso o alla risata, che esprimono uno stato di felicità o di buon umore. Mimica facciale che può contribuire a micro variazioni della velocità del flusso aereo durante la produzione del suono negli strumenti a fiato e nel canto, nonché alle variazioni delle timbriche-sonore nel richiamo agli stati emozionali qui citati.

Emozioni e muscolatura coinvolta

1) Sorpresa: muscolo frontale sollevando le sopracciglia.

2) Rabbia, preoccupazione, sofferenza, dolore, concentrazione: muscolo corrugatore delle sopracciglia, corrugando le stesse.

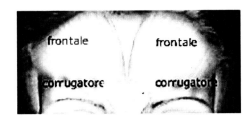

3) Riso forzato: muscolo risorio del Santorini tirando la commissura labiale in fuori ed indietro, da evitare nella produzione del suono flautistico in quanto porta ad un eccessivo aumento di velocità di flusso aereo alla boccoletta.

Nella produzione del suono flautistico è bene insistere sulla tensione degli angoli della bocca (commissure labiali) e molto meno sul muscolo risorio (vedi immagine seguente).

Commissure  **Muscolo risorio**

4) Boccuccia: muscolo orbicolare delle labbra con tipica chiusura.

5) Fare il muso, dubbio, sdegno, disgusto: muscolo mentale ed altri sollevando e portando in avanti il labbro superiore.

6) Tristezza: muscolo triangolare delle labbra e corrugatore delle sopracciglia abbassando le commissure labiali.

7) Spavento, terrore, collera, sofferenza: muscolo platisma stirando in basso la commissura labiale con modificazioni della rima labiale e comparsa di pieghe cutanee.

8) Disgusto: muscolo quadrato del labbro inferiore con debole contrazione.

9) Riso gioviale, non forzato: muscolo zigomatico stirando in alto ed indietro la commisura labiale.

10) Tristezza fino al pianto: muscolo quadrato del labbro superiore sollevandolo.

11) Minaccia, brontolio: muscolo canino, elevando la commisura labiale come per mostrare un dente canino.

12) Stupore: muscolo auricolare, frontale, occipitale con contrazioni associate.

13) Sensualità: muscolo nasale ed altri dilatando le narici

14) Riflessione, meditazione: muscolo orbicolare dell'occhio chiudendo la rima palpebrale.

Controllati dalle branche del nervo facciale, gli elementi muscolari che agiscono sulle labbra sono:

Il muscolo buccinatore: funziona comprimendo le guance alla dentatura, durante **la produzione del flusso aereo ossia il soffiare**. I neonati, ad esempio, lo utilizzano per l'atto della suzione.

Il muscolo orbicolare della bocca: è il muscolo che serve per stringere le labbra, quando si dà un bacio. Per questo motivo è detto anche muscolo del bacio.

La sua azione durante l'emissione dei suoni nel flauto deve essere parziale, ossia si deve limitare all'azione senza comprimere la parte del centro del foro che va formato per il passaggio del flusso aereo dal tubo fonatorio allo strumento.

Provvedono all'innalzamento delle labbra

Il muscolo elevatore del labbro superiore, il muscolo elevatore di naso e labbra, il muscolo elevatore degli angoli della bocca, il muscolo zigomatico minore e il muscolo zigomatico maggiore. Inoltre abbiamo il muscolo risorio, il muscolo depressore dell'angolo della bocca, il muscolo depressore del labbro inferiore e il muscolo mentale (rivedi immagine a pag.153)

5.4 - Funzioni delle labbra

Le labbra hanno svariate funzioni. Infatti, servono all'assunzione di cibo e all'articolazione dei suoni e della parola come precedentemente detto. Negli strumentisti a fiato giocano un ruolo molto importante per la produzione sonora che va dal produrre i suoni negli strumenti a bocchino abbinate alle correzioni di velocità di flusso, all'ottimizzazione del flusso aereo tra ance degli strumenti ad ancia e nelle correzioni della sua velocità nel flauto traverso e ottavino.

Correzioni sia di velocità in relazione agli stati di calore del flusso aereo deputato all'emissione del suono, sia di regolazione in durata dello stesso. Le correzioni aeree nella famiglia dei flauti dolci, invece, avvengono soprattutto con adeguamenti di apertura del cavo orale con giochi espressamente mandibolari, nell'ausilio di variazioni della base della lingua verso il palato molle e duro.

5.5 - Labbra e articolazioni della parola e dei suoni

Nel processo di articolazione delle parole, le labbra consentono all'essere umano di emettere, principalmente, i suoni delle consonanti labiali, bilabiali e labiodentali.

Inoltre, permettono il cosiddetto arrotondamento delle vocali. In fonetica, l'arrotondamento delle vocali fa riferimento alla forma più o meno rotonda presa dalle labbra, al momento dell'articolazione di una vocale.

Tra le **malattie delle labbra**, meritano sicuramente una citazione per gli strumentisti a fiato, gli episodi di cheilite. La cheilite è il termine medico che indica la presenza di un'infiammazione a livello labiale. Esistono varie forme di cheilite: la cheilite comune (o labbra screpolate), la cheilite angolare (che riguarda gli angoli della bocca), la cheilite infettiva (dovuta per esempio al virus Herpes labialis).

5.6 - La scuola tradizionale e il ruolo che viene attribuito alle labbra nella produzione del suono nel flauto: riflessioni e ricollocazione alla luce degli elementi studiati

Emettere un suono qualsiasi dal flauto senza impostare le labbra in una certa maniera risulterebbe molto complesso, soprattutto per i principianti.

Le labbra indirizzano il flusso aereo proveniente dai polmoni verso lo spigolo esterno-interno della boccoletta nel flauto ai fini che conosciamo, ovvero perturbare l'aria contenuta tra il caminetto interno della boccola e il suo esterno tra spigolo e pressione atmosferica.

La velocità del flusso aereo deve essere considerata il culmine di un processo semplice e nello stesso tempo complesso della produzione del suono nel flauto traverso, in tutti gli strumenti a fiato, e anche nel canto.

Aumenti minimi e/o sostanziali ne determinano variazioni timbriche di sonorità, di altezze dei suoni, di facilità o difficoltà nella produzione del vibrato e come vedremo nel capitolo delle tecniche flautistiche anche nei vari tipi di staccato.

Elemento primario della produzione del suono è, dunque, **la velocità del flusso aereo** dello strumentista.

Come si varia e quali dinamiche si generano per crearla

La qualità del suono nel flauto è attribuibile alla velocità del flusso aereo dello strumentista, e su questo punto si fondono tutti i compendi presenti in questo manuale.

Basti pensare che una corretta tensione labiale è fondamentale nel creare quell'aumento di velocità necessario a produrre un suono di una timbrica non opaca, ma con un'entità energetica tale da renderlo sostenuto e non flebile all'ascolto.

Un suono non sostenuto nella sua giusta velocità di flusso, può essere paragonato ad una persona che si muove nello spazio in maniera debole e senza la giusta energia per definirsi diritta, non in decadenza di movimenti.

Dal termine sostenuto, così come lo abbiamo identificato in una persona non ben retta ma debosciata nel suo movimento, andiamo a collocare dei suoni di flauto senza giuste energie appunto, con timbro opaco.

Le dinamica esposta è ottenibile con labbra molto aperte e non tese nei loro angoli.

Perché esistono questi tipi di suoni?

Una colonna aerea che non comprime in un modo adeguatamente energico l'aria contenuta nel tubo del flauto, non dovrebbe produrre dei suoni, semplicemente, con una sonorità piano o pianissimo?

Perché mai, invece, esiste nelle dinamiche di emissione del suono un tipo di timbro sonoro decompresso o stimbrato, senza colore, opacizzato, debole, ma non solo di sonorità piano?

La risposta la ritroviamo sempre nella questione legata alle diverse temperature delle colonne d'aria che interagiscono tra di loro nell'atto di compressione, per la formazione acustica del suono.

Da qui è nata la necessità di analizzare precedentemente (vedi pagg.99-100 del compendio n.3) le differenze ed i rapporti di compressione tra aria calda e aria fredda nelle loro interazioni, e di inquadrare gli aspetti che caratterizzano la pressione atmosferica con cui ogni giorno e in ogni momento della giornata lo strumentista a fiato, nonché cantante, interagisce.

Le labbra sono determinati per regolare le micro-velocità del flusso aereo nello strumentista al fine di poter sopperire al problema che la temperatura da cui proviene il suo flusso lo rende più leggero di quello contenuto all'interno dello strumento stesso e, ovviamente, della pressione atmosferica esterna con cui deve interagire al fine di produrre un suono sostenuto e non flebile nella sua timbrica ed intensità.

L'aria calda tende a salire non comprimendo quella più fredda.

Le particelle aeree calde sono più distanti tra loro di quelle fredde e l'impatto tra loro risulta poco energico; tuttavia, nel flauto, l'aria immessa dallo strumentista a prescindere dalla tensione labiale che porterebbe le particelle aeree a raggiungere una maggiore compattezza nella compressione, è aiutata in minima parte dalla perturbazione che si genera tra lo spigolo esterno della boccola e la pressione atmosferica e quindi anche dal taglio della boccoletta stessa oltre che delle sue dimensioni di foro.

Le caratteristiche dimensionali della boccoletta, il suo taglio e le dimensioni del suo foro, aiutano ad ovviare all'inconveniente fisico e fisiologico della produzione del suono tra flussi aerei con temperature diverse.

Altro supporto viene dato dal materiale in cui è costruito lo strumento nella sua capacità di conduzione di calore: temperature omogenee all'interno del tubo permettono atti di compressione adeguati che si riflettono sulla qualità del suono emesso.

Questo spiega anche la maggiore o minore facilità di emissione del suono nelle varie stagioni: in inverno è più complesso suonare anziché in primavera, in quanto l'aria con cui interagisce lo strumentista è più fredda e quindi più pesante da comprimere di quella primaverile più tiepida.

Le labbra ottimizzano il flusso aereo in entrata alla boccoletta, dunque, la loro azione sul flusso che avviene con un'azione di maggiore o minore compressione muscolare, rendono il flusso più compatto di quello proveniente dai polmoni. L'azione tensiva labiale genera suoni più sostenuti e pieni di quelli generati con labbra più aperte o troppo rilassate.

I suoni medi a partire dal do medio e si medio sono più semplici da emettere di quelli a partire dal fa grave al si grave nel flauto, soprattutto per i principianti. L'aria nello strumento si riscalda più facilmente per i suoni da emettere più vicini alla boccola rispetto a quelli più lontani. Le dimensioni della colonna area stessa, contenuta nel flauto, variano. I suoni medi si producono su masse aeree minori rispetto a quelli gravi. Questo è il motivo per cui è preferibile far iniziare i principianti dalle note do e si medi o dalla sola testata nelle prime lezioni. Il principio sostanziale è dato che masse aeree con peso minore e massa minore si comprimono più facilmente rispetto a masse aeree con peso maggiore e massa maggiore, richiedendo un'elasticità muscolare minore per i suoni medi e maggiore per i suoni più gravi nel loro sostegno di pulsazione.

La colonna aerea da comprimere per i suoni lontani dalla boccola, ossia i suoni a partire dal fa e mi grave, ha un peso maggiore per quantità di materia e quindi ha bisogno di un'energia maggiore che va individuata in maggiore velocità di flusso immesso dallo strumentista, a meno che non si usi un tipo di tecnica che la riscalda più facilmente. In queste differenze tecniche consistono i vari modi di approcciarsi allo studio del nostro strumento, tra coloro che insegnano di usare aria calda e quelli che insistono su uso di aria fredda con velocità maggiore nell'emissione sonora.

5.7 - Cosa genera nel flauto la realizzazione delle ottave

A generare la realizzazione delle ottave nel flauto è ovviamente sempre la maggiore o minore velocità del flusso aereo prodotta dallo strumentista. Il dubbio che si presentò nei miei studi era caratterizzato dal fatto che l'aumento di velocità aerea necessaria a produrre i salti di ottava, non potesse essere attribuibile alle labbra ed al "diaframma" in maniera esclusiva. A questo punto andavano chiariti il ruolo del tubo fonatorio tra tutte le sue parti mobili come mandibola, lingua, corde vocali, in relazione alle loro capacità di variare le velocità del flusso aereo prima e durante il suo ingresso nel tubo del flauto, nell'interazione con la pressione atmosferica. Iniziai a definire che le variazioni di velocità del flusso aereo prodotte dallo strumentista potevano essere misurabili in frequenza, a parità dei suoni prodotti nel flauto. Compresi che le differenze di velocità tra suoni prodotti e frequenze di flusso aereo ideali a produrli, avevano come diversità la periodicità o non periodicità della frequenza stessa. A questo punto potetti definire le frequenze aeree **pulsanti** a varie velocità i suoni emessi, e **periodiche lineari**, anch'esse a varie velocità, le frequenze aeree che servivano per sostenerle e/o emetterle. Nel compendio a pag.232 sulle tecniche del flauto vi parlerò di un software nato per supportare la didattica degli strumenti a fiato, progettato e brevettato da me e utile anche per la didattica del canto. Il software riproduce una tastiera che genera frequenze aeree lineari intonate per ogni ottava, riconducendole a dei flussi aerei intonati. Il flautista le può memorizzare e riprodurle con flusso aereo sonoro, generando una frequenza variabile del tipo fffffffffffffffffffffff che richiama ai suoni eolici nel flauto, ossia a soffi intonati senza suono definito.

Approfondiremo la questione nel compendio n. 7

Per frequenza lineare si intende una velocità di flusso che riporta un rumore di soffio ffffff ad una variazione di altezza, e riconducibile a delle variazioni di velocità di flusso ideali al sostegno ed emissione dei suoni da produrre con lo strumento. Si realizzano con una maggiore o minore tensione delle labbra le variazioni di frequenza del flusso aereo ideali alla produzione dei suoni da emettere nel flauto???

A dirci che **non sono le labbra** a modificare le variazioni di velocità ideali a produrre **ottave e grandi salti nel flauto,** sono le difficoltà di emissioni di un principiante che tenta di emettere suoni acuti cercando di stringerle sempre di più. Se si tenta di portare il labbro in avanti o stringerlo nella produzione dei suoni acuti si ottengono spesso suoni crescenti di intonazione e spinti, con attacchi imprecisi.

Le labbra reagiscono, invece, a variazioni di velocità che avvengono antecedentemente ad esse e conseguenzialmente alla produzione dei suoni nello strumento. Sono essenziali per il controllo della fuoriuscita "troppo in fretta" del fiato nei principianti, per ottimizzare lo stesso flusso in ingresso allo strumento, per contribuire a variazioni timbriche e favorire dinamiche sonore senza cambi di intonazione. Cosa allora fa variare, a prescindere anche dall'Intensità del flusso aereo, la velocità del flusso relativo all'emissione e sostegno dei suoni tra le varie ottave nello strumento?

Sono i micromovimenti che variano le aperture del tratto orofaringeo, dati dalla mandibola, dalla lingua tra la sua base ed il palato, che attraverso la pronuncia graduale in micromovimento tra le vocali O ed I, possono far variare l'apertura del tratto denominato "tubo fonatorio" con conseguenti variazioni di velocità di flusso.

Variazioni minime di velocità di flusso aereo vengono ottenute anche dalla diversa posizione della laringe sopra la trachea, dalle contrazioni negative dei muscoli costrittori della faringe che possono generarsi nei principianti nell'emissione dei suoni, dalle tensioni labiali laterali consentite e centrali non consentite.

Cosa fa la glottide durante queste modulazioni di aumenti di velocità di flusso durante l'emissione dei suoni?

Se visioniamo i movimenti delle corde vocali, per glottide si intende lo spazio che le corde formano, durante la produzione dei suoni, esse hanno atteggiamenti diversi a seconda delle altezze dei toni prodotti e degli strumentisti che eseguono. La letteratura su questo tipo di studi è molto nutrita, come abbiamo potuto constatare nei compendi precedenti; si ferma però molto alle osservazioni di cosa accade nella gola dello strumentista a fiato senza tracciarne ipotesi o tesi sui perché accade.

I collegamenti interdisciplinari per tracciare un quadro chiaro sul fenomeno ed i suoi principi, in relazione all'arte del suonare il flauto e gli strumenti a fiato è molto vasto, come si evince da questo testo. Ritorniamo al nostro studio analitico: nei principianti la glottide durante l'emissione delle varie altezze dei suoni prodotti sul flauto è più aperta che nei professionisti, attribuiamo alla glottide ossia alle corde vocali il ruolo di sostegno dei suoni prodotti sugli strumenti a fiato, alle labbra l'ottimizzazione dagli stadi di calore del flusso aereo che comprime l'aria nei tubi degli strumenti e alla lingua e alla mandibola le variazioni di velocità necessarie per la produzione dei vari suoni nelle diverse altezze tonali. Le labbra non devono mai mollare la tensione laterale che gli attribuiamo in partenza, devono assolutamente agire in maniera reattiva alla regolazione del flusso aereo in velocità per le altezze dei vari suoni. L'orifizio che si forma al loro centro, che possiamo definire il punto di unione tra il flauto e il tubo fonatorio, non deve essere forzato con azioni volontarie incentrate su di esso, sarebbe un errore gravissimo, al pari di stringere i muscoli costrittori della deglutizione e costrittori della faringe. Ciò limiterebbe il passaggio aereo libero di cui tutte le scuole di flauto professano nel loro dire di "non stringere labbra e gola quando si suona". Si avrebbe una

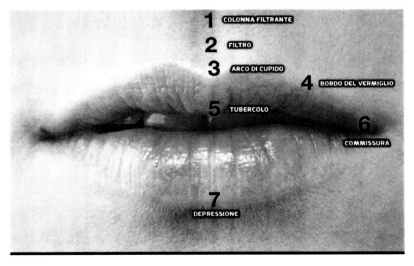

ipervelocità di flusso rispetto a tutte le frequenze da emettere e sostenere che limiterebbe una sonorità piena in tutte le sfumature coloristiche dei suoni prodotti. Tensioni labiali da avere non nella sua parte centrale nella zona detta tra tubercolo e depressione, ma nelle zone che vengono definite angoli bassi delle labbra, o commissura labiale. Nei principianti l'apertura della glottide maggiore che nei professionisti, può a mio avviso essere attribuita non solo a un uso non cosciente delle **labbra** (troppo aperte), ma anche ad una **mancata elasticità dei muscoli vocali** deputati al sostegno dei suoni e ovvero: i muscoli cricoaritenoidei laterali e posteriori tra loro antagonisti, i muscoli cricotiroidei deputati al sostegno e produzione dei suoni acuti, i muscoli tiroaritenoidei e aritenoidei trasversi con una tensione minore di quella che viene associata alla produzione vocale. Ancora l'apertura eccessiva della glottide nei principianti può essere associata ad una cattiva gestione delle variazioni di velocità del flusso aereo tra mandibola, posizione della lingua nella vocalizzazione I-O, e/o alla posizione troppo bassa della laringe. In pratica labbra troppo aperte e altresì apertura del tubo fonatorio troppo ampio rispetto alle frequenze dei suoni da emettere e sostenere, generano aperture della glottide più elevate nei principianti rispetto ai professionisti che hanno muscoli più tonici e allenati in relazione al sostegno e alla qualità dei suoni emessi.

5.8 - Ricapitolando: le fasi della produzione del bel suono

Il suono nasce da un atto di emissione del flusso aereo che dai polmoni passa per la glottide che si chiude leggermente durante il momento espiratorio senza emissione di suono e si apre durante atto inspiratorio, ad opera dei muscoli cricoaritenoidei laterali in espirazione e posteriori per inspirazione. Saranno soprattutto questi muscoli appartenenti alle corde vocali ad agire in stato di contrazione maggiore nell'emissione del suono nel flauto e negli strumenti a fiato, rispetto alle loro tensioni abituali della respirazione tranquilla. Nell'emissione del suono negli strumenti a fiato la chiusura della glottide è maggiore che in espirazione e varia da strumento a strumento nonché da strumentista a strumentista. In relazione alle conformazioni sia vocali che orofaringee interagenti con i diversi tipi di strumenti a fiato si ha una maggiore adduzione delle corde, ossia chiusura della rima glottica, negli strumenti con altezze tonali crescenti ad eccezione dell'ottavino, che tratteremo nel compendio n. 8 a pag. 276.

Si avranno: adduzione glottica in atto di compressione nella fase tra nodo della pulsazione, seguita da una leggera e ulteriore adduzione sfociante in abduzione nella fase di sostegno del suono nella fase ventrale; il gioco muscolare tra la generazione del suono ed il suo sostegno avviene tra i muscoli cricoaritenoidei laterali nella fase nodale o della cresta/compressione e cricoaritenoidei posteriori che si oppongono all'azione dei muscoli cricoaritenoidei laterali nella fase del ventre o produzione del suono. La prima fase si definisce pressione aerea maggiore con pressione acustica minore e viceversa la seconda fase, ossia pressione acustica maggiore ed aerea minore, quella del ventre della pulsazione. Nell'ottavino, invece, la glottide tende ad aprirsi e a non chiudersi durante l'emissione dei suoni!!!!

Si nota una marcata funzionalità dei muscoli cricoaritenoidei posteriori (quelli deputati alla funzione inspiratoria). Nel compendio n. 8 lo assoceremo ad un flusso aereo nella sua globalità di pulsazione che ha più pressione nella fase opposta della produzione del suono, ossia dalla parte terminale dello strumento verso la boccoletta. Il fenomeno esposto sarà associato ad una marcata velocità del flusso aereo prodotto tra lo strumento, lo strumentista e la pressione atmosferica.

Bisogna pensare sempre a due flussi aerei che interagiscono nell'emissione del suono negli strumenti a fiato e nel canto, uno che va verso l'esterno ed un altro che si muove verso l'interno, con variazioni di velocità diverse e relative alle varie tipologie di strumenti a fiato nelle loro estensioni; altrettanto dicasi per il flusso aereo emesso dai cantanti in relazione alle loro estensioni tonali, ossia: basso, baritono, tenore, contralto, mezzosoprano, soprano. La velocità aerea maggiore la ritroviamo nella voce di soprano e la minore in quella del basso, anche se non è possibile tracciare dei parametri oggettivi. La velocità aerea in uscita dal cavo orale è suscettibile di variazioni relative a posture e conformazioni diverse dello stesso tratto orofaringeo da individuo a individuo, con le variabili dinamiche di azione su di essa in relazione ai vari tipi di imboccatura: imboccatura libera nel flauto e ottavino, ad ancia, a bocchino per gli altri strumenti a fiato. Le labbra svolgono un ruolo fondamentale atto alla variazione dello stato di velocità del flusso aereo emesso e proveniente dai polmoni e relativo alla correzione dello stato di poca compattezza delle particelle che lo formano, in virtù delle temperature termodinamiche maggiori rispetto all'aria esterna. Le labbra nella loro modalità operativa, per questo motivo, sono tra gli elementi fondamentali del sistema legato alla ricerca del bel suono nei vari strumenti a fiato.

Negli strumenti ad ancia le labbra operano sulle ance ai fini della correzione del flusso aereo; tra il bocchino e il labbro per gli ottoni; sui soli muscoli labiali per il flauto e l'ottavino; sulle dimensioni del cavo orofaringeo agendo sulle sue aperture tra movimenti della mandibola e della base della lingua tra il palato e il pavimento della bocca per i flauti dolci. Ovviamente il discorso sul modo di variare le velocità del flusso aereo per l'emissione delle ottave attraverso posizioni della lingua, della mandibola e del tubo fonatorio è valido per tutti gli strumentisti a fiato. Essi devono evitare di incidere troppo sulle ance o sulle labbra che comprimono il bocchino negli ottoni, ossia sulla parte centrale del foro che si crea tra le labbra e il contatto tra i vari tipi di imboccatura strumentale. Queste considerazioni nascono per favorire un corretto atto di compressione dell'aria contenuta tra gli strumenti a fiato e la pressione atmosferica tra portata, intensità e velocità aeree nell'emissione dei suoni.

Tra la ricerca delle ottave, nella flessibilità di emissione nei grandi salti nel sostegno reattivo equilibrato delle corde vocali che donano al suono degli strumenti a fiato la morbidezza e l'elasticità tipica dei suoni vocali correttamente emessi, bisogna rendersi conto che delle basi teoriche salde aiutano gli strumentisti a formarsi con una diversa coscienza professionale. Il ruolo dei muscoli respiratori sarà approfondito nel paragrafo sulla respirazione "Anatomica" nel compendio generale sulla respirazione.

Il suono del flauto e degli strumenti a fiato si forma tra i muscoli vocali, l'aria contenuta negli strumenti e la pressione atmosferica, è tra questi elementi che prende vita quella che continueremo a chiamare "corda d'aria a stati di tensione variabili". Tra questi elementi prende forma la magia di un suono pieno, aperto, chiuso, coperto, ben proiettato, opacizzato, e tutti i suoi attributi possibili, trovando ora collocazione e motivazione in micro stati di aumenti o diminuzioni di velocità di flusso supportati da elasticità di sostegno muscolare nelle variazioni aerodinamiche. Tutti gli esercizi già in uso, e gli altri che vi proporrò, devono essere collocati tra il sapiente uso di questi elementi, al fine di acquisire o perfezionare una tecnica che ci libera da tutti i dubbi. Attribuiamo le variazioni di timbro del suono alle micro-variazioni di velocità di flusso aereo che avvengono tra le modifiche delle pressioni muscolari attive e reattive. Definiamo attive dove possiamo agire e reattive dove dobbiamo fare in modo che le reazioni avvengano conseguentemente alle azioni, nella ricerca di non generare rigidità. Collochiamo la zona della gola, delle corde vocali e soprattutto nelle muscolature denominate "costrittori della faringe e della deglutizione" in quelle da liberare da le tensioni inutili e nocive e su cui non bisogna agire in maniera attiva, ma "del sapere come fare" affinché si possano creare reazioni conseguenziali alle azioni compiute in maniera naturale e mai "costretta". Questi aspetti saranno ripresi nel compendio sulle tecniche del flauto. Per concludere affermiamo che le labbra non sono le principali attrici delle variazioni di altezze tonali nel flauto, come spesso si legge nei metodi contemporanei e storici; esse, invece, ottimizzano il flusso aereo in ingresso nel tubo del flauto e strumenti a fiato, lo ottimizzano in relazione al suo stato di calore e umidità rispetto al grado termico del flusso aereo presente tra lo strumento e la pressione atmosferica che si andrà a comprimere nella ricerca del bel suono. Aumentare la velocità del flusso aereo in ingresso nei vari strumenti a fiato vuol dire rendere l'aria dello strumentista più compatta nelle particelle che la compongono, e dunque dare ad essa una capacità di compressione maggiore sull'aria contenuta negli strumenti ed in contatto con la pressione atmosferica, negli obiettivi della ricerca delle giuste sonorità.

COMPENDIO n. 6

La respirazione fisica e fisiologica nelle modalità operative, tra senso dei processi corretti da attuare nelle tecniche del flauto, del canto e negli strumenti a fiato

TUTTE LE NOSTRE EMOZIONI SI ESPLICANO NELLA RESPIRAZIONE.

NOI SIAMO IL FRUTTO DELLA NOSTRA RESPIRAZIONE

E LA RESPIRAZIONE E' IL FRUTTO DI NOI STESSI

$$P = \frac{F}{S}$$

6.1 - La respirazione fisica

Quasi sempre il fenomeno respiratorio nell'uomo è trattato sul piano dello studio dei muscoli che lo regolano e quasi mai sul piano dell'approccio aerodinamico che lo rende possibile. La controversa questione di chi sostiene che la respirazione sia un atto passivo e chi sostiene invece che sia un atto attivo può essere così risolta: la respirazione è un atto che avviene naturalmente e che può essere controllato in maniera consapevole da chi lo compie. Analizzeremo le differenze di pressioni aeree che ci sono tra interno del cavo orale fino ai polmoni, nel connubio con la pressione atmosferica esterna, sia in fase passiva che attiva del fenomeno respiratorio.

Inizieremo a soffermarci sull'elemento fondamentale che rende la respirazione possibile, ossia l'aria. Evitando di ribadire da quali gas è composta (vedi compendio n.1 pag.22) non possiamo esimerci dal dire che essa è una materia allo stato fluido formata da diversi gas, risulta facilmente comprimibile e per questo motivo le sue particelle possono essere facilmente condensate o rarefatte, avendo in virtù di tali stadi maggiore o minore azione di comprimibilità, ossia di pressione. L'aria è formata da materia elastica perfettibile e variabile.

Per pressione si intende una forza che agisce su una superficie, essa può essere espressa con la formula: $P=F/S$.

Soffermiamoci sui due stadi fondamentali delle molecole che la compongono: CONDENSAZIONE (particelle ravvicinate), RAREFAZIONE (particelle allontanate).

Gli stati di condensazione e rarefazione aerea possono essere regolati da azioni sulla sua materia gassosa, sia in stati di moto, sia di variazione termica. È proprio sulla variazione termica che propongo di soffermarci. L'aria calda è meno condensata di quella fredda, per questo motivo ha meno capacità di pressione e, per intenderci, di spinta di quella fredda. Uno strato di aria fredda, incontrando uno di aria calda ne è attratto ad esso per differenziale di energia pressoria. Spesso si sente dire dai meteorologi che masse di aria fredda, hanno incontrato masse di aria calda e si sono mosse verso di loro, generando venti e movimenti atmosferici. Un'alta pressione aerea (aria condensata) è attratta verso una bassa pressione aerea (aria rarefatta), generando un movimento di flusso.

Ma cosa c'entra questo con il fenomeno respiratorio?

C'entra nello stesso modo con cui un flusso aereo ad alta pressione (molecole condensate) si muove naturalmente verso una zona di bassa pressione (molecole rarefatte), dando vita al moto dell'aria stessa.

Vi siete mai chiesti come sono le particelle dell'aria tra il nostro corpo, dai polmoni alla bocca, rispetto a quelle della pressione atmosferica?

La risposta è semplice: condensate quelle della pressione atmosferica e progressivamente rarefatte quelle che vanno dalla bocca ai polmoni.

Dalla bocca ai polmoni c'è un progressivo stato di aumento di calore, ed è quello il motivo per cui l'aria può entrare nel cavo orale senza spinte esagerate che potrebbero danneggiarci. La sua velocità di ingresso varia progressivamente con il variare degli stati di temperatura, essa decresce tra stati di calore progressivi.

L'aria viene espulsa dai polmoni con velocità sempre più decrescente data dalle diverse forme degli organi che deve attraversare. Si parte dallo stretto passaggio dei bronchioli, al più aperto passaggio tracheale e modulazione della glottide, fino alla bocca che variando le sue aperture, evita una velocità troppo crescente in uscita al fine di evitare una reazione troppo forte della pressione atmosferica che potrebbe bloccarne il flusso.

L'aria più veloce che si genera nel cavo orale durante l'espulsione del fiato ha le particelle meno rarefatte rispetto a quelle che si generano con il calore corporeo fino ai polmoni, ma ovviamente altamente più rarefatte della pressione atmosferica con cui, in questo stato, gioca con essa un rapporto di lieve compressione.

Si generano zone di bassa e alta pressione che modulate dalla natura che ci ha concepito, crea l'atto respiratorio possibile.

Ovviamente le energie aerodinamiche che si muovono in queste contingenze sono davvero di bassa entità, ma se non ci fossero i meccanismi esposti, la respirazione non potrebbe avvenire. Infatti ad alte temperature esterne la respirazione dell'uomo diventa molto faticosa; le molecole dell'aria equiparandosi in stati di rarefazioni simili si urtano una con l'altra dando il senso di affaticamento nel passaggio esterno- interno e viceversa.

La respirazione alterna dunque fasi di compressione e decompressione del flusso aereo in stati modulati di energie verso l'esterno, alternate ad energie che si muovono verso l'interno.

In queste condizioni vengono coinvolti specifici muscoli vocali preposti a ciò: i cricoaritenoidei posteriori in fase inspiratoria e cricoaritenoidei laterali in fase espiratoria, che senza gli attriti necessari dettati dalle condizioni aerodinamiche, non potrebbero sincronicamente agire e reagire.

Maggiore adduzione vocale nella fase espiratoria, mentre al contrario nella fase inspiratoria massima abduzione muscolare.

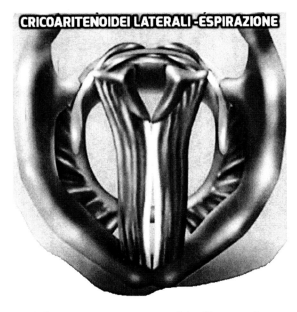 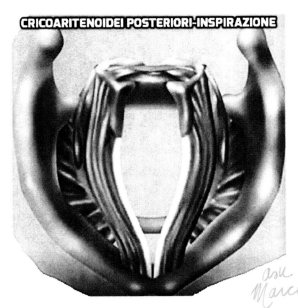

Se ci fosse stata una parità di pressione aerea tra cavo orale e pressione atmosferica, la seconda non potrebbe entrare come la prima non potrebbe uscire: troppa sarebbe la spinta esercitata sul nostro fiato dalla pressione atmosferica, se dai polmoni all'uscita non ci fosse un condotto delineato da ponti in cui l'aria va più veloce ed altri in cui rallenta; troppa sarebbe la spinta dell'aria ai polmoni nella fase inspiratoria se non ci fossero delle progressive rarefazioni del flusso che perde velocità decomprimendosi, grazie al calore dell'aria che aumenta dalla bocca ai polmoni.

L'aria calda ha dunque una spinta minore sull'aria fredda e viceversa la fredda una spinta maggiore sulla calda, per intenderci più facilmente.

L'aria calda, quindi, rispetto a quello più fredda, tende ad oltrepassarla senza comprimerla, in quanto la riscalda e la rende a piccoli strati dolcemente deformabile.

Far proprio questo concetto aiuterà molto i cantanti e gli strumentisti a fiato a capire fino in fondo le dinamiche che si generano nella produzione del suono, sia nella voce che nei vari strumenti.

Durante la produzione del suono negli strumenti a fiato se l'aria calda si muove troppo lentamente su quella fredda (interno bocca e suo esterno tra strumento a fiato e pressione atmosferica), le reazioni di compressione saranno davvero minime: l'aria calda oltrepassa l'aria fredda senza ottenere un'azione sinergica con essa se non minima in quanto tende a riscaldarla e renderla più flessibile ad uno spostamento che ad una compressione. In questo stato i suoni prodotti non avranno la giusta energia per essere considerati sostenuti e quindi avranno una presenza acustica tale da poterli definirli stimbrati, a prescindere dalle sonorità forte o piano.

Ad incremento di velocità del flusso dello strumentista e/o ad incremento di riscaldamento dell'aria contenuta nel flauto, si potranno avere aggiustamenti dei toni prodotti. Le energie aerodinamiche diverse, in relazione ai suoni prodotti, si rifletteranno sulle corde vocali in un'azione adduttiva delle stesse, simile ma non uguale a quella della fonazione cosciente, azioni che richiamano l'atto espiratorio e per riflesso ad esso a quello inspiratorio in stati di energie e tempistiche di movimento minori di quelle della produzione vocale. Le energie aerodinamiche che si creano, invece, durante la produzione vocale attiva, tra pressione atmosferica e cavo orale generano dei momenti ciclici di abduzione e adduzione delle corde vocali, dando inizio al moto vibratorio che produce il suono vocale. L'attività dei muscoli vocali rispetto a quella sola strumentale durante la produzione canora, è caratterizzata da corde vocali non solo addotte ma aumentate anche in lunghezza su base antero-posteriore della loro posizione nella laringe, per azione cosciente su altri muscoli detti tiroaritenoidei, aritenoidei trasversi e obliqui (vedi compendio n. 2 pagg.76-77). La maggiore tensione in lunghezza, dona loro l'elasticità necessaria affinché si possano produrre quei suoni che generano, grazie alle cavità di risonanza orofaringee, la voce umana; cosa che non avviene nei suoni prettamente strumentali dove le corde, anche risultando addotte, o riflettendo su di esse le pulsazioni aeree che avvengono negli strumenti a fiato, non sono abbastanza tese tra le cartilagini tiroidea e aritenoidee (muscoli tiroaritenoidei) e i muscoli detti aritenoidei trasversi in maniera tale da produrre suoni vocali.

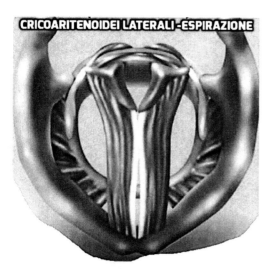

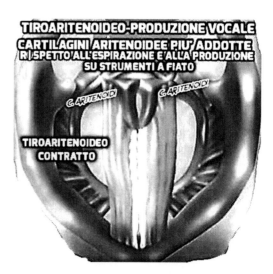

In virtù di tale analisi la respirazione nelle fasi inspiratorie ed espiratorie potrebbe essere considerata, a mio avviso, una preforma dell'evento sonoro canoro, ovvero adduzioni e abduzioni che si muovono nell'arco del tempo in stati di tensioni minori sia rispetto alla produzione strumentale che di quella vocale.

Non a caso attraverso la respirazione l'uomo esplica tutte le forme di emozioni che varia in intensità di respiro, quali: panico, calma, amore, esasperazione, declamazione, espressione di concetto, gioia, dolore, rabbia, eccetera, eccetera.

Al variare delle emozioni provate cambia il ritmo della sua respirazione, al variare dei suoni e dei ritmi nella musica variano le emozioni che si intendono suscitare o evocare negli ascoltatori. Lo studente di musica deve essere esortato a trovare i giusti ritmi respiratori durante le esecuzioni musicali al fine di saper "interpretare gli stati emozionali contenuti nel discorso musicale", che dai tempi, alle dinamiche e struttura del brano, potrebbe essere assimilato ad uno stato respiratorio emozionale. La respirazione sta alla musica come la vita sta al suo atto primordiale e finale: il respiro. Attraverso la respirazione avviene, soprattutto, lo scambio tra ossigeno e anidride carbonica nel nostro organismo.

Per l'attività complessiva delle cellule una persona a riposo consuma 200 ml di ossigeno al minuto, mentre durante uno sforzo fisico questa attività aumenta da 15 a 20 volte.

L'anidride carbonica (CO_2) è un gas che viene prodotto nell'organismo a seguito dei processi metabolici che ne assicurano il funzionamento complessivo.

È una specie di gas di scarico, il cui eccesso deve essere eliminato.

Ciò avviene normalmente attraverso la respirazione: ad ogni atto respiratorio gli alveoli polmonari fanno entrare l'ossigeno dell'aria nel sangue e restituiscono all'aria l'anidride carbonica in eccesso.

Quando la funzione respiratoria è compromessa da uno stato di malattia polmonare, i polmoni non riescono ad eliminare tutta l'anidride carbonica che dovrebbero eliminare: si parla di "insufficienza respiratoria". Così, la concentrazione del gas nel sangue aumenta e si instaura una condizione detta di "ipercapnia" (o insufficienza respiratoria ipercapnia). I sintomi che ne derivano dipendono da quanto aumenta la CO_2 nel sangue, ma anche da quanto sia in causa un fatto acuto (esempio, una bronchite grave o una polmonite diffusa) oppure una condizione cronica.

Nel caso di evento acuto, anche modeste elevazioni del gas nel sangue determinano sintomi: sopore, mal di testa, mancanza di forze. Nel caso di un fatto cronico, come nella malattia polmonare cronica della fibrosi cistica, l'ipercapnia si ha negli stadi molto avanzati della malattia: in genere le piccole elevazioni di CO_2 nel sangue non danno sintomi particolari, perché vi è un graduale adattamento dell'organismo a questa condizione. Quando i livelli di CO_2 sono molto elevati si può avere sopore e senso di stordimento, profonda astenia, mal di testa, estremità molto calde. Livelli di CO_2 elevatissimi possono portare, oltre che ad uno stato di incoscienza (narcosi), a depressione del centro respiratorio cerebrale fino all'arresto del respiro.

anxiogenic

Considerazione personale

CO2   deducted exceedingly   bad

L'anidride carbonica può essere trattenuta oltremodo nell'organismo da un cattivo modo di respirare, producendo stati ansiogeni o patologici che potrebbero colpire gli strumentisti a fiato che fanno uso della respirazione in maniera più marcata rispetto agli altri?

Un'espulsione più veloce del respiro potrebbe creare una contropressione aerea atmosferica atta a creare un fenomeno di cattiva espulsione dell'anidride? Non ci sono al momento studi sull'argomento!

L'anidride carbonica (nota anche come biossido di carbonio o più correttamente diossido di carbonio) è un ossido acido (anidride) formato da un atomo di carbonio legato a due atomi di ossigeno. È una sostanza fondamentale nei processi vitali delle piante e degli animali. È ritenuta uno dei principali gas serra presenti nell'atmosfera terrestre. È indispensabile per la vita e per la fotosintesi delle piante, ma è anche responsabile dell'aumento dell'effetto serra. L'anidride carbonica è essenziale per la respirazione interna del corpo umano. La respirazione interna è il processo attraverso il quale l'ossigeno è trasportato ai tessuti del corpo e l'anidride carbonica è allontanata da essi. L'anidride carbonica è un guardiano del pH del sangue, che è essenziale per la sopravvivenza. Il sistema tampone in cui l'anidride carbonica svolge un ruolo importante è detto tampone a carbonato ed è composto da ioni di bicarbonato e da anidride carbonica dissolta, con acido carbonico. L'acido carbonico può neutralizzare gli ioni dell'idrossido, che aumenterebbe il pH del sangue una volta aggiunto. Lo ione bicarbonato può neutralizzare gli ioni idrogeno, che causerebbero una diminuzione nel pH del sangue una volta aggiunto. Sia un aumento che una diminuzione del pH costituiscono una minaccia per la vita. Oltre ad essere un tampone essenziale nel sistema umano, l'anidride carbonica è nota per causare effetti sulla salute quando la sua concentrazione eccede un determinato limite. I principali pericoli per la salute causati dal diossido di carbonio sono: asfissia e congelamento.

L'asfissia è causata dal rilascio di anidride carbonica in una zona confinata o non ventilata. Ciò può abbassare la concentrazione di ossigeno ad un livello che è subito pericoloso per salute umana.

Nel congelamento l'anidride carbonica solida si trova sempre a temperatura inferiore ai 7-8 gradi C a normale pressione atmosferica, senza considerare la temperatura dell'aria.

Il maneggiamento di tale materiale per più di un secondo o due senza protezione adeguata può causare le serie vesciche ed altri effetti indesiderabili.

L'anidride carbonica gassosa liberata da un estintore, ad esempio, può causare simili effetti.

Damage

Danneggiamento di reni o coma. Ciò è causato da una alterazione dell'equilibrio chimico della soluzione tampone del carbonato. Quando le concentrazioni di anidride carbonica aumentano o diminuiscono, inducendo un disturbo nell'equilibro, può verificarsi una situazione minacciosa per la vita.

Fonti: http://wwwoism.org/pproject/s33p36.htm

http://cdiac.ornl.gov/pns/faq.html

http://www.ilpi.com/msds/ref/carbondioxide.html

Living in the Environment, un libro di G. Tyler Miller

Read more: http://www.lenntech.it/anidride-carbonica.htm#ixzz45ZGzjZF3

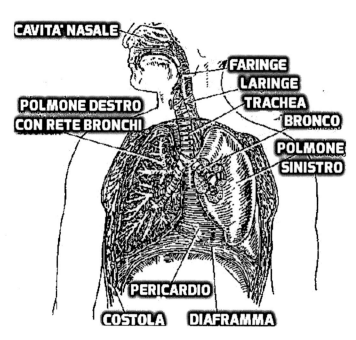

L'aria immessa nei polmoni dallo strumentista a fiato nella fase detta inspiratoria, deve considerarsi l'energia principale per la produzione dei suoni. I polmoni sono due e si trovano nell'elastica gabbia toracica, poggiando sul diaframma. Il diaframma è una grossa e ampia membrana muscolare orizzontale, dove, attraverso dei fori passa la vena aorta, altre vene e l'esofago; divide il torace dall'addome. È un muscolo mobile avente movimenti verso l'alto e il basso. Separa l'apparato respiratorio e il sistema cardiaco dai visceri addominali.

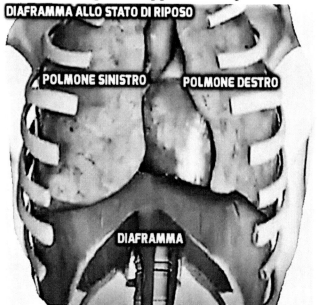
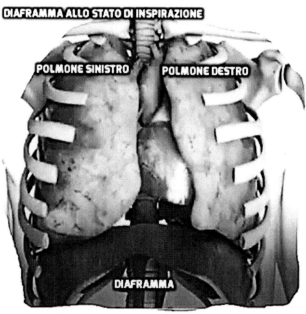

Il diaframma è il regolatore della nostra colonna aerea, sia in fase inspiratoria che espiratoria. Può essere considerato sia un muscolo attivo che passivo. La respirazione dunque deve essere considerata un atto vitale sia attivo che passivo. La scienza considera l'inspirazione fisiologica completa, costo-diaframmatico-addominale, la sola propizia al canto e, ritengo, nello stesso modo anche negli strumenti a fiato.

I muscoli intercostali e dell'addome, controllano l'elasticità dei movimenti diaframmatici, in discesa durante l'inspirazione e in salita durante l'espirazione. Gli intercostali esterni operano durante l'inspirazione, opponendosi all'opera dei muscoli addominali che operano durante l'espirazione.

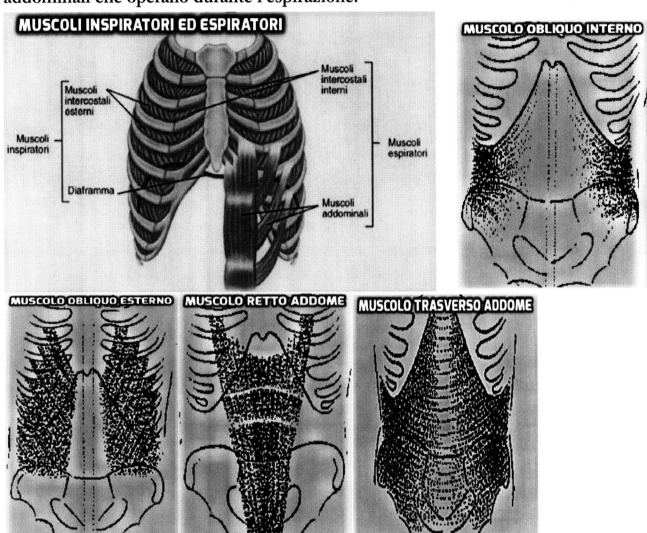

Il diaframma si pone al centro di questi meccanismi.

La sua azione controllata dal nervo frenico termina nell'atto inspiratorio. In questa opposizione muscolare si creano i presupposti per il sostegno dei suoni nella regolazione del flusso aereo in atto espiratorio in maggiore o minore intensità-velocità.

I muscoli intercostali interni operano nell'atto espiratorio invece, soprattutto negli atti di espirazione forzata, opponendosi a quelli intercostali esterni.

I muscoli intercostali interni sono un gruppo di muscoli scheletrici estesi fra le coste. Sono 11 per lato. Si estendono anteriormente dallo sterno tra le cartilagini delle coste vere e dalle estremità anteriori delle cartilagini costali delle coste false, e arrivano posteriormente fino all'angolo costale, per poi arrivare alla colonna vertebrale attraverso la membrana intercostale posteriore.

Ogni singolo muscolo ha origine dalla superficie interna della costa o della cartilagine costale e si inserisce sul solco superiore della cartilagine sottostante. Sono innervati dai nervi intercostali. Le fibre si dirigono obliquamente in direzione opposta a quella dei muscoli intercostali esterni. Sono muscoli espiratori in quanto sono in grado di abbassare e portare indietro le coste, comprimendo la gabbia toracica e favorendo la fuoriuscita d'aria. Come tutti i muscoli espiratori sono usati solo in caso di espirazioni forzate e non nella espirazione normale che è un processo passivo. Essi sono antagonisti degli intercostali esterni. Quando il diaframma scende provoca un appiattimento nella zona addominale e quindi un allargamento, dato che il volume del ventre è pressoché costante. La massa dell'addome incontra in basso la resistenza del bacino e posteriormente quella della colonna vertebrale, si espande soprattutto lateralmente e anteriormente. Sono interessati in questa manovra i muscoli toracici, addominali e anche dorsali, tutti atti ad ottenere la maggiore espansione polmonare e mai massima, in quanto complessa da controllare. In fase di espirazione il flusso aereo si indirizza verso il tubo della trachea, lasciando i polmoni attraverso gli alveoli e la ramificazione bronchiale, giungendo ai muscoli vocali inseriti nella laringe. Il controllo addominale è importante sia in fase di inspirazione che di espirazione.

Il ciclo respiratorio a riposo è dovuto ad attivazione muscolare solo nella fase inspiratoria, nella fase espiratoria il diaframma tende passivamente a tornare alla situazione di partenza.

Nel canto e negli strumenti a fiato questo movimento passivo richiede di essere regolato, sempre mantenendo una forma di equilibrio respiratorio che non generi contrazioni elevate negli stessi muscoli respiratori, e in quelli che tendono a chiudere la gola, ovvero i costrittori della faringe. Si genera la necessità che il flusso espiratorio sia controllato da livelli pressori muscolari messi in atto da azioni antagoniste tra loro, che non ne disperdano velocemente l'aria espirata sia nel canto che negli strumenti a fiato. È necessario imparare a gestire quello che viene definito mantice respiratorio, quale sistema antagonista che si genera nella produzione del canto artistico e del suono negli strumentisti a fiato.

Questi ultimi, come i cantanti, non necessitano solo di un flusso aereo quantitativamente e qualitativamente adeguato, ma di modalità particolari di controllo del fiato, che sono alla base di tutte quelle metodiche, definite negli strumenti a fiato di controllo e ricerca della bella sonorità.

Il controllo del suono negli aerofoni, a parità dei cantanti può definirsi di appoggio o sostegno dello stesso.

Il termine appoggiare il suono si può usare negli strumenti a fiato in riferimento al sostegno che il fiato e i muscoli vocali devono dare a quei suoni che possono risultare calanti di intonazione, ma anche poco vivi o brillanti o da controllare nella loro altezza tonale.

Il flusso dell'aria durante l'espirazione deve essere regolare, continuo ed equamente distribuito a seconda dei caratteri di altezza, di intensità e di timbro da dare al suono che viene prodotto.

Una buona e corretta respirazione è dunque fondamentale sia nel canto artistico che negli strumenti a fiato: è importante capire come assimilare le giuste manovre da realizzare per gestire il "mantice respiratorio".

Il flusso dell'aria durante l'espirazione dovrà essere modulato in intensità e velocità, a seconda delle esigenze sonore da realizzare.

Le manovre vanno dall'altezza dei suoni alla loro intensità, nonché alle variazioni timbriche che si desiderano dare, sia nel canto che nella produzione strumentale.

Una soluzione globale atta al sostegno dei suoni negli strumenti a fiato e nella produzione della voce artistica va ricercata nel controllo di tutte le parti mobili presenti nel sistema stesso, tra muscoli e altri organi preposti alle variazioni dinamiche del flusso aereo come la lingua e la mandibola.

L'appoggio negli strumenti a fiato consiste nel sostegno che si vuole dare al suono nel tipo di contatto che si stabilisce fra fiato e muscoli che lo regolano, così, come nella voce artistica si realizza tra fiato e corde vocali.

Senza appoggio il suono è flaccido, non ha corpo, annega in un mare di aria.

A sentire un suono non ben appoggiato si ha l'impressione sempre di una corrente d'aria, di uno spiffero, ed facile provare che un suono non appoggiato non è in grado di ricevere variazioni d'intensità.

È infatti solo grazie all'appoggio che si può diminuire od aumentare la forza del suono. Se non ha appoggi, il suono non può essere trattato. Attivare un muscolo significa metterlo in tensione, abbiamo visto come si manifesta questa azione nei muscoli coinvolti nella respirazione tra addome, diaframma e muscoli intercostali, tra loro antagonisti. Il grado di antagonismo tra i muscoli citati può essere variabile e possiamo parlare di appoggio, sostegno o prolasso durante l'emissione dei suoni vocali, e nell'emissione del suono sugli strumenti a fiato.

L'appoggio è quella condizione che permette il controllo del diaframma nel suo "allargamento" tramite l'azione dei muscoli intercostali esterni che mantengono ampio il suo perimetro (come la pelle di un tamburo ben tirata), quindi ne controllano la spontanea tendenza a risalire, facendo sì che non sia intempestiva ma legata alle esigenze dinamiche dell'emissione (piani, forti, acuti, gravi, ecc.): è la componente esaltata nei dettami dello "spingi in basso e in fuori" o del "sedersi sul fiato.

(da La voce del cantante, Saggi di foniatria artistica, a cura di Franco Fussi, Torino, Omega, 2000, pag. 70)

Il diaframma opera solo durante l'inspirazione attraverso il nervo frenico, tutte le altre attività le compie passivamente ad opera dei muscoli intercostali ed addominali. L'emissione vocale e quella strumentale è una forma di espirazione, l'azione dei muscoli addominali sarà chiaramente osservabile dal movimento dell'addome che si ritrae sotto la loro spinta. Questo è più evidente quanto più lunga è la frase da suonare o cantare. Il compito dei muscoli intercostali esterni che agiscono sul diaframma, non è quello di bloccare questo movimento ma di controllarlo e graduarlo attraverso un bilanciamento di "azione verso il basso che si oppone ad una verso l'alto". Questa manovra è detta Valsava, in un equilibrio bilanciato definito "bilancia pelvica ", può essere a mio avviso modificato a seconda dei suoni ed effetti da produrre sia nel canto che negli strumenti a fiato, in un energia che può andare verso il basso o che può essere mollata verso l'alto. Il grado di antagonismo muscolare deve essere variabile in rapporto alle esigenze e agli effetti da realizzare, ma è bene ribadire che la fase iniziale di sviluppo di questo meccanismo dovrà corrispondere a un uso elastico e flessibile della muscolatura, esercitandola con esercizi su suoni per gradi congiunti che facciano danzare il diaframma con una serie colpi di aria, in particolar modo indicati per i cantanti e i flautisti: sono detti vocalizzi e vanno eseguiti in tutte le tonalità maggiori e minori (vedi esercizi inseriti nel compendio n. 8 da pagg. 262 a 265).

Il diaframma deve danzare e non fare muro con la parete addominale come se si volesse parare un colpo, questo tipo di azione nociva comporterebbe il rischio di blocchi e rigidità che si ripercuoterebbe sulla produzione sonora sia vocale che strumentale.

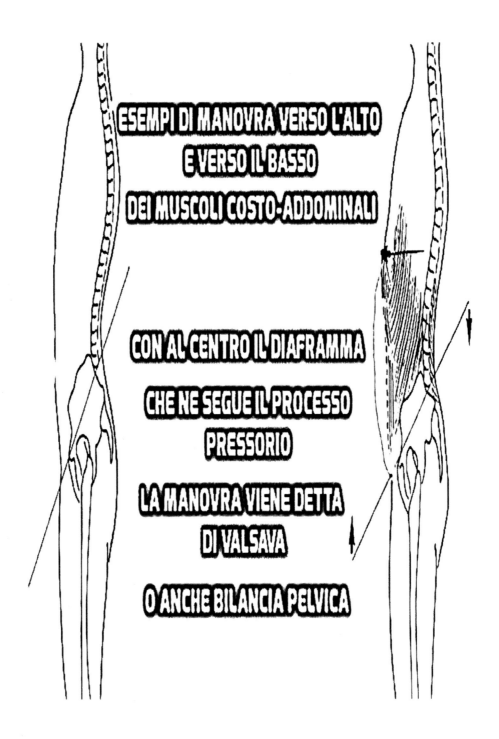

ESEMPI DI MANOVRA VERSO L'ALTO
E VERSO IL BASSO
DEI MUSCOLI COSTO-ADDOMINALI

CON AL CENTRO IL DIAFRAMMA

CHE NE SEGUE IL PROCESSO
PRESSORIO

LA MANOVRA VIENE DETTA
DI VALSAVA

O ANCHE BILANCIA PELVICA

6.3 - Schema proposto per cantanti e strumentisti a fiato sui gradi di antagonismo pelvico nelle forze muscolari discendenti e ascendenti, tra muscoli intercostali, diaframma e addome nelle fasi di emissione vocale e strumentale

APPOGGIO o sostegno a basso grado di energia: forza discendente ed ascendente bilanciata, leggermente verso il basso nei suoni gravi e sempre più verso in discesa per i suoni acuti.

Pensate di scendere sempre mentre la linea melodica di un brano sale e di salire mentre scende, immaginate che i suoni bassi siano acuti e viceversa.

Mollare il sostegno verso il basso facendo prevalere l'escursione del diaframma verso l'alto dunque quando si passa dai suoni medio alti a quelli gravi, senza mai esagerare.

La pancia si ritrae verso l'interno senza scosse ed in maniera naturale, bisogna lasciare accadere senza contratture, l'addome sale verso l'alto e i muscoli intercostali mollano la loro forza verso il basso facendo risalire in maniera graduale il diaframma.

Le situazioni e le durate del processo possono variare con il variare dei periodi musicali e delle altezze tonali che in essi si susseguono.

SOSTEGNO: forza discendente che prevale su quella ascendente, con questa pressione muscolare si favorisce il passaggio dal registro medio e grave a quello acuto sia nei cantanti che negli strumentisti a fiato, detto terza ottava.

Va considerata terza ottava il passaggio tra il registro medio o grave a quello acuto per ogni voce e strumento a fiato.

I muscoli cricotiroidei, agendo tra la cartilagine cricoide e tiroide portano la laringe in avanti agendo sullo spessore delle corde vocali, aumentandone la lunghezza. Per i flautisti, a mio avviso, la zona del passaggio vocale atta ad aumentare la velocità del flusso aereo lasciando libere le labbra, può essere individuata dal re acuto a salire.

Immagini per un uso corretto della respirazione

ESPIRAZIONE

FASI PER UNA CORRETTARE RESPIRAZIONE DIAFRAMMATICA

INSPIRAZIONE

STATO DI RIPOSO

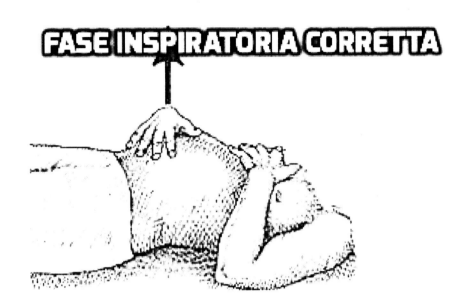

FASE INSPIRATORIA CORRETTA

RESPIRAZIONE CORRETTA

FASE ESPIRATORIA CORRETTA

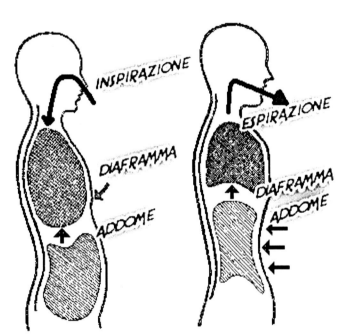

INSPIRAZIONE

ESPIRAZIONE

DIAFRAMMA

ADDOME

DIAFRAMMA

ADDOME

Al fine di acquisire un corretto uso del diaframma nella respirazione, si consiglia di porre dei libri sull'addome, osservandone i movimenti verso l'alto nella fase inspiratoria e verso il basso nella fase espiratoria.

Un uso del diaframma nella fase respiratoria non correttamente controllato potrebbe condurre con il tempo a patologie di reflusso gastroesofageo ed ernia iatale, come riportato dalla scienza medica.

Il muscolo diaframmatico nel suo abbassamento, durante la fase inspiratoria, crea un pressione costante sullo stomaco.

Un tipo di respirazione che tende generalmente a tenerlo bloccato verso il basso, in maniera tendenzialmente forzata, può generare la risalita del liquido gastrico sull'esofago, dando origine al reflusso. L'abbassamento costante del muscolo diaframmatico è di solito anche una delle cause principali dell'insorgere di ernia iatale, in quanto spingendo costantemente sullo stomaco va a tirare anche

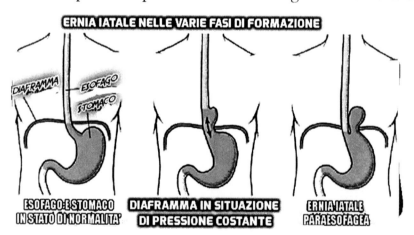

sull'esofago connesso a quest'ultimo. L'esofago resta comunque ancorato in alto perché legato alla colonna vertebrale, per cui la trazione dell'esofago verso l'alto provoca la risalita anche dello stomaco al di sopra del diaframma e quindi l'insorgenza di un'ernia iatale.

In sintesi il diaframma durante la fase espiratoria non deve restare in una posizione di spinta fissa verso il basso, guidata dai muscoli intercostali, ma risalire gradualmente evitando di spingere troppo sullo stomaco.

Per questo motivo e non solo vanno evitate quelle posture respiratorie orientate ad ancorare il diaframma in una posizione di blocco verso il basso, inclini ad una pancia sempre in fuori in tutte le fasi espiratorie.

Ogni blocco va evitato.

Ogni forma di blocco si ripercuote negativamente sui muscoli e organi embriologicamente legati alle fasi respiratorie, compresi quelli della "gola".

LA PRESSIONE COSTANTE DEL DIAFRAMMA SULLO STOMACO POTREBBE CAUSARE

BRUCIORE GASTRICO   **REFLUSSO**

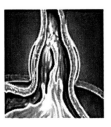

6.4 - Il senso della corretta respirazione nelle tecniche del flauto, del canto e negli strumenti a fiato

Quando un giovane studente di flauto inizia ad accingersi ad emettere suoni sul flauto si trova di fronte ad un grosso problema da risolvere con il suo flusso aereo: l'aria gli finisce subito. Il dramma più grande lo vive l'allievo che non ha facilità di emissione sonora.

Il problema basilare della regolazione del flusso aereo nel flauto, nel canto e negli strumenti a fiato in genere, nasce dalle poche forze di attrito che si generano tra il flusso aereo dell'esecutore e la pressione atmosferica.

L'aria calda proveniente dai polmoni dell'uomo viene espulsa nell'ambiente esterno senza grosse complicazioni di attrito, in quanto più calda di quella che incontra fuori.

Altrettanto dicasi per l'immissione di quella esterna nei polmoni, quest'ultima perde la sua capacità di compressione in quanto viene riscaldata a vari strati nel suo ingresso nelle sedi polmonari (vedi respirazione fisica).

Se ciò non fosse, come già specificato in precedenza, la respirazione non potrebbe avvenire. L'aria dunque proveniente dai polmoni si disperde nell'ambiente esterno troppo velocemente.

Come ovviare alla problematica "dosaggio del flusso aereo" in uscita mentre si suona il flauto e/o creare dei giusti rapporti di compressione tra aria contenuta nel flauto e aria dello strumentista in una durata sufficiente del fiato in relazione alle frasi musicali da realizzare?

In questa problematica basilare da risolvere, lo strumentista a fiato o cantante principiante può incorrere in un tipo di tecnica sbagliata.

Conoscere il problema in tutte le sue sfaccettature aiuta senza dubbi a trovare la giusta tecnica e quindi la corretta modalità di soluzione alla questione stessa definibile come:

Modalità corrette per il dosaggio del flusso aereo nelle tecniche del canto e negli strumenti a fiato

Cosa non si deve fare

Non bisogna mai bloccare l'aria che esce troppo in fretta attraverso l'uso dei muscoli costrittori della faringe, nella speranza che si riesca a dosare il fiato.

In questa azione di blocco aereo tra i muscoli costrittori si colloca un modo di espirare scorretto. Il problema è che lo si colloca senza coscienza.

Quanti di voi hanno avuto la possibilità di seguire un corso sulla respirazione, nella ricerca di un modo di agire corretto rispetto ad un altro scorretto, idoneo a cercare un'emissione del suono analizzando tutti i risvolti scientifici della questione?

Sono davvero tante le interazioni interdisciplinari che portano a spiegazioni valide nella ricerca dei perché del fare o non fare; questo libro si pone l'obiettivo di chiarirne ogni punto, o quanto meno creare argomenti di discussione molteplici. Al fine di evitare contrazioni muscolari nella zona della gola ad opera dei muscoli costrittori della faringe durante l'emissione del suono sugli strumenti a fiato e nel canto, nel fare in modo che l'aria dello strumentista o cantante non finisca velocemente per la questione dovuta ai mancati attriti da tra essa e l'aria esterna, allorché i suoni possano essere sostenuti in maniera adeguata, divideremo la respirazione in due tipologie: respirazione favorevole e non favorevole alle contingenze esposte. Va premesso che gli strumentisti a fiato hanno a loro favore le labbra, per evitare lo spreco veloce di fiato. Esse fungono da valvole di blocco al flusso in uscita e quale sistema per compattare le particelle aeree dilatate dal calore del corpo. Un uso cosciente delle labbra negli strumentisti a fiato aiuta a trovare anche il giusto rapporto di compressione dell'aria presente tra gli strumenti a fiato e la pressione atmosferica, nella ricerca della produzione del bel suono.

Quali sono gli elementi, invece, per favorire il dosaggio del fiato nella voce cantata?

Io direi: i gradi di apertura oro-faringei, la contrazione reattiva delle corde vocali nell'apporto tensivo dei muscoli costo-addominali, l'uso sapiente dei muscoli respiratori atti ad aumentare la velocità del flusso aereo in uscita dal cavo orale al fine di una giusta interazione con la pressione atmosferica durante la produzione sonora. Voce e strumenti a fiato hanno tra loro un elemento comune con cui agiscono e interagiscono: l'uso del fiato in contrapposizione alla pressione atmosferica.

6.5 - Respirazione numero uno scorretta: detta a leva di pompa

Detta anche a **leva di pompa** o **clavicolare e alta**, caratterizzata dall'innalzamento del torace e dello sterno.

Il sistema cranio-cervico-toracico corrisponde ad una serie di muscoli che prendono attacco dal cranio e dalla colonna cervicale e possono tirare verso l'alto il torace in una respirazione apicale o clavicolare.

La respirazione clavicolare è lo stato finale della respirazione toracica, quando, per immagazzinare un pò più di aria nei polmoni, le costole più alte del torace e le clavicole vengono tirate verso l'alto dai muscoli **del collo, della gola** e dello sterno.

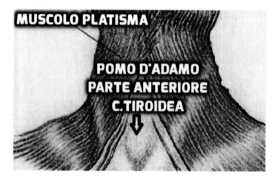 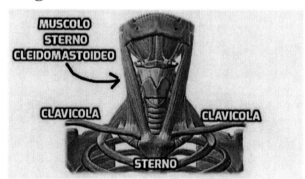

I muscoli laterali del collo sono il muscolo platisma, il muscolo sternocleidomastoideo e i muscoli scaleni.

Lo sternocleidomastoideo è un robusto muscolo che attraversa in diagonale la regione laterale del collo, prendendo inserzione in alto sulla mastoide, in basso sullo sterno e sulla porzione della clavicola prossima a quest'osso.

La sua iper-contrazione nella respirazione clavicolare o alta può incidere sulla chiusura della gola ad opera dei muscoli costrittori della faringe.

La mastoide è la regione ossea situata dietro al padiglione auricolare

Gli scaleni costituiscono un elemento caratteristico della configurazione esterna del collo. Contraendosi, lo scaleno flette, ruota e inclina la testa.

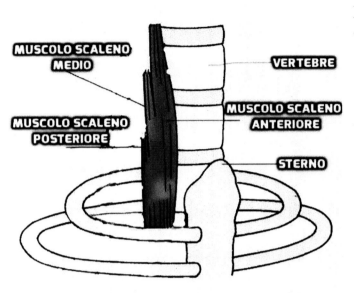

Se pensate a un vecchio pozzo con la sua pompa a leva, credo non sia difficile cogliere l'analogia tra, appunto, la leva e il sollevamento dello sterno. Con questo tipo di meccanica, il torace tende a sollevarsi e a "carenarsi" cioè appuntirsi in avanti, il che vuol anche dire che tende a stringersi lateralmente.

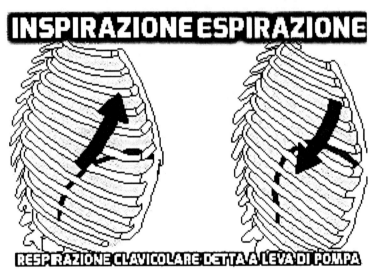

Il respiro toracico superiore che si realizza con i movimenti costali, detto a leva di pompa è scorretto in quanto:

- mobilizza quantità di aria limitate

- non permette la gestione del flusso espiratorio e può indurre all'azione dei muscoli costrittori della faringe a regolarlo, in quanto i movimenti di appoggio sui muscoli respiratori costo-addominali sono limitati.

6.6 - Respirazione numero due corretta: detta a manico di secchio

Nella respirazione corretta, costo-addominale, il movimento muscolare è definito a manico di secchio: essa prevede l'abbassamento del diaframma in inspirazione ed un contrasto dei muscoli intercostali all'intervento dei muscoli addominali in espirazione che agiscono sulla risalita veloce del diaframma.

Consente rifornimenti di aria adeguati e regolazione di flusso in espirazione.

Il tipo di manovra è detta anche Valsava e consente dei controllati aumenti di intensità del flusso, di velocità parziale dello stesso, e manovre muscolari che si possono riflettere sulle aperture o chiusure della glottide, a sostegno delle altezze dei suoni negli strumenti a fiato e nel canto. Offre altresì micro-variazioni di flusso intermittenti regolate in espirazione e adatti a realizzare o sostenere qualsiasi esigenza tecnica; mi riferisco ai cosiddetti colpi di aria staccati, che favoriscono la produzione di uno staccato elastico, mai soffioso o formato da suoni poco sostenuti. Il tipo di azione muscolare che genera flussi aerei intermittenti, favorisce anche l'intonazione delle stesse note staccate. Oltremodo genera le situazioni ideali per acquisire un vibrato regolare e non a pecorella, ossia senza intervento dei muscoli costrittori della faringe e attraverso il dosaggio di un flusso aereo intermittente come nello staccato, ma in una situazione più legata. Il vibrato si costituisce con variazioni in cicli di frequenza nel suono in altezza, intensità e timbro, scandito in maniera regolare nel tempo.

6.7 - Respirazione numero tre mista tra manico di secchio e leva di pompa

Lo strumentista o cantante tende a gonfiare sia l'addome quando inspira che ad alzare le spalle: da evitare per i problemi relativi alla possibile azione dei muscoli costrittori della faringe.

6.8 - Le manovre di apnea

Per apnea si intende un arresto volontario dei movimenti respiratori, sia inspiratori dopo l'atto stesso che espiratori alla fine della fuoriuscita del fiato. Vanno evitate le manovre di apnea senza controllo mentale nella loro realizzazione, in quanto potrebbero favorire 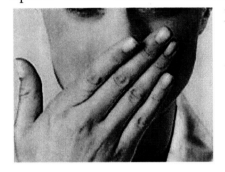 l'intromettersi dei muscoli costrittori durante la produzione del suono; vanno altresì favorite manovre di apnea con concentrazione sul rilassamento degli stessi muscoli costrittori all'atto dell'arresto volontario nella fase inspiratoria nei momenti prima degli attacchi dei suoni. Le manovre di apnea nella ricerca cosciente del controllo dei muscoli costo-addominali, ancor prima di esercitarsi sugli strumenti a fiato e nel canto, possono essere utili al fine di acquisire la percezione della fascia costo-addominale e delle sue potenzialità di appoggio o sostegno del fiato nei momenti di pausa respiratoria e nella percezione di una gola sempre libera da costrizioni prima, dopo e durante la fuoriuscita del flusso aereo. Un esercizio che propongo, da me denominato **"apnea a gola aperta"**, è il seguente: respirare con la consapevolezza di far scendere il diaframma, fermarsi un attimo trattenendo l'aria e pronunciare il proprio nome; molto spesso ci si renderà conto delle contrazioni dei muscoli costrittori della faringe nel momento in cui pronunciando il proprio nome quest'ultimo non uscirà libero vocalmente. Si tenterà di rifare l'operazione nella ricerca di una pronuncia vocale di emissione aerea libera da tensioni prima di soffiare o cantare. Per gli strumentisti a fiato, soffiare tendendosi significa limitare la quantità del flusso aereo a disposizione durante la produzione del suono, avendo una velocità di flusso in ingresso nello strumento troppo elevata rispetto al "BEL" suono da ricercare. Viene meno l'intensità del suono stesso e ci si avvia verso una sonorità che non ha la corretta frequenza aerea nè per essere emesso e nè per essere sostenuto. **I muscoli interni al cavo orale, sottoposti ad uno stato di contrazione elevato creano un blocco nella pulsazione regolare dell'aria che dallo strumento si riflette su di essi e da essi allo strumento.** Concorre ad un timbro scorretto nel flauto, anche la posizione della boccoletta della testata sotto il labbro inferiore. La possibilità di ingresso del flusso aereo in essa ad un certo quantitativo e velocità può essere limitata dalla sua posizione per apertura maggiore o chiusura esagerata del suo foro sotto il labbro summenzionato. Un'apertura maggiore o minore del foro boccola, dovuto a un labbro inferiore che lo occlude o apre troppo, incide sulla lunghezza del tubo, con conseguenze sul suono nella sua timbrica e intonazione. Un foro della boccoletta troppo aperto comporterebbe un suono crescente e senza colore; troppo chiuso, invece, un suono calante e troppo scuro. La dinamica descritta, si evince in maniera particolare sul registro grave e medio-acuto nel flauto.

6.9 - Considerazioni sulle dinamiche respiratorie illustrate

Nelle dinamiche respiratorie errate UNA e TRE, ossia a leva di pompa e mista tra leva di pompa e manico di secchio, il flusso aereo in ingresso alla boccoletta potrebbe risultare insufficiente per intensità e pressione, ossia avere troppa velocità o anche scarsa velocità, influendo sull'ampiezza della pulsazione dell'aria che dipende dal modo in cui l'aria contenuta al suo interno viene sollecitata.

Bassa velocità di flusso genera un suono con un'ampiezza di pulsazione troppo elevato e al contrario alta velocità di flusso lo genera con ampiezza di pulsazione troppo ristretta, sia se si cerca di aumentare l'intensità del flusso che diminuendolo.

Ci troveremo e spesso ci troviamo di fronte ad un tipo di sonorità che non ha equilibrio nell'intensità dei suoni armonici, che sono sempre i protagonisti del tipo di suono ottenuto.

Nella dinamica respiratoria CORRETTA NUMERO 2

I muscoli intercostali si oppongono con energie graduabili alla risalita del diaframma da parte dei muscoli addominali, regolato in discesa dal nervo frenico che lo controlla solo durante l'inspirazione. Questo tipo di manovra "Valsava" consente al flusso aereo di essere graduato in uscita e non disperso.

Il tipo di manovra Valsava definibile anche in manovra di regolazione di flusso in Intensità e/o Sostegno, quando le energie applicate dai muscoli costo-addominali sono più elevate, la ritroviamo nella produzione corretta dei suoni acuti o nei suoni filati, ovvero nel passaggio dalla produzione dei suoni medi a quelli acuti e dal forte al pianissimo e viceversa (ritroveremo l'argomento ampliato nel compendio sulle tecniche del flauto). Quando le energie da produrre sono meno elevate, tipo durante la produzione di suoni gravi o medi; il tipo di manovra dovrebbe essere definito "appoggio del suono" ossia un sostegno a basso gradiente di energia.

Questi interventi hanno sempre bisogno del cosciente e coerente uso delle labbra, al fine di creare nella zona della glottide la giusta reazione di apertura o chiusura nella formazione di quella che abbiamo definito corda d'aria, che poggia tra pressione atmosferica (ossia parte esterna della boccoletta oltre le labbra e parte finale del tubo interno modificabile in lunghezza) e le corde vocali. Il ruolo delle labbra può variare nei vari stati di tensione laterale, da strumentista a strumentista.

Se i muscoli vocali sono poco elastici e reattivi alle variazioni aerodinamiche che si riflettono sulla glottide, le labbra possono compensare questa mancata elasticità con una tensione maggiore nelle zone laterali dette **commissure** (vedi compendio n.5 pag.163), al contrario possono essere più rilassate. Il connubio con i muscoli vocali e la pressione atmosferica nella formazione del suono, dona al flauto, e non mi risparmierò di ribadirlo più volte, quelle caratteristiche tecnico-sonore che richiamano la voce umana.

Tuttavia, anche usando una corretta respirazione senza un uso corretto delle labbra, la bellezza del suono potrebbe essere compromessa soprattutto se i muscoli vocali non sono abbastanza elastici a sostenere o appoggiare i suoni prodotti.

Delle labbra troppo strette nella loro parte centrale, ossia dove si forma il foro di emissione del flauto e che possiamo considerare di congiunzione con il tubo fonatorio, possono compromettere l'intensità e la giusta velocità del flusso aereo in ingresso alla boccoletta del flauto a pari di una colonna aerea che viene emessa con "gola chiusa". Approfondiremo tutti gli aspetti finora trattati nel prossimo compendio sulle tecniche del flauto traverso.

Molte persone non riescono a capire come gli altri possano soffiarsi il naso in maniera diversa da loro.

Ivan Turgenev

COMPENDIO n. 7

Il flauto nelle sue tecniche globali

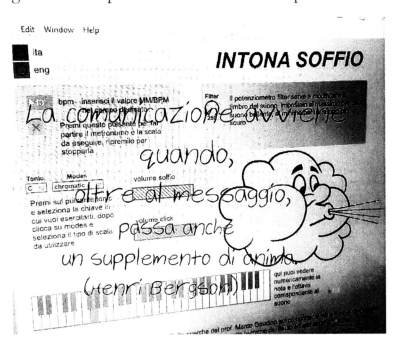

7.1 - Note generali

Il suono del flauto traverso, come in tutti gli strumenti musicali, si forma attraverso le vibrazione di un corpo elastico posto a diversi stati di tensione.

Definiamo corda d'aria il corpo elastico che ne rende il suono e tutte le pecularità tecniche quali: timbro, staccato, legato, vibrato. Il tubo stesso dello strumento, invece, va considerato come risuonatore della corda aerea che si forma tra: strumentista, parte esterna della boccoletta o spigolo e il suo caminetto interno, parte finale dello strumento che varia la sua lunghezza a seconda dei fori tappati, partendo da sinistra verso destra della tastiera da dove si inserisce la testata.

Molte sono le controversie che non danno ancora per certo che il cavo orale dello strumentista possa fungere da cassa di risonanza del suono strumentale. Personalmente credo che la cosa possa avvenire solo in parte.

Il suono prodotto nel flauto, sostenuto dallo strumentista a livello muscolare e aereo, pulsa nel cavo orale a gradienti di energia troppo bassi per poter essere chiaramente udito come avviene invece nella produzione vocale. Esso viene assorbito, a mio avviso, dalle sue pareti interne.

Per convincersi della mancata o completa amplificazione del suono del flauto all'interno del cavo orale basta tapparsi le orecchie con dell'ovatta: durante la produzione della voce è palese la risposta del cavo orale quale risuonatore dei suoni prodotti dalle corde vocali, ma non di quelli prodotti nel suono strumentale, soprattutto flautistico.

Vi renderete conto, in effetti, che il cavo orale resta completamente in silenzio durante la produzione del suono strumentale, non si sente nemmeno il rumore del flusso aereo in uscita, in quanto quest' ultimo da costante è divenuto pulsante. Sono convinto che le pareti orofaringee assorbono il suono prodotto con il flauto e che il flusso prodotto dallo stesso strumentista in uscita possa addirittura ostacolare l'amplificazione del suono prodotto, attraverso un opposizione di ventilazione sulle pulsazioni riflesse dal tubo del flauto all'interno della bocca.

Il flusso aereo costante immesso dallo strumentista a fiato diventa pulsante grazie alle caratteristiche acustiche degli strumenti che lo trasformano, il suo soffio diventa dunque suono.

A differenza di una corda di un violino, già tesa sullo strumento e resa perfettibile dalle mani coscienti del suo esecutore tra peso dell'arco, tensioni e posizione delle dita; la corda d'aria nel flauto traverso si forma, invece, proprio tra strumento e strumentista. Si forma e si trasforma da più tesa a meno tesa, tra azione delle labbra, muscoli della respirazione, variazioni delle dimensioni delle cavità interne orofaringee, azione di sostegno da parte delle corde vocali.

Essa si genera tra i muscoli vocali e la pressione aerea esterna, proprio grazie alle caratteristiche dello strumento che pone in contatto, durante la produzione del suono, sia l'aria in esso contenuta che quella del tratto vocale indirizzata dallo strumentista con la pressione atmosferica tra lo spigolo esterno della boccoletta e la parte terminale del tubo.

Il suono del flauto traverso prodotto dall'uomo ha, grazie alle sue caratteristiche di produzione acustica, una tipologia timbrica che richiama molto la voce cantata.

Questo fenomeno percettivo avviene grazie all'intervento reattivo dei muscoli vocali a sostegno delle variazioni di pressione aerea che si generano tra tubo del flauto e tubo fonatorio durante l'evento sonoro: l'aria viene plasmata tra i muscoli vocali e la pressione atmosferica, acquisendo quel grado di elasticità durante le sue pulsazioni nella produzione del suono che richiama le similitudini percettive uditive, come spesso leggiamo in questo studio, proprio di una voce umana.

La raccomandazione più efficace che un maestro di flauto può fare ad ogni suo adepto, al fine di ricercare un bel suono è, e resterà sempre la stessa: lasciare libera la gola da tensioni negative durante la produzione sonora, affinché i muscoli costrittori della faringe non blocchino il passaggio aereo del flusso e la pulsazione stessa. Quello che avviene alle corde vocali e alla glottide durante la produzione del suono, deve essere considerato un evento naturale su cui lo strumentista può agire solo attraverso la sua colonna aerea. Essa, modificabile in velocità e portata, attraverso gradi di apertura tra interno ed esterno al cavo orale, supporta e modifica le timbriche del suono oltre che le altezze tonali. Le corde vocali devono restare immuni da qualsiasi tipo di tensione voluta su di esse, tuttavia determinati tipi di esercizi anche vocali associati alla produzione del suono, possono rendere gli stessi muscoli più tonici al sostegno delle altezze sonore prodotte nel nostro strumento e sono da sperimentare anche sugli altri strumenti a fiato. Le pulsazioni aeree che avvengono nel tubo del flauto durante l'emissione del suono nascono tra l'interazione di due flussi aerei: l'aria contenuta al suo interno che ha connubio con la pressione atmosferica e il flusso aereo immesso dallo strumentista. Le pulsazioni date da variazioni di pressioni aeree in relazione ai rapporti di compressione che si generano, si riflettono sui muscoli vocali mettendoli in una condizione di reazione-azione/ nervo-muscolare. Nel flauto le corde vocali si adducono ossia si avvicinano quasi come nel canto, ed è in quel quasi che si può affermare che non producono suono ma sostengono il suono prodotto nello strumento stesso. Suono che altro non è che il prodotto di una materia resa elastica dallo strumentista stesso attraverso i muscoli coinvolti e ossia l'aria. Rendere elastiche le corde vocali al minimo passaggio dell'aria dona al suono quella brillantezza che ricorda nella maniera più assoluta, la vocalità ben sostenuta. Sono proprio le corde vocali che donano al suono del flauto il giusto sostegno e soprattutto la giusta elasticità che lo riporta ad uno strumento a corda; nel nostro caso a corda d'aria. La possibilità che nel tubo del flauto non sia solo l'aria a risuonare ma anche le corde vocali è stato l'interrogativo cardine delle mie ricerche. Per diversi anni ho ipotizzato un punto nodale nella zona subglottica delle corde vocali, ossia sotto le corde. I nodi sono dove le pulsazioni aeree, nel caso degli aerofoni, raggiugono la massima pressione aerea ma la minima pressione acustica. Il mio dubbio negli anni è stato caratterizzato dalla prospettiva che le sorgenti di produzione del suono flautistico prodotto dall'uomo potessero essere due, sia l'aria che le corde vocali. In effetti nella zona subglottica c'è senza dubbio un punto di compressione muscolare che non può essere considerato nodale, ma di appoggio delle variazioni di pressione aeree, come questo manuale sta cercando di sottolineare in tutte le forme possibili, che dal tubo del flauto si riflettono in quella zona. Non può essere considerato nodale in quanto nella stessa zona non vi è nessuna cresta e nessun ventre; le corde non producono nessun suono chiaramente udibile. La zona di compressione che si riflette sui muscoli vocali è la stessa, dunque, che nasce nel tubo del flauto tra il suo punto nodale e ventrale nella massima compressione aerea. Si parlerà nella mia scuola di flauto di corde vocali che sostengono il suono prodotto nel tubo dello strumento e non di corde vocali produttrici dello stesso, come ipotizzato nel mio precedente libro del 1993: Nuova Ipotesi sulla produzione del suono nel flauto traverso ed. Flavio Pagano.

Come sarebbe un suono di flauto prodotto senza sostegno dei muscoli vocali dell'uomo?

A mio avviso sarebbe molto soffioso (fffffff), con poche possibilità di variazioni dinamiche e timbriche. Sarebbe difficile da modulare in altezza, se a produrlo fosse soltanto il flusso aereo guidato da un compressore senza un sistema valvolare che ne cambi velocità o lo sostenga. Cosa allena un flautista principalmente quando suona, dunque? Il flautista allena i muscoli vocali, muscoli intercostali, muscoli addominali, diaframma, muscoli della lingua, muscoli labiali, i muscoli che regolano i movimenti della mandibola, muscoli delle dita e delle braccia, le posture, la sua sensibilità emotiva ed uditiva. L'obiettivo di questo capitolo che non può scindere dagli altri compendi contenuti in questo manuale, è mirato al raggiungimento di una tecnica consapevole da parte dello studioso di flauto. Studioso di flauto che non deve essere collocato solo nello studente ma anche in coloro, concertisti e didatti, che amano approfondire e confrontarsi intorno all'argomento: Tecnica della produzione del suono e di tutte le sue dinamiche articolatorie nel flauto e negli strumenti a fiato. La mia ricerca sul comportamento e ruolo delle corde vocali nelle tecniche del flauto, pone la sua l'attenzione in maniera particolareggiata sull'uso del flusso aereo dello strumentista, nel suo inadeguato indice di comprimibilità sulla pressione atmosferica durante la produzione del suono. Sono i differenziali di calore tra l'aria che proviene dai polmoni e quella esterna alla bocca dello strumentista stesso a provocare la maggior parte dei problemi che gravitano intorno al suonare gli strumenti a fiato, come è stato discusso nei precedenti compendi. Forgiare i muscoli che regolano il flusso aereo, in relazione ai parametri tecnici agognati, attraverso la consapevolezza delle loro funzioni è soprattutto finalità, può introdurre, a mio avviso, un senso analitico e critico nello studio giornaliero tecnico del flautista relativo al cosa fare, come farlo e perché farlo. Tra il disordine che il flautista fa nella collocazione specifica delle terminologie legate alle differenze tra: pressione muscolare che confonde con quella aerea e aumento di velocità di flusso aereo che è quasi sempre determinata dall'aumento di pressione muscolare, stiamo iniziando a trattare il nostro studio del flauto in maniera diversa; ossia da empirica a cognitiva.

Dove siamo approdati?

Siamo approdati a definire in maniera scientificamente logica la nostra disciplina strumentale, cercando di darle delle basi teoriche solide. Un tipo di disciplina, la nostra, che da prettamente operativa trova, attraverso questi studi, un pretesto valido per potersi porre come materia di studio universitaria ad ampio spettro di saperi, uscendo così dal relegato campo delle conoscenze solo musicali ed entrando a far parte di un ambito multidisciplinare. Nel collocarsi in un terreno molto più aperto alla sperimentazione metodologica e didattica, l'aspetto cognitivo legato ai saperi nel flauto traverso, deve essere considerato importante al pari di quello dello sviluppo del senso estetico-musicale ed emozionale.

7.2 - I nuclei fondanti della nostra disciplina

1) **Uso della respirazione nelle fasi di inspirazione ed espirazione**
   Analisi del ruolo dei principali muscoli coinvolti: diaframma, intercostali interni ed esterni, addome, fasce muscolari delle labbra, corde vocali.
   Le corrette prassi respiratorie.

2) **Principi di aerodinamica e termodinamica dei flussi aerei:**
   a) Teorema di Bernoulli
   b) Tubo di Venturi
   c) Pressione atmosferica
   d) Concetto di velocità e pressione aerea tra variazioni termiche delle correnti aeree.

3) **Prassi corrette e scorrette nell'uso di tutte le parti mobili coinvolte durante la produzione strumentale sia nelle sue componenti costitutive che nella gestione del fiato nei principi di aerodinamica e termodinamica: laringe, corde vocali, mandibola, faringe, lingua, labbra, muscoli respiratori.**
   Per produzione strumentale nelle sue componenti costitutive si intende: altezza del suono, intonazione, timbro, e tutto quello che riguarda le sue qualità nell'esecuzione di legato, staccato, frullato, vibrato, variazioni di dinamiche sonore e variazioni timbriche.

4) **Acustica dello strumento nelle fasi di produzione del suono**

5) **Le posture e l'impostazione tecnico digitale nelle fasi operative di studio:**
   a) Le posture e l'impostazione tecnico digitale.
   b) Differenze di approccio allo studio dello strumento, suddiviso tra: metodi, studi, letteratura relativa alla tecnica nei vari esercizi per superare le difficoltà specifiche, concerti e sonate.
   c) Analisi della partitura nella ricerca dello stile interpretativo: i tempi, il periodo storico, i colori del suono da usare, le emozioni da estrapolare, possibili concetti ed immagini evocative.
   Inquadramento cognitivo dei seguenti aggettivi relativi all'interpretazione musicale: immaginazione, fantasia, creatività, senso estetico, finzione.

6) **Gestualità e arte scenica nell'affrontare l'esecuzione strumentale pubblica**
   Come gestire le emozioni

7) **Il flauto in orchestra e nella musica da camera**

7.3 - Alla ricerca della bella sonorità

Ogni epoca storica nel flauto è stata caratterizzata da illustri concertisti, didatti e teorici.

Il ramo della ricerca è sempre esistito ed è stato caratterizzato da tutti coloro che nel corso dei secoli hanno tentato una teorizzazione metodologica e didattica nelle tecniche generali della scuola di flauto traverso, molto spesso costituendo delle metodologie non sempre condivise da tutti. La figura del ricercatore in musica non è ancora riconosciuta in Italia, cosa che non avviene in altri paesi stranieri. L'argomento cardine di tutte le ricerche metodologiche del flautista è stato quasi sempre caratterizzato dalla voglia di acquisire il bel suono nei suoi parametri costitutivi, ovvero: intonazione, intensità, timbro. In un certo senso ogni studente o professionista della musica è da considerarsi un ricercatore non conclamato. Nel volume terzo del supplemento dell'Encyclopèdie di Diderot del **1777** in un articolo **di F.D.Castilon** si legge: tre cose contribuiscono alla produzione del suono nel flauto, il volume dell'aria, la sua velocità e il modo in cui le labbra la controllano. Per produrre un suono all'ottava superiore in uno strumento a fiato, si deve far vibrare la colonna d'aria al doppio della sua vibrazione di partenza, questo dipende dalla velocità dell'aria. Per fare questo, conclude Castilon, bisogna ridurre l'apertura attraverso la quale l'aria passa: questo fa esattamente un buon flautista. Altro pensiero sulla teoria della produzione del suono nel flauto, arriva nel trattato di **John Gunn** del 1793 "The Art of Playing the German-Flute" Birchall London, esso differenzia tra velocità dell'aria e quantità della stessa, rapportandole al diametro della colonna d'aria che viene determinata dall'apertura delle labbra e alla sua direzione, attribuendone un effetto determinante sulla qualità del suono. Gunn ritiene che l'intensità del suono sia il prodotto di una colonna aerea emessa con maggiore densità/compressione e nota la differenza di un suono intenso scaturito, invece, dall'aumento di volume aereo. Nel trattato si parla di diversi approcci alle tipologie di suono nel flauto, sottolineando delle scuole di pensiero in conflitto tra loro: una scuola di pensiero che mette in evidenza il suono ampio, brillante e spinto come quello di una tromba che ha la stessa pienezza sui vari registri e una, invece, che ricerca un suono colorito e morbido, che riporta ad una voce aggraziata e tenera, molto affine ad una voce femminile. L'autore del trattato prospetta invece un suono vario, al fine di non incorrere in esecuzioni flautistiche monotone e stucchevoli. **Johann Joachim Quantz** nel suo trattato "Essai d'une methode pour apprendre à jouer la flute traverse" J. Voss. Berlin 1752 ritiene che il suono chiaro sia sinonimo di un bel suono. Il Quantz sostiene che quando si emette l'aria per suonare lo strumento, metà dell'aria deve entrare nel foro dell'imboccatura e metà deve percorrere la direzione verso l'esterno in modo che il bordo affilato esterno divida la stessa colonna aerea producendo il suono. Lui sostiene che un foro eccessivamente aperto della boccoletta sotto le labbra produca un suono troppo aperto e legnoso, mentre troppo chiuso un suono cupo e per niente chiaro; premendo troppo le labbra ai denti, riferisce alla produzione di un suono sibilante e fischiante e dilatando invece troppo la bocca e la gola alla produzione di un suono eccessivamente scuro. Nella storia dei trattati per flauto ci sono divergenze sull'uso delle labbra per correggere difetti di intonazione, oltre che per variare le ottave: il Quantz riferisce a labbra e mento che vanno indietro cambiando dimensione in apertura del foro labiale nei passaggi dal Re2 al Re1 e in avanti invece dal re^2 al re^3. **Marcel Moyse** invece nel suo "De la Sonorité Art et Tecnique" Leduc Paris 1934 sulla direzione del mento e delle labbra afferma il contrario, ossia in avanti nel registro grave e indietro in quello acuto per la ricerca del bel suono nella sua omogeneità timbrica. La mia ricerca pone l'accento positivo sul tipo di tecnica prospettata da Moyse, spiegandone i perché e chiarendo dove avvengono le variazioni di velocità relative all'emissione delle altezze dei suoni nei registri grave-medio-acuto. Molteplici disquisizioni sono presenti nei trattati storici per flauto anche sulla posizione della lingua in avanti e in mezzo alle labbra o indietro e sotto il palato, durante l'attacco del suono e nella produzione dello staccato. Secondo Quantz il corretto uso della lingua non è tra le labbra ma sotto il palato, soprattutto nel registro grave al fine di produrre suoni pieni e ben articolati. Inizia poi, durante la sua trattazione, una serie di disquisizioni sulle corrette sillabe da usare nell'attacco dei suoni tra Ti e Di. Parlando di attacchi dei suoni, li divide tra attacchi decisi e attacchi leggeri. A partire dal trattato di **Theobald Boehm** "Die Flöte und das Flötenpiel" del 1871 ci si rende conto che i suoni più semplici da emettere sono quelli della prima ottava a partire dal Si La Sol e se fatti per un lungo periodo si può procedere con successo all'emissione degli altri suoni più gravi che risultano di più complessa emissione nei principianti, per finire gradualmente a quelli medi fino ai più acuti. Lo stesso concetto viene ripreso dalla scuola metodologica di Marcel Moyse ed è, a mio avviso, il sistema migliore per impostare i giovani debuttanti flautisti. Cercherò di spiegarne le motivazioni tecniche durante il compendio.

Chi non conosce la storia è condannato a ripeterla

George Santayana

7.4 - La posizione della boccoletta sotto il labbro inferiore

Molto spesso vengo interpellato da giovani studenti che mi chiedono se la giusta posizione della boccoletta, sotto il labbro inferiore, possa correggere difetti di intonazione. La mia risposta è quasi sempre affermativa sia se si parla di suoni calanti che tendono alla timbrica troppo scura caratterizzata da emissione schiacciata e nasalizzata, sia se ci si riferisce a un suono troppo chiaro con tendenza ad essere crescente. La posizione della boccoletta sotto il labbro inferiore determina la giusta lunghezza del tubo del flauto nei suoni da emettere "intonati", anche se l'intonazione, come vedremo, dipende da diversi fattori.

Provate a tappare il foro della boccoletta e a produrre con le chiavette, chiudendole con enfasi percussiva, dei rumori che noterete verranno fuori intonati o meno intonati a seconda del suo posizionamento sotto il labbro inferiore!

Vi renderete conto che più il foro della boccola tende ad essere chiuso, più il rumore intonato tende a calare fino a cambiare totalmente la sua altezza tonale percussiva alla sua totale chiusura; più il foro viene tappato e maggiore sarà la lunghezza totale del tubo e viceversa. Consiglio ai miei allievi di cercare la giusta posizione della boccoletta sotto il labbro inferiore, verificando l'intonazione del rumore prodotto dall'effetto percussivo delle chiavette sui fori che le ospitano.

Ognuno ha un tipo diverso di labbra, possono essere più sottili o più spesse e questo può determinare una posizione della boccoletta sotto di esse, leggermente variabile per ogni singolo studente; la mia esperienza di posizione ideale della boccoletta durante l'impostazione di un giovane alunno, rispetto ad un altro, potrebbe essere leggermente diversa e così la sua inclinazione verso l'interno o l'esterno. Questo dipende, soprattutto, anche dallo spessore del labbro inferiore.

Cosa sia a variare l'intonazione del suono nonostante la giusta collocazione della boccoletta sotto il labbro inferiore e la sua timbrica, è argomento di prossima analisi.

7.5 - La produzione del suono negli stati aerodinamici e termodinamici del flusso aereo tra: interno del flauto, cavo orale, pressione atmosferica

Per affrontare l'argomento dei giusti modi di soffiare ed usare i muscoli convolti nella questione ricerca del bel suono, bisogna partire dai seguenti presupposti trattati anche nei compendi precedenti: l'aria calda che rappresenta il flusso aereo dello strumentista tende ad avere poco impatto di compressione su quella contenuta nel tubo del flauto. Quest'ultima a seguito della sua perturbazione, avvenuta tra il foro della boccoletta e la pressione atmosferica attigua ad essa, reagisce nel senso opposto a quella immessa dallo strumentista. Essa proveniente dal piede del flauto, in relazione alla sua lunghezza modificabile, è in stretto connubio con la pressione atmosferica, la quale rappresenta sempre la forza maggiore con cui interagiamo muscolarmente e con il nostro fiato.

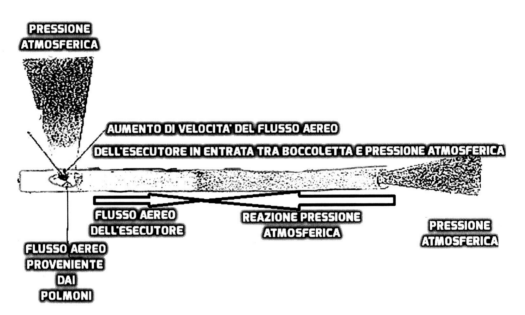

Ad ogni azione aerodinamica dello strumentista vi sono delle reazioni muscolari di sostegno e/o appoggio, dovute agli attriti che si generano tra il flusso aereo del flautista, l'aria contenuta nello strumento e la pressione atmosferica. I muscoli che reagiscono maggiormente a queste dinamiche aeree sono quelli propri della respirazione, vedi compendio n. 2, ossia: cricoaritenoidei laterali per l'espirazione e quelli cricoaritenoidei posteriori per l'inspirazione; essi sono tra loro antagonisti, ossia i primi si possono opporre a quello che fanno i secondi e viceversa. Bisogna immaginare che i primi, ossia i muscoli cricoaritenoidei laterali agiscono nella fase in cui l'aria dello strumentista comprime quella contenuta nello strumento ed i secondi ovvero i cricoaritenoidei posteriori reagiscono nella misura in cui l'aria che si oppone alla spinta dell'aria dello strumentista ha una forza pressoria maggiore. Questo di solito accade maggiormente ad aumenti spropositati di intensità di flusso aereo espirato, generando suoni spinti e crescenti. Tuttavia agiscono sempre e soprattutto nella produzione dei suoni di sonorità forte nella giusta misura tensiva, se i toni prodotti non risultano fortemente spinti e/o crescenti d'intonazione. L'intromissione dei muscoli costrittori della faringe può generare nell'emissione del suono, senso di chiusura e blocco di propagazione con emissione di suono piccolo e sforzato nella ricerca di sonorità piena. Le tensioni vocali che si generano nella produzione del suono negli strumenti a fiato, rispetto a quelle che si generano nella produzione della voce, vanno così distinte: le corde vocali negli strumenti a fiato si avvicinano, ossia si adducono, su un piano quasi esclusivamente laterale e mediale della glottide; nel canto si adducono, invece, su un piano sia laterale-mediale che antero-posteriore della glottide, determinando una maggiore capacità di elasticità muscolare nel rendersi pronte alla produzione di frequenze distinte e ben definite, come quelle vocali. Il grado di tensione dei muscoli vocali nel canto è maggiore sul piano, dunque, antero-posteriore ed è coscientemente voluto. Ad un aumento di velocità di flusso aereo verso l'esterno tra tubo del flauto e cavo orale, ci può essere una reazione più elastica o meno elastica dei muscoli cricoaritenoidei laterali, che fanno parte insieme ai muscoli labiali e costo-addominali di quelle fasce muscolari deputate al sostegno dei suoni. Se la forza aerea in intensità del flusso dello strumentista, che si oppone a quella antagonista che si genera nel tubo del flauto, non esercita una spinta di compressione adeguata attraverso velocità di flusso consona e con giusta tonicità muscolare per sostenerla, le corde tenderanno a cedere alla contropressione aerea proveniente dalla parte terminale del flauto e si avrà una marcata reazione dei muscoli inspiratori cricoaritenoidei posteriori, con conseguente emissione di suono spinto e crescente. Il suono ideale si raggiunge con l'equilibrio delle due forze aeree interagenti che si riflettono sulle due muscolature antagoniste. Se invece la velocità del flusso sarà troppo elevata rispetto al suono da produrre con pienezza, si avrà un marcato funzionamento dei muscoli cricoaritenoidei laterali con conseguenze sulla potenza sonora: si avrà un suono con sonorità ridotta e dal timbro più chiaro, tipica dei suoni piani ben sostenuti e con timbrica più aperta. È una questione di equilibrio aereo-muscolare e consapevolezza delle dinamiche sonore corrette che si vogliono ottenere. Se la pulsazione aerea nella produzione del suono sarà ampia, la tendenza acustica porterà alla produzione di un suono pieno e levigato e/o naturalmente ampio.

Allorché la pulsazione si assottiglia in ampiezza, più avremo un suono a minore sonorità che tende all'altezza superiore e quindi di timbrica più chiara. Invece una pulsazione che tende a perdere compressione avrà nel suo seno un suono che risulterà stimbrato e poco sostenuto, ossia decompresso, prolassato, ovvero flaccido. Le dinamiche di produzione sonora corrette e scorrette sono vastissime. Possono essere definite attraverso degli strumenti di analisi del suono obiettivi e non soggettivi come l'orecchio dell'uomo. L'argomento sarà trattato nei capitoli che seguiranno.

A determinare un ideale atto di compressione aereo tra strumento e strumentista, riflesso sui muscoli in dinamica perfetta, perfettibile o insufficiente, sono le varie conformazioni oro-faringee di partenza in dotazione per natura dal flautista, o altro esecutore di strumenti a fiato. Lo spessore e la lunghezza delle corde vocali, nonché la loro capacita di azione-reazione definibile in tono muscolare alle situazioni aerodinamiche di emissione del suono, determineranno le differenze fondamentali di un suono rispetto ad un altro. Una tipologia di cavo orale che forma un flusso aereo ideale in uscita, naturalmente veloce, per i suoni da emettere e sostenere, coadiuvato da una muscolatura elastica già idonea senza troppo studio al sostegno dei suoni, nonché delle velocità prodotte, è la base per formare uno strumentista con facilità operative. Sono proprio questi ultimi, formatisi nelle facilità operative, che potrebbero pensare che delle basi teoriche come quelle che questo libro si è posto di porre nelle scuole internazionali di flauto traverso e strumenti a fiato, siano solo da considerare chiacchiere non utili per imparare a suonare.

Io mi auguro invece che siano proprio i grossi pilastri degli strumenti a fiato a favorire l'ingresso della mia didattica nel mondo della metodologia di base degli strumenti detti, a cui questo manuale si riferisce. La storia degli strumenti musicali è piena di disquisizioni fatte contro i teorici, si dice che: chi suona non parla e chi parla non suona. Io auspico un futuro di professionisti che sappiano suonare con cognizione di causa, di conservatori che attivino cattedre per ricercatori, di corsi in specializzazione in didattica del flauto traverso acquisibili oltre al titolo di studio conseguito per meriti pratici. Ritornando al nostro studio, gli alunni dunque vanno distinti in quelli che hanno facilità di emissione e quelli che hanno più difficoltà. Tutti i metodi di lavoro proposti in questo libro sono rivolti specialmente a coloro che hanno difficoltà, ma possono essere usati anche da coloro che intendono perfezionare le competenze teoriche e pratiche già acquisite da metodologie che si basano sull'esperienza pratica ed intuitiva del suonare. Nella ricerca del bel suono sussistono ancora oggi come nel passato, correnti di pensiero e modalità operative diverse per perseguirlo. Ci sono coloro che consigliano di usare aria a bassa velocità aerea ma calda, altri fredda e veloce; anche sull'uso delle labbra ci sono delle incongruenze: ci sono i fautori delle labbra completamente rilassate e quelli tendenti alla loro tensione laterale durante la produzione del suono. Questo accade a seguito delle diverse conformazioni di ognuno e che comporta esperienze di studio operative diverse, nella mancanza di un metodo unico per tutti. La sensazione di emissione del suono resa più semplice o meno semplice dalla velocità del flusso aereo di base formatosi a seguito delle naturali conformazioni dei muscoli del sostegno e delle cavità in cui transita, ci deve aiutare a riflettere sulle modalità operative da adottare nell'insegnare, diversificandole per ogni singolo studente. È auspicale fare iniziare gli studi agli allievi, partendo dall'emissione del suono con la sola boccoletta. La dinamica operativa proposta, crea più facilità di emissione nella ricerca della posizione labiale, respiratoria e di posizione posturale generale, nell'impostazione corporea del flautista. L'aria all'interno della boccoletta si riscalda più facilmente di quella contenuta nel flauto intero e riscaldandosi crea meno difficoltà di interazione tra essa e quella immessa dallo strumentista nei suoi rapporti di compressione: la quantità aerea da riscaldare è minore operando con la sola boccoletta. Il peso dell'aria con cui si interagisce per la formazione del suono è minore rispetto a quello con cui ci si confronta con lo strumento intero: i **muscoli lo sostengono** più facilmente. Iniziare gli studi direttamente con tutto lo strumento potrebbe portare l'allievo a distrarsi, facendogli assumere delle posture e contrazioni oro-faringee scorrette durante l'atto di produzione sonora. Nel compito difficoltoso di aiutare gli studenti a sostenere i suoni, conviene procedere sempre per gradi. Un alunno che all'inizio riesce a produrre dei suoni che risultano poco sostenuti, ossia decompressi, è una tipologia di studente che può avere un tipo di conformazione su cui bisogna lavorare con intelligenza. Il suono decompresso nasce da una mancata corretta corsa dell'aria dello strumentista atta a contrapporsi alla reazione della colonna aerea contenuta tra boccoletta del flauto e il suo esterno, nello scorretto impatto tra le particelle aeree che interagiscono nella creazione di un suono ideale.

L'aria calda le ha più dilatate di quella meno calda e/o fredda compresa tra il tubo del flauto e il suo esterno. Il rapporto è sempre: aria calda ha meno impatto di compressione su aria più fredda, come ampiamente trattato.

A rendere ideale l'impatto di compressione, possono essere considerate due possibilità tecniche operative: la prima dovrebbe tendere a riscaldare velocemente l'aria contenuta nel tubo del flauto, rendendola più leggera da spostare verso l'esterno; in questo tipo di soluzione possono essere richiamate con logica, tutte le tecniche che propongono di sbadigliare durante la produzione sonora. L'atto dello sbadiglio può togliere particolari tensioni dei muscoli costrittori della faringe che potrebbero generarsi durante la produzione del suono, producendo aria sempre più calda in grado di ottimizzare il flusso aereo interno dello strumento con cui bisogna interagire. La seconda, invece, tende a stimolare l'uso delle labbra in un'azione tesa all'atto del sorridere, da evitare, o ad una tensione protesa ad una chiusura nella zona della commissura labiale ossia laterale, da favorire; quest'ultima stimola aumento di velocità di flusso aereo che rende l'azione di compressione più energica, in quanto le particelle dilatate dell'aria calda dello strumentista tendono a compattarsi, rendendo un'azione pressoria efficace nell'impatto con l'aria interna del tubo, nonostante quest'ultima resti più fredda. I risultati delle due tecniche tendono ad un suono sostenuto, nel primo caso ampio e arioso, nel secondo ampio ed energico. Perché avvalorare la tesi prospettata da Quantz di iniziare lo studio del flauto nei principianti partendo dai suoni della prima ottava quali do, si, la, sol? Perché i suoni della prima ottava vengono prodotti su impatto di compressione aeree che hanno un peso minore rispetto a quelli più gravi o acuti e quindi, di più facile emissione. Peso minore che può variare sempre di più anche in relazione agli stati di calore a cui viene sottoposta la colonna aerea contenuta nel tubo! L'aria contenuta nel flauto in relazione alla lunghezza del tubo ha dai pesi variabili.

Nei primi compendi del libro abbiamo appreso che l'aria ha un peso, ebbene i suoni della prima ottava vengono prodotti attraverso impatto di compressione su colonne aeree più corte e quindi che pesano di meno. Meno peso significa meno energia da produrre per comprimere l'aria in esso contenuta e di conseguenza più facilità di emissione. Meno peso significa anche meno quantità aerea contenuta nell'interno del tubo, che si presta ad essere facilmente riscaldata da parte dello strumentista che usa la tecnica a sbadiglio, a differenza della tecnica che tende a velocizzare l'aria per comprimerla con molecole che da dilatate per il calore diventano più compresse per lo stato di velocità a cui sono sottoposte. Sia la tecnica di emissione tendente a ritenere l'aria fredda più idonea all'emissione dei suoni che quella calda, trovano attraverso la mia ricerca, massima accoglienza.

Le due tecniche possono essere usate a scopi interpretativi diversi e modulate a seconda dei casi e contingenze di scrittura musicale. Se si suona in ambienti più caldi il tutto si facilità; se troppo freddi forse la tecnica sbadiglio diventa inopportuna e viceversa in ambienti troppo caldi diventa inopportuna anche quella legata all'aria fredda. Le variabili sono infinite, conoscere questi tipi di manovre fino in fondo può aiutare facilmente a modificarle con cognizione di causa, a seconda dei casi.

Casi che possono variare ancora nelle situazioni di stanchezza muscolare!!!

La reazione dei muscoli vocali alle pressioni aeree prodotte tra lo strumentista e lo strumento, dunque, nel registro della prima ottava, necessitano di meno elasticità di movimento e quindi meno tonicità muscolare per essere sostenute. Le velocità aeree necessarie alla produzione dei suoni medi rispetto a quelli più acuti o gravi sono minori in relazione al peso ridotto dell'aria da spostare che si muove tra la glottide, il tubo del flauto e la pressione atmosferica. Più aumentano le altezze dei suoni più si necessita di muscoli elastici, le corde tendono a chiudersi ed allungarsi sempre di più per sostenere le velocità che si generano. Nella loro maggiore chiusura aumentano i potenziali di energia da produrre nel maggior movimento muscolare, necessitando di una tonicità muscolare reattiva sempre maggiore.

È come dire che un corridore che corre ad una bassa velocità necessità di minore energia ed elasticità muscolare rispetto a quando, invece, corre ad una velocità maggiore. Più aumenta la velocità dell'aria dei suoni da produrre e sostenere tra flauto e muscoli respiratori-vocali, maggiore deve essere l'elasticità dei muscoli che la sostengono. I connubi giusti tra emissione del flusso ed elasticità ideale dei muscoli nel sostegno dei suoni, si raggiungono con gli anni e con il continuo esercizio, a meno che la natura non ci abbia donato un apparato vocale e respiratorio ideale per suonare il nostro amato strumento a fiato. Più diminuiscono le altezze dei suoni del registro della prima ottava, invece, e più aumenta il peso dell'aria da spostare e comprimere (mi riferisco ai problemi di emissione dei suoni gravi a partire dal Fa al Si grave), il tubo si allunga e con esso aumenta l'aria isolata dall'esterno e il suo peso. La perdita di forza di compressione di impatto sull'aria in esso contenuta diventa sempre più evidente, attraverso la difficile emissione dei suoni bassi. Se si tende ad aumentare l'intensità del flusso aereo per produrre i suoni gravi si corre il rischio che si vada a produrre l'ottava superiore, se la velocità non è corretta si tende anche alla chiusura della gola, ossia all'uso dei muscoli costrittori faringei, fino ad avere la sensazione del non passaggio di flusso aereo nella ricerca di produzione dei suoni stessi. L'aria da spostare è più pesante nel registro grave rispetto al do si la sol della prima ottava, si riscalda con più difficoltà in quanto il percorso del tubo è maggiore. Il passaggio dal do grave alla prima ottava necessita di una velocità di flusso minore rispetto alle altre ottave, e quindi con un tipo di reazione muscolare che necessita di piccoli movimenti della glottide, in cui si può facilmente incorrere al minimo aumento d'intensità del flusso emesso. Diremo che i suoni gravi vanno appoggiati a livello muscolare ma non sostenuti, in quanto più aumenta il sostegno muscolare costo-addominale dei suoni, maggiore sarà la velocità del flusso aereo prodotto all'interno del cavo orale è maggiore la possibilità di passaggio tra ottava grave e media.

Abbiamo due possibilità per emettere degli eccellenti suoni gravi: la prima contempla un soffiare sulla hhhhhhhhh ad aria calda, i muscoli della glottide si avvicinano con la pronuncia della h bisbigliata, l'aria nel tubo si riscalda più facilmente diventando più leggera da comprimere e spostare, la seconda contempla quello esposto da Marcel Moyse nel suo libro "De La Sonorité art e Tecnique", ed. A. Leduc ossia: suoni vicini all'imboccatura (labbra in posizione avanzata). Il labbro inferiore nella leggera rotazione in avanti dalla mandibola aumenta la velocità del flusso aereo immesso senza necessariamente aumentarne troppo l'intensità. Abbiamo bisogno di un micro aumento di velocità nei suoni gravi e non di un sostanziale aumento che ci condurrebbe all'ottava superiore, soprattutto nell'emissione del do grave. Labbro in avanti con conseguente spostamento della mandibola, leggera tensione dello stesso negli angoli facendo attenzione al corretto dosaggio dell'intensità del flusso, ed il gioco di produzione per giusto atto di compressione aereo e sostegno della pulsazione ad opera dei muscoli vocali, respiratori e labiali si compie in maniera corretta nel registro grave. Il differenziale di calore termodinamico tra aria proveniente dai polmoni e quella contenuta nel tubo del flauto può essere assolto con due modalità dunque, ricapitoliamole: la prima prevede un riscaldamento aereo dell'aria contenuta nel tubo del flauto e la seconda un aumento di velocità di flusso immesso con conseguente compattamento delle molecole che lo compongono.

Quale scegliere e quali sono le conseguenze sul suono prodotto?

Prima di rispondere a questa domanda che ci riporterà nelle due modalità storiche di concezione del suono flautistico, vorrei approfondire ancora alcuni concetti.

Più aumenta la velocità del flusso aereo all'ingresso della boccoletta e più aumenta l'altezza del suono. La sua altezza si misura in hertz, ossia numero di pulsazioni al secondo e rapportabili ad una velocità aerea crescente o decrescente pulsante al secondo. Ogni suono da produrre necessità di una velocità di flusso aereo che il flautista deve generare a livello lineare, ossia un flusso aereo che abbia una velocità lineare e non pulsante, ideale alla produzione del suono, come ideale deve essere la capacità muscolare atto al suo sostegno dopo la sua produzione. Il flautista deve conoscere la tecnica per variare la velocità del suo flusso aereo all'ingresso della boccoletta e le tecniche per allenare i muscoli sia vocali che della respirazione, senza incidere sui muscoli costrittori della faringe.

Ad ogni micro-aumento o diminuzione di velocità di flusso possono corrispondere dei suoni più chiari e brillanti o più scuri e pieni, tutto ciò anche in relazione alle capacità reattive dei muscoli coinvolti nel sostegno, che se non tonicamente in forma non riescono a rendere i cambiamenti timbrici auspicati e auspicabili.

Altresì l'aumento relativo alla velocità del flusso aereo può avvenire anche per variazione di direzionalità sullo spigolo esterno della boccoletta; se i muscoli della corde vocali, anche in questo caso, in un determinato giorno, ad esempio, sono poco tonici a sostenere l'aumento di velocità nelle sue dinamiche interne ed esterne, il gioco muscolare di sostegno non avviene e le variazioni timbriche del suono non si avvertiranno per nulla. Possiamo oltremodo affermare che se "le corde vocali" non sono in grado di reagire ai minimi cambiamenti di velocità aerea tra tubo del flauto, labbra, faringe, muscoli costo-addominali, pressione atmosferica, appoggiandone il movimento muscolarmente, non avverranno nemmeno le più piccole variazioni timbriche.

7.6 - Approcci alla tecniche flautistiche
nelle metodologie storiche e contemporanee

Nel trattato già menzionato di John Gunn del 1793 "The Art of Playing the German-Flute" ed. Birchall London, l'autore prospetta che nella sua epoca ci fossero due modi di approcciarsi al flauto: una scuola di pensiero che mette in evidenza il suono ampio, brillante e spinto come quello di una tromba che ha la stessa pienezza sui vari registri e una, invece, che ricerca un suono colorito e morbido, che riporta ad una voce aggraziata e tenera molto affine ad una voce femminile.

L'autore del trattato prospetta invece un suono vario al fine di non incorrere in esecuzioni flautistiche monotone e stucchevoli.

La due scuole di pensiero sono, a mio parere, ancora oggi presenti e possiamo aggiungere alla descrizione del Gunn, inserendolo nella nostra epoca: una prima scuola di flauto che mette in evidenza un suono ampio, brillante e incisivo come quello di una tromba, omogeneo nei registri e, aggiungerei, con un vibrato molto marcato e stretto. In questo manuale e nella mia concezione didattica oso definire questo tipo di sonorità **"lirica"** ed i flautisti che la adottano **"lirici"**.

Nella seconda scuola di pensiero prospettata da Gunn troviamo chi ricerca un suono colorito e morbido, che riporta ad una voce aggraziata e tenera affine ad una voce femminile e alla quale oggi aggiungerei, con un vibrato non statico ma modulato con un'ampiezza ed un numero di cicli al secondo minori di quello della prima concezione sonora; io oso definire, invece, questo tipo di sonorità **"pastorale"** ed i flautisti che la adottano **"pastorali"**.

La terza concezione di suono è mista tra le due e prospettata anche da Gunn nel "700, io aggiungerei, dunque, che ci possono essere tipi di esecuzioni e repertori a cui si addice di più l'esecuzione "lirica" e altri a cui si addice quella "pastorale".

Anche all'interno della scuola francese del Novecento le due tipologie di approccio flautistico coesistevano, a mio avviso. Ho deciso di non citare nessun flautista contemporaneo in questo manuale, mi appello al saper udire del lettore nel collocare i vari modi di suonare dei flautisti sia di oggi che del passato classificandoli in "lirici" e "pastorali".

La quarta concezione flautistica è quella dei teorici, in cui amo collocarmi. Il teorico e quella tipologia di flautista che cerca di dare una spiegazione chiara e precisa di quello che fa e di come lo fa; esso va collocato nei didatti di flauto, una categoria professionale che si prodiga di spiegare nella maniera più chiara e approfondita possibile, quella parte della pratica strumentale dedicata al come studiare e perché, possiamo inquadrare questo tipo di approccio d'insegnamento in: **metodologia di studio su basi cognitive**.

Cosa si intende per metodologia

Metodologia. In senso generico, lo studio del metodo su cui deve essere fondata una determinata scienza o disciplina; con senso più concreto, **il complesso dei fondamenti teorici sui quali un metodo è costruito**. In filosofia, con il termine metodologia ci si può riferire sia a un settore particolare di ogni ricerca scientifica o filosofica sia a un tipo speciale di indagine filosofica. Così può alludere a quella parte del lavoro dello scienziato o del filosofo che consiste nell'enunciazione delle regole generali che saranno poi applicate nel corso della ricerca.

Un uso del termine con questo particolare significato può essere, per es., rintracciato nell'opera di I. Kant, in cui si considera la metodologia come una premessa alla filosofia che ha il compito di enunciarne i criteri generali. **Tratto dall'Enciclopedia Treccani Online**.

7.7 - Difetti causati da errate prassi esecutive nella tipologia flautistica lirica e pastorale

Il flautista lirico lavora con delle velocità aeree e con dei toni muscolari maggiori rispetto a quelli del flautista pastorale, pone l'accento su un tipo di vibrato molto stretto contornato da sonorità molto sostenute. Le difficoltà tecniche in cui possono incorrere coloro che sostengono questo tipo di approccio sono legate alla tonicità muscolare che può venir meno, per stanchezza o per un uso errato dei muscoli addetti all'emissione del suono. Il flautista lirico tende a stancarsi prima rispetto a quello pastorale. La sollecitazione aerea sui muscoli vocali, dovuta soprattutto ad un uso del vibrato molto stretto potrebbe comportare tale stanchezza. Tuttavia tipologie di apparati vocali e respiratori, con corde molto elastiche e reattive alle minime variazioni sono più indicate alla scelta di tale tecnica. Dovrebbe prevedere delle labbra che si oppongono in maniera sinergica con i muscoli costo-addominali al passaggio dell'aria, generando un tipo di compressione molto incisiva, ma anche un uso delle labbra molto libero a seconda del tipo di conformazione muscolare. Si possono dar vita a suoni pieni e nel contempo tesi alla brillantezza, ammesso e non concesso che il tipo di conformazione orofaringeo e vocale lo renda possibile. Gli errori tecnici esecutivi in questo tipo di sonorità possono essere legati al mollare le labbra quando si passa da un forte al piano, e all'aumento di vibrato nella sua modulazione; l'errore comune alle due tipologie nasce dall'associare la fine di una nota alla fine del sostegno da darle o a voler collocare la tecnica del vibrato in un tipo di tensione non labiale ma a carico dei muscoli costrittori della faringe (facile conseguimento di un tipo di vibrato chevrotment, ossia a pecorella). Le conseguenze negative dell'associare la fine di una nota nel passaggio dinamico da una sonorità **FORTE** al **piano o pianissimo** o solamente la fine di una nota alla fine del sostegno, sono legate a variazioni timbriche e di intonazione, soprattutto se si opera nei registri medio-bassi. Nel registro acuto le variazioni di intonazione nel passaggio suono acuto forte a suono acuto piano sono minori, se non per niente contemplate, in quanto i muscoli che operano un sostegno su di esse se perdono tonicità nel passaggio di sonorità tendono ad un cambio di registro del suono verso il basso. I muscoli che dovrebbero essere deputati all'emissione di suoni acuti, morbidi e mai spinti, sono da ricercarsi in quelli vocali detti Cricotiroidei. Essi allungano le corde vocali con un passaggio muscolare che va verso l'esterno dello scheletro laringeo. Il tipo di manovra detto anche tecnica del passaggio di registro e riscontrabile anche nella voce cantata, aiuta ad aumentare la velocità del flusso aereo dello strumentista, senza che si possa incidere sulle labbra. Il suono Lirico può avere nel suo seno un tipo di staccato molto incisivo e sfavillante, a patto che l'uso delle labbra sia corretto nelle sue tensioni laterali e sia sinergico con i muscoli costo-addominali. Ma cosa vibra davvero nella produzione del vibrato lirico? A vibrare è sempre l'aria, sostenuta dai muscoli costo-addominali e dalle corde vocali che sostenendola vibrano con essa. Lo fanno con movimenti di adduzione e abduzione tra azione sinergica dei muscoli cricoaritenoidei laterali e posteriori. Un vibrato aereo generato dall'azione sinergica sulla nostra "corda d'aria" da un rapporto di compressione che spinge sulla pressione atmosferica in maniera modulata e senza apporto dei muscoli costrittori faringei, fa in modo che si generi una micro-pulsazione a varie frequenze di modulazione nella stessa pulsazione principale produttrice di suono. Il vibrato è una modulazione del suono che ne varia la frequenza, il timbro e l'intensità. È in questa modulazione che va collocato il termine "micro-pulsazione del suono a frequenze di modulazione", per definire il vibrato stesso.

Nello stesso modo per cui un dito agisce su una corda di violino ad aumentare o diminuire la velocità della vibrazione propria di quel momento della corda stessa, facendola diventare più spessa e meno spessa nella sua azione di compressione, la produzione del vibrato aereo è dato dagli impulsi di variazioni di intensità aerea inglobati nella frequenza dei suoni su cui si produce. Gli impulsi aerei che modulano la loro intensità tra attriti che si generano tra aria contenuta nel tubo del flauto, pressione atmosferica e muscoli cricoaritenoidei sia laterali che posteriori, supportati a loro volta da labbra tese ai lati e dai muscoli intercostali che giocano un ruolo sinergico di **sostegno,** nelle micro-pulsazioni inserite nei suoni principali, danno vita alle corrette forme di vibrato nel suono flautistico. Dimensioni ampie del cavo orale supportate da corde di grande spessore rendono questa dinamica di suono, che abbiamo soprannominato Lirica, di difficile realizzazione per chi la persegue solo ad imitazione di grandi flautisti inseriti e riconosciuti dal panorama musicale internazionale.

Ognuno diventi modello di se stesso. È giusto avere dei modelli da seguire, ma bisogna rendersi conto che la loro sublimazione può generare frustrazione. Soprattutto quando le caratteristiche fisiologiche che la natura ci ha donato, atte a raggiungere lo stesso tipo di sonorità o tecnica globale del modello seguito, non sono adeguate.

E…quanti modelli seguiti possono essere solo il frutto di modi di suonare costruiti in sale di registrazione!!!!???

Il flautista "pastorale" sostiene che le labbra non debbano essere il centro dell'emissione del suono: le ricerca rilassate, professando un tipo di impostazione interna del cavo orale che richiami allo sbadiglio, in un tipo di emissione di flusso aereo molto caldo. Il suono che persegue è ampio, limpido e sostenuto al punto giusto, non va oltre un modo di soffiare che non sia ampio e mai spinto. Ha un vibrato molto più largo di quello lirico, lo modula tra suono fermo ed espressivo, più che aggressivo. Le sonorità che riesce a conseguire sono molto belle e adattabili facilmente a dei modelli interpretativi mai troppo incisivi. Il flautista pastorale è elegante, raffinato, riporta alla sensazione uditiva di un suono simile ad una voce impostata, ma non lirica. Le fasce muscolari coinvolte nella produzione sonora di chi si avvia a questo tipo di approccio flautistico, sono sicuramente molto meno tese dell'altra tipologia. Si stancano di meno ma: nel voler aumentare l'intensità del flusso aereo alla ricerca di una maggiore incisività delle frasi musicali, si tende ad un suono sforzato e spesso crescente di intonazione.

Da cosa dipende questo problema?

Quasi tutti attribuiscono il problema ad un aumento sproposito della velocità aerea dello strumentista stesso, che vorrebbero tendere a diminuire cercando di variare l'indirizzo del flusso aereo sul foro della boccoletta, indirizzandolo verso il basso; altri tendono semplicemente a variare l'apertura del cavo orale attraverso le posizione della mandibola, ovvero abbassandola. Apriamo una parentesi specificando che **la mandibola** può: abbassarsi, alzarsi, andare avanti e indietro.

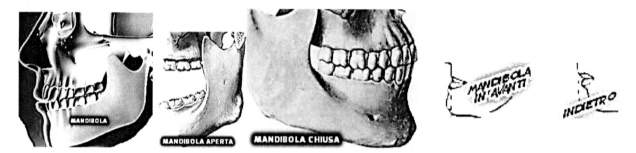

E se vi dicessi che il problema dei suoni spinti e crescenti nasce invece da una questione inversa a quella professata di troppa velocità di flusso erogato, ossia: aumento di intensità del flusso aereo non supportato da sufficiente velocità dello stesso, mi contestereste?

Bene, mi sento pronto alla contestazione: provate ad aumentare l'intensità del flusso cercando di stringere le labbra ad ogni suo intensificarsi e noterete delle grosse differenze di intonazione nel senso inverso; il suono tende a non essere più crescente ma intonato. Tuttavia è anche corretto pensare che un aumento di intensità troppo elevato di flusso aereo rispetto alle frequenze da emettere in sonorità Forte abbiano nel suo seno una sproposita velocità aerea **non in ingresso alla boccoletta**, ma che pulsa nel tubo su una dimensione di lunghezza generatasi non idonea all'intonazione dei toni prodotti. Il flautista può evitare detta dinamica in due modalità di azione: **la prima non diminuendo la forza di espulsione** del flusso aereo ma stringendo le labbra ai lati.

L'azione compiuta correttamente diminuisce l'intensità in entrata del flusso aumentandone la sua velocità con conseguenze positive su "intonazione crescente con suono spinto". Bisogna erogare un flusso aereo a maggior velocità per fare in modo che la velocità di pulsazione dell'aria contenuta nel tubo del flauto rallenti. Mi sembra un controsenso, ma vi esorto a riflettere bene sulla questione! Un aumento di velocità di flusso fa in modo che la pulsazione che avviene nel tubo del flauto si sposti in avanti, con conseguenze sul numero di cicli prodotti al secondo, relativi a porzione di tubo maggiore in cui si svolge. Il tipo di manovra aero-labiale esposta dà al flautista la sensazione di non escludere dal concetto di suono forte un aumento di forza stesso del flusso aereo emesso, ma ne limita l'intensità con l'uso delle labbra, aumentandone la velocità. Si genera tra le labbra un passaggio leggermente più stretto aumentando la velocità del flusso e riducendone l'intensità, per evitare che la pulsazione possa avvenire su una porzione minore del tubo del flauto, in quanto l'azione equilibra la colonna aerea che va verso l'esterno e quella che reagisce verso l'interno del tubo stesso.

La seconda modalità di correzione può avvenire soffiando con meno intensità e aprendo il foro labiale attraverso il movimento della mandibola verso il basso. Nella ricerca di produrre un flusso aereo caldo, si genera una contingenza di diminuzione di energia aerea che equilibra i due flussi interagenti nel tubo del flauto. Questo tipo di azione limita, però, nella produzione sonora, la sensazione uditiva di incisività nelle dinamiche FORTE e **FORTISSIMO.** I tipi di modalità esecutive illustrati, atti a risolvere il problema legato alla produzione del suono spinto e crescente nel flauto traverso, generano e hanno generato nel corso degli anni nella scuola flautistica notevoli divergenze di pensiero.

Le divergenze avvengono e sono avvenute perché i motivi di azione sulla problematica da risolvere si sono sempre basati su soluzione empiriche, ignorando i rapporti di causa-effetto nelle dinamiche fisiche che li generano. È soprattutto la differenza di calore tra i due flussi interagenti, oltre alle aperture diverse del cavo orale, che variano le velocità aerea all'ingresso del flauto rispetto ai suoni da emettere nelle varie intensità, non rendendo possibile un rapporto di compressione ideale atto ad una produzione sonora che non sfoci nello sforzato durante l'aumento di intensità del flusso, generatore del suono.

La forma d'onda che si va a delineare tra il ventre che va verso l'esterno del tubo e l'incontro con la pressione atmosferica, ossia il punto di massima compressione che si genera tra esterno del tubo e l'atmosfera, tende ad una proiezione non lineare ma di distorsione dell'onda, generando il senso dello sforzo e della cattiva intonazione.

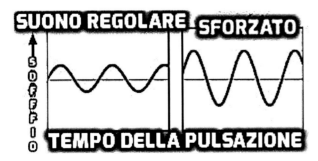

Il flusso aereo dello strumentista non riesce ad ostacolare la contropressione atmosferica che si genera tra tubo e l'aria esterna, tendendo a cedere in energia compressiva verso l'esterno; generando così uno stato di sforzo e di suono crescente.

Più l'intensità del flusso aumenta e più le labbra devono essere serrate nella zona della commissura o quanto mai lasciate nella stessa posizione di partenza invece di variarne la tensione nel senso opposto, ossia rilassarle troppo nei forti. Per evitare, invece, che ci siano variazioni di altezze tonali, soprattutto se il gioco di aumento di flusso avviene nei **suoni gravi,** basta non serrarle troppo al centro. Non serrarle troppo non significa però rilassarle!!!

E questo vale anche nel passaggio alle sonorità piano: bisogna evitare di non rilassare le labbra totalmente, associando i piani ad una diminuzione di tensione muscolare che porterebbe inevitabilmente verso un suono calante di intonazione o quanto meno timbricamente diverso da quello in partenza. Il problema principale è sempre lo stesso, ossia variazioni termodinamiche e di velocità dell'aria tra esterno e interno al cavo orale durante l'atto di compressione nel sostegno e generazione dei suoni prodotti nelle tecniche del flauto traverso. In primavera tutto è più semplice perché l'aria esterna è meno pesante da comprimere e da riscaldare, in quanto più calda che nel periodo invernale.

Nella posizione del flautista detto Pastorale con labbra più rilassate rispetto quello lirico, l'uso dei muscoli cricoaritenoidei laterali in antagonismo con quelli posteriori è meno marcato. Ricercare un vibrato stretto in questa posizione respiro-**labiale** potrebbe portare la muscolatura vocale deputata al sostegno a cedere, soprattutto nei muscoli **cricoaritenoidei posteriori**. Nel flautista pastorale che utilizza massima distensione delle labbra, i muscoli cricoaritenoidei posteriori possono diventare troppo tonici e sensibili alla minima variazione di intensificazione del flusso aereo prodotto, tendendo ad allargare la glottide con conseguenze che portano a un tipo di sonorità sforzata e ad un vibrato che non riesce a venir fuori stretto ma al contrario ampio, nel registro grave soprattutto. La poca velocità di flusso, prodotto in atto di variazioni cicliche aeree durante la produzione del vibrato porta ad un uso non sincronico ed elastico delle fasce muscolari cricoaritenoidee laterali e posteriori che dovrebbero sostenere le variazioni aerodinamiche a cicli più ravvicinati nell'uso del vibrato stretto, denominato in questo manuale: vibrato lirico. La minore tonicità muscolare in equilibrio tra cricoaritenoidei laterali e posteriori nel suono pastorale, nella ricerca di un vibrato stretto, comporta a breve tempo la produzione di un tipo di sonorità energeticamente stanca, senza forza, quasi come quando si passa a suonare il flauto, dopo aver suonato per un poco di tempo in più l'ottavino. Vibrato ampio in un suono del tipo pastorale e stretto nel tipo di sonorità lirico dunque, il passaggio delle due tipologie di sonorità e vibrato dovrà, nella maniera più assoluta, essere compensato da un sapiente e cosciente uso delle labbra. Il suono Pastorale in linea generale deve e lavora su un tipo di vibrato meno stretto. Un suono tipico di grossi nomi di spicco della vecchia scuola francese, la quale si potrebbe dividere a sua volta in flautisti lirici e pastorali. Variazioni di pressione atmosferica, negli stati di aumento o abbassamento di temperature aeree tra variazioni di luoghi e città, nonché altitudini maggiori o minori sul livello del mare, porta molto spesso il flautista a perdere il senso di controllo sul suono, sia se si tratti di flautisti di stile pastorale o lirico. Quando l'aria diventa più leggera il flautista lirico ha la sensazione di perdere incisività, varia il rapporto di compressione aereo e il modo in cui esso si riflette sulla glottide. L'aria leggera pulsa più facilmente e il rapporto spinta-compressione che crea quel suono più elastico e lirico-violinistico, viene a mancare. Diversamente per il flautista pastorale l'aria più leggera della pressione atmosferica, lo aiuta a sostenere meglio i suoni; lui usa aria più calda e più leggera di quello lirico e quindi si crea un equilibrio tra aria insufflata e aria che reagisce all'insufflazione. Sia nella tipologia lirica che pastorale in primavera quando l'aria diventa più leggera, il suono tende a crescere. Accade che la pulsazione tende a velocizzarsi. La spiegazione al fenomeno data dai fisici è che l'aria più tiepida si muove con maggiore velocità di quella meno tiepida. Io asserisco, invece, rispetto alla situazione citata, che l'aria tiepida si muove più velocemente in cicli di pulsazione di quella proveniente dal cavo in quanto, l'aria proveniente dal cavo orale è più umida e quindi più leggera di quella contenuta nel flauto, anche a regimi di aumento di velocità di flusso in ingresso alla boccoletta. L'aria umida e calda è più leggera di quella calda esterna, per questo motivo l'aria contenuta nel tubo del flauto ha una spinta maggiore verso il suo interno, facendo ancora una volta in modo che la pulsazione aerea nel tubo avvenga su porzioni minori di quelle ideali ad una corretta intonazione. Come sopperire a questo difetto stagionale? Io propongo di diminuire l'intensità del flusso aereo in stato di insufflazione, in linea generale, e/o come proposto precedentemente di stringere le labbra ai lati anche in questa contingenza, ma avendo sempre un'intensità di flusso molto moderata in questo caso. Ad aumento di velocità del flusso con diminuzione dell'intensità dello stesso, si ha un equilibrio di funzionamento delle due fasce muscolari vocali, che tenderanno a sostenere il suono prodotto nel flauto in maniera equilibrata, ripercuotendosi sulla bellezza dei suoni prodotti e sulla loro forza nel controllo dell'intonazione, anche nella stagione estiva. Il tubo del flauto fa da commutatore di velocità del flusso proveniente dai polmoni, questo è una circostanza fondamentale da tener sempre presente. La dinamiche che si generano richiamano il teorema Bernoulli: al centro della glottide l'aria passa con maggiore velocità di quella circostante ad essa che avendo più pressione si riflette in tutti i suoi lati. Il motivo della chiusura della glottide nasce quando l'aria circostante ad essa spinge di più ai lati della stessa anzichè nella sua retroattività pressoria centrale, generandone la chiusura a vari stati di tensione dipendente dai frangenti aerodinamici che si creano nel flauto e negli strumenti a fiato in relazione alle varie altezze tonali da realizzare.

7.8 - Cattive impostazioni generali di suono nelle motivazioni dei suoi difetti timbrici

Problematica n. 1 - Suono calante tendente a sonorità intubata, attacchi dei suoni quasi a produrre le sillabe PUA.

Motivazioni

Posizione bassa della laringe con costrittori della faringe attivati, quasi a produrre una GH; la boccoletta tende ad andare verso l'interno producendo suoni calanti.

Un tipo di velocità, intensità e portata del flusso aereo crea nel flauto un tipo di timbrica che richiama, come abbiamo più volte detto, la voce cantata.

La voce e il flauto hanno in comune tra loro l'uso dei muscoli e il flusso aereo, nel connubio antagonista con la pressione atmosferica.

Ipotesi di soluzione al tipo di problematica n. 1:

Togliere lo sforzo invitando a produrre una hhhhhhhhh e scaricandolo sui muscoli costo-addominali, rendere consapevole lo studente sul tipo di suono prodotto con esempi pratici imitativi, invitare ad aprire la boccoletta e a chiudere leggermente le labbra ai lati.

La difettosità timbrica nasce sempre dalle posture e dal modo in cui gli armonici presenti nel suono vengono attenuati o evidenziati. Il nostro cavo orale è simile ad un equalizzatore del suono che in virtù del tipo di flusso aereo prodotto incide sul suono finale, sempre ed in ogni caso.

Fanno parte del tutto che equalizza il suono: le labbra, la glottide, e l'apparato respiratorio produttore del flusso aereo tra muscoli diaframmatici, intercostali e addominali.

Il sapersi ascoltare è il fondamento di qualsiasi correzione cosciente.

Problematica n. 2 - Suono tendente a sonorità troppo aperta e crescente di intonazione, soffioso, presenta spesso un attacco del suono sporco e mai preciso

Motivazioni

Posizione della boccoletta sotto le labbra inferiore troppo aperta, posizione alta della laringe, labbra troppo strette nella loro parte centrale, la velocità e l'intensità del flusso che si infrangono sullo spigolo esterno della boccola sono troppo elevati. Lo studente tende a produrre una vocale I in posizione costretta. Gli armonici alti sono di intensità troppo elevata rispetto al suono fondamentale.

Ipotesi di soluzione al tipo di problematica n. 2: Il soffio prodotto dal flautista, che si infrange sullo spigolo esterno della boccoletta fa rumore, producendo il famoso "suono soffioso". La sua entità maggiore o minore all'ascolto è data dagli ambienti secchi o meno secchi in cui si suona, e dall' intensità e velocità nella produzione del flusso stesso. Limitare l'intensità e le velocità del flusso comporta un soffiare di meno, ma senza mollare le giuste tensioni nella zona delle commissure labiali, se non solo nella parte centrale delle labbra. Fare molti esercizi di **attacco dei suoni** senza uso della lingua aiuta molto, in quanto si limita la velocità del flusso aereo in ingresso alla boccoletta e si evitano tensioni orofaringee, spesso date anche da una **lingua** troppo rigida negli attacchi sporchi e che **non arriva in maniera sincrona con l'atto del soffiare.**

Posizione della lingua nella sua parte anteriore: Il colpo di lingua tende ad aumentare l'intensità del flusso, quasi sempre. Ogni colpo equivale ad un aumento di intensità aerea, modificabile con una sua diminuzione cosciente durante il processo e/o, con un uso consapevole delle labbra per modificarla. Tuttavia una lingua troppo rigida può far in modo che la portata aerea diminuisca anche troppo durante gli attacchi dei suoni, incidendo con un'azione negativa riflessa anche sui muscoli costrittori della faringe.

Si può variare la posizione della lingua portandola dal palato a dietro i denti superiori o alle labbra, per favorire la giusta produzione del suono nella problematica n 1, e viceversa invece sotto il palato per favorire l'emissione nella problematica n. 2.

La posizione della lingua negli attacchi e nello staccato deve essere ricercata a discrezione dell'esecutore, a meno che essa non costituisca, a seconda dei tipi di conformazione, elemento favorevole per la soluzione di particolari problematiche da valutare per ogni studente.

Solitamente io la consiglio tra le labbra a chi tende ad un suono poco sostenuto e indietro a chi tende ad un suono troppo spinto. È una ricerca, quella della posizione della lingua molto personale e ha delle variabili inerenti alla costituzione di tutto l'apparato fono respiratorio deputato alla produzione del suono.

E ancora per migliorare la problematica n. 2: cercare di non aprire troppo la boccola facendo scendere la parte centrale della lingua verso il pavimento della bocca. Il tutto comporta un equilibrio tra velocità del flusso e portata dello stesso; il suono varia in quanto le componenti armoniche più alte si attenuano e quelle più basse aumentano di intensità.

Problemi inerenti legature di portamento non omogenee tra i suoni

Nei grandi salti: nascono da muscoli non flessibili al sostegno delle variazioni di velocità di flusso aereo nella produzione dei suoni nei grandi intervalli. Esercizi inerenti colpi di aria senza uso della lingua, prodotti su intervalli a gradi congiunti in primis e disgiunti poi, possono risolvere questo tipo di problema che nasce da muscoli poco elastici al sostegno dei suoni tra quelli vocali e costo-addominali.

Nei piccoli salti: una disgiunzione dei suoni nel legato tra salti per gradi congiunti, del tipo di terza o quarta, può essere deputata ad una velocità del flusso aereo prodotto dallo strumentista troppo bassa. È tipica della problematica n. 1.

Le differenze timbriche intermedie tra tutti gli esempi proposti, partendo dalle tipologie di flautisti Pastorali e Lirici, nella bellezza dei suoni o nelle difettosità timbriche sono molteplici. Sono varie quanti sono i timbri diversi prodotti dalla voce umana delle persone presenti sul pianeta terra tra: linguaggi, dialetti, ritmiche di pronuncia delle parole e componenti nervose.

Alla domanda: **un tipo di linguaggio può influire sul suono e articolazioni prodotte da un flautista?**

La mia risposta è assolutamente affermativa.

L'abitudine ad atteggiare i muscoli vocali e le parti mobili interessate alla produzione del suono negli strumenti a fiato, in relazione alle lingue ed influssi dialettali praticate dagli strumentisti quotidianamente, può incidere su l'uso dei costrittori della faringe nell'emissione del flusso aereo nella produzione del suono strumentale, già utilizzati nel loro linguaggio parlato.

Ad esempio i francesi rispetto ai tedeschi possono avere più facilità nell'emissione di un suono morbido e dolcemente articolato. Modi di articolare i muscoli influiscono, dunque, sulla ginnastica che si fa sui muscoli stessi nelle loro possibili articolazioni! I tedeschi rispetto ai francesi usano di più i muscoli costrittori nel loro linguaggio nazionale!!!

Altresì tipi di conformazioni muscolari incidono sulla velocità del flusso aereo e sul timbro in un flauto, prodotto al pari, ad esempio, di una nota "La" generata da una corda di violino alla stessa altezza di quella originata da una corda di contrabbasso che ha un colore diverso, dipendente dalla massa dell'elemento vibrante!

Ognuno ha una massa muscolare diversa data da lunghezza e spessore, il modo in cui si articolano i suoni prodotti sono influenzati dal grado di allenamento della massa stessa.

Essa varia il suo modo di muoversi nello spazio e nel tempo in virtù del suo allenamento.

Muscoli piccoli si muovono più velocemente di muscoli grandi, incidendo sul sostegno dei suoni che a sua volta è indice di velocità di flusso aereo adoperato per la loro emissione, incidendone sul timbro.

Per massa si intende la loro grandezza e il loro spessore. Essi sono posti in movimento dalla componente nervosa che varia gli stati di tensione in virtù del carattere psicologico di ognuno di noi, formatosi sulle esperienze positive e negative della vita vissuta o che si vive ogni giorno.

Ognuno di noi respira in maniera diversa e con un ritmo diverso che incide sulla velocità del flusso aereo emesso durante la respirazione tranquilla, lo stesso incide anche sulla produzione sonora.

Il suono prodotto nel flauto dopo anni di studio, molto spesso ci rispecchia. Dobbiamo cercarlo partendo da noi stessi, evitando imitazioni e mode.

Abbiamo il dovere di ricercarlo nello stesso modo in cui cerchiamo dentro di noi la gioia di vivere e di esistere, a prescindere da tutti i condizionamenti esterni, tra cui la ricerca di somigliare ad altri.

Ognuno di noi è unico e in questa unicità dovrebbe avere un suono personale, come la sua voce.

Tutti gli sforzi dovrebbero essere incentrati su evitare gli errori prospettati in questo e altri libri che affrontano gli argomenti relativi al suono e tutte le sue possibili articolazioni.

Non seppellite la vostra unicità, perché altrimenti diventate un'altra pecora del gregge e sarete morti ancor prima di morire, date vita alla vostra unicità, difendetela e siatene fieri, siate orgogliosi di essere voi stessi, unici e irripetibili, affinché quando la fine dei vostri giorni arriverà, voi non morirete mai, perché la vostra unicità vivrà in eterno...

Valentina Osuna, Essere umano non essere usato. Bioguida edizioni

7.9 - Obiettività nell'analisi della produzione del suono nel flauto traverso

Analisi non obiettiva: Sarà capitato a tutti di discutere sulla timbrica del suono di un flautista celebre o meno celebre. Lo stesso suono prodotto dallo stesso flautista può essere definito chiaro o scuro, aperto o chiuso, soffioso o meno soffioso da due ascoltatori anch'essi flautisti, ma che si contrastano nella percezione uditiva. La percezione del suono di un flauto e di qualsiasi evento cognitivo o meno cognitivo umano o riprodotto, viene percepito in maniera diversa da un soggetto ad un altro. È l'accordo delle percezioni che genera le amicizie o gli amori! È il giusto connubio tra le persone in un luogo di lavoro o in un gruppo musicale che produce cose belle.

Il fisico Pietro Righini nel suo libro "Lessico di acustica e tecnica musicale", Padova, ed. Zanibon 1980 pag. 228 scrive: L'apprezzamento del timbro, che è sempre soggettivo, dipende anche dall'età dell'ascoltatore oltre che dai suoi gusti e delle sue abitudini. A sessanta anni la risposta dell'ascoltatore non è più quella dei venti anni: c'è una perdita più o meno forte delle frequenze alte, per cui il soggetto non ritrova più la sonorità che ha memorizzato nel corso della sua vita. Anche per il timbro come avviene per qualsiasi apprezzamento soggettivo, c'è chi gradisce una cosa e chi un'altra e la psicologia per le cose che vediamo e che udiamo non è né stabile e nè uniforme, poiché varia col variare del luogo, del momento e della nostra disposizione a vedere e udire.

Aggiungerei a quello scritto da Righini:

"Questo vale anche per il flauto traverso".

Quindi si accetti se un giorno ci sfugge completamente il suo controllo o la percezione di quello che vorremmo ottenere sul nostro strumento. In quei casi è consigliabile andare a passeggio o fare quello che si desidera in quel momento, oltre il suonare. Bisogna essere consapevoli che si troverà sempre qualcuno a cui piacerà il nostro modo di suonare o il contrario, la cosa importante da raggiungere è la consapevolezza di quello che ci realizza come strumentisti. In fondo non saremo mai soddisfatti totalmente di quello che riusciremo a raggiungere, a meno che non diverremo dei narcisi. E anche di questa tipologia strumentale è pieno l'ambiente musicale. Il problema legato alla soggettività in musica è stato uno dei motivi che mi ha indotto ad intraprendere la carriera del teorico e ricercatore. Non riuscivo più a districarmi tra le opinioni dei vari docenti da cui cercavo le risposte alla soluzione dei miei problemi tecnici sul flauto; o da me percepiti come tali.

Analisi obiettiva: Un tipo di analisi obiettiva sul timbro prodotto del nostro suono di flauto, può essere data solo dall'analisi di Fourier. La maggior parte, anzi la quasi totalità dei suoni che udiamo nel mondo reale non sono suoni semplici o puri ma suoni complessi, cioè suoni composti da una maggiore o minore quantità di suoni puri; questi vengono detti componenti del suono complesso o armonici. La componente a frequenza più bassa si chiama fondamentale o prima armonica; la componente di frequenza doppia della fondamentale si chiama seconda armonica; la componente di frequenza tripla della fondamentale si chiama terza armonica, etc. Il flauto ne contiene molto poche, è il modo in cui si fondono in ampiezza di sonorità a scaturirne il timbro, armoniche più alte in evidenza-suono più chiaro e così il contrario.

JEAN BAPTISTE JOSEPH FOURIER
AUXERRE, 21 MARZO 1768 – PARIGI, 16 MAGGIO 1830

Il teorema di Fourier dal filosofo e scienziato francese Jean Baptiste Joseph Fourier, assicura che qualsiasi forma d'onda, purché periodica, è rappresentabile con una serie di armoniche, ciascuna dotata di una particolare ampiezza (e fase); è quindi possibile ricavare lo spettro di qualsiasi suono periodico. L'analisi di Fourier, dunque, è una modalità tecnologica per poter delineare se un timbro prodotto da due flautisti diversi può essere definito più chiaro e viceversa, in maniera obiettiva. Sono presenti in rete molti programmi semplici da usare per poter analizzare i suoni. Potrebbero essere utilizzati didatticamente per aiutare gli alunni a percepire in maniera oggettiva il timbro del loro suono o per poter dire ad un collega che "si sbaglia", nel credere un timbro chiaro se scuro e viceversa. Invitare il collega che si sbaglia nella percezione del suono a sottoporsi ad una visita accurata del suo udito è poi una scelta soggettiva.

Non dire mai: "L'obiettività non esiste". È l'alibi di chi vuole raccontare palle.

Piero Ottone

Ulteriori considerazioni sulla produzione del suono

L'organo vocale con cui il flautista interagisce durante la produzione del suono strumentale è l'unico organo in grado di modulare e modificare il timbro del suo suono prodotto. Le modifiche del suono possono avvenire variando la dinamica delle corde vocali nelle loro tensioni di base, date dalle variazioni della posizione della laringe sulla trachea. Essa può essere modificata grazie alla mobilità degli organi attigui che ne influenzano i movimenti, come la mandibola e la lingua. Nella produzione delle vocali, ad esempio, si agisce sulla posizione della laringe che può sensibilmente salire e scendere sulla trachea. La lingua è un organo che può influire sulle timbriche nel flauto, essa può far variare la posizione della laringe e lo stato tensivo delle stesse corde vocali, modificando l'apertura interna del cavo orale e con essa tutti i rapporti del flusso aereo in uscita. Ogni minimo cambiamento interno del cavo orale, varia la velocità del flusso che comprime l'aria contenuta nei tubi degli strumenti a fiato e con essa la timbrica del suono.

L'indirizzo del flusso aereo prodotto dallo strumentista, ad esempio, non verso l'esterno ma verso l'alto, può far reagire il **velo pendulo** creando all'interno dello stesso cavo orale più spazio e portata aerea, variandone sensibilmente la velocità in uscita necessaria alla produzione di un suono e, di esso, il timbro e anche l'intensità sonora.

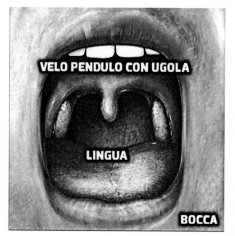

Velo pendulo (velo palatino o palato molle): porzione posteriore del palato a differenza della parte anteriore (o palato duro) è costituita esclusivamente da parti molli, e rivestito da mucose. I diversi muscoli che lo compongono gli conferiscono una motilità che diventa indispensabile per i movimenti della fonazione e della deglutizione. La sua sporgenza verso il basso è detta ugola. Variano ancora l'interno del cavo in dimensioni e quindi in variazioni di portata volumetrica dell'aria e velocità di flusso aereo: il modo di atteggiare le labbra e l'interno della bocca in relazione a simulazione di produzione sonora delle vocali, come precedentemente detto. È possibile atteggiare le labbra come produrre una vocale e il cavo orale su altre diverse da quella simulata.

Esempio: labbra atteggiate come produrre una **E** e interno della bocca come produrre una **O**. Le combinazioni sono molteplici e molteplici le micro-variazioni di velocità del flusso aereo in uscita, che ancora una volta possono modificare la qualità dei suoni prodotti.

Un'ultima considerazione importante va alla dinamica di variazione dei suoni in intensità tra piano e **forte,** soprattutto nella produzione delle altezze medio gravi.

Senza modificare la tensione labiale laterale è possibile variare il passaggio da un piano ad un forte cambiando la direzione dell'aria attraverso una mandibola che va avanti per un piano e indietro per un forte, senza nessuna variazione di intensità aerea. Attraverso le modifiche dell'indirizzo del flusso tra interno ed esterno del foro della boccoletta, saranno le variazioni di micro-velocità aeree a determinare le variazioni di intensità del suono.

La dinamica descritta viene usata da molti flautisti del tipo **pastorale**, bisogna fare attenzione a non variare eccessivamente il timbro del suono in questa manovra e nemmeno ad aumentare l'intensità del flusso nella ricerca di sonorità molto incisive senza che avvengano anche delle modifiche alla tensione delle labbra negli angoli, al fine di evitare suoni spinti e crescenti.

C'è tanta gente infelice che tuttavia non prende l'iniziativa di cambiare la propria situazione perché è condizionata dalla sicurezza, dal conformismo, dal tradizionalismo, tutte cose che sembrano assicurare la pace dello spirito, ma in realtà per l'animo avventuroso di un uomo non esiste nulla di più devastante di un futuro certo. La gioia di vivere deriva dall'incontro con nuove esperienze, e quindi non esiste gioia più grande dell'avere un orizzonte in costante cambiamento, del trovarsi ogni giorno sotto un sole nuovo e diverso... Non dobbiamo che trovare il coraggio di rivoltarci contro lo stile di vita abituale e buttarci in un'esistenza non convenzionale. (Dal film Into the Wild) di JonKrakauer

Classificazione delle vocali nella ricerca del timbro

SITUAZIONE DELLA LARINGE — ALTA · MEDIA · BASSA

SITUAZIONE VERTICALE LINGUA	SITUAZIONE ANTERO POSTERIORE LINGUA			APERTURA LABBRA E CAVITA' BUCCALE
	anteriori (palatali)	medie	posteriori (velari)	
ALTA	i		u	PICCOLA
MEDIA	é		ó	MEDIA
BASSA	è	a	ò	GRANDE

FORMA DELLE LABBRA — ELLITTICA · ROTONDA · ROTONDA E PROTUDENTE

Tuttavia variazioni di timbro nel flauto si ottengono anche modificando l'indirizzo del flusso aereo sullo spigolo esterno ed interno della boccoletta: più verso l'esterno per un suono chiaro ed interno per uno scuro. La manovra descritta può giocare un ruolo sia su intensità che timbrica del suono.

Per evitare variazioni timbriche incidendo sulla sonorità solamente, basta modulare semplicemente il modo in cui l'aria si infrange tra spigolo esterno e interno del foro della boccoletta!

In queste manovre di micro-modulazioni aeree si entra nella definizione di arte del fare e non solo del sapere come fare!

Ruotando la testata verso l'interno è possibile anche variare le altezze dei suoni nei salti di ottava, in una pratica che andiamo a definire scorretta.

7.10 - La concezione del suono nelle varie altezze tonali

Nel suo libro "De la Sonorité Art et Technique" Marcel Moyse parla di suoni da produrre vicini o lontani dallo spigolo esterno della boccoletta; colloca nei vicini quelli gravi e nei lontani quelli acuti. Questo tipo di riflessione e modalità esecutiva ha delle motivazioni spiegabili scientificamente. Nella concezione del flautista principiante, invece, i suoni gravi vanno ricercati con una posizione labiale più aperta e con indirizzo di flusso aereo verso il basso ed il contrario per quelli acuti; la stessa collocazione la troviamo in metodi per flauto come quello di E. Altès. Questo modo di concepire l'emissione dei suoni purtroppo non è corretta, anche se accettabile per i flautisti principianti, in quanto stimola a ricercare delle posizioni interne in relazione alle altezze dei suoni, soprattutto nella produzione delle ottave, anche se non è ideale ad ottenere omogeneità timbrica del suono. Essa non deve essere considerata nemmeno una tecnica corretta per la produzione delle ottave. I suoni gravi per essere emessi in maniera sicura e sonora, come abbiamo visto precedentemente, hanno bisogno di un atto di compressione che faccia in modo che l'aria calda dello strumentista possa aumentare la sua corsa e di conseguenza la sua velocità. Per fare ciò, il flautista che perfeziona le sue tecniche di base deve cercare una posizione labiale più aderente e meno aperta, ossia un tipo di posizione che richiami quasi quella della produzione dei suoni acuti, come vissuti nell'immaginario del flautista principiante, una posizione labiale cioè in avanti e con una mandibola che tende a salire e non a scendere. In questo gioco atto ad ottimizzare il flusso aereo dello strumentista in velocità, nella ricerca della giusta compressione dell'aria che reagisce in opposizione al flusso di ingresso, va collocata l'idea di Moyse e la mia proposta di immaginare di produrre un suono acuto mentre se ne produce uno grave e viceversa.

Questo tipo di approccio viene proposto da molti teorici anche nell'arte del canto, ovvero: pensare di emettere dei suoni gravi pensando di salire e di scendere quando si producono gli acuti, lo si fa per evitare posizioni della laringe troppo alte o troppo basse nella produzione vocale, e per creare i giusti appoggi o sostegni nei vari registri di emissione ad opera dei muscoli costo-addominali. Nel flauto e negli strumenti a fiato questa modalità esecutiva trova i suoi motivi nello stimolare la funzione dei muscoli respiratori costo-addominali a produrre una forza muscolare verso il basso per il sostegno dei suoni acuti nell'aumentare la velocità del flusso aereo, senza incidere sui muscoli labiali, e verso l'alto per non stimolare troppa velocità di flusso nell'emissione dei suoni gravi. È **una questione di tempo, pazienza e lavoro intelligente** capire i meccanismi più idonei al dominio dei suoni emessi in tutte le tipologie di strumenti a fiato e nel canto. Nell'emissione dei suoni acuti la stessa tecnica prospettata sia per il flauto che nell'arte canora, ovvero immaginare di scendere invece di salire, è detta passaggio di registro e si realizza attraverso l'azione dei muscoli cricotiroidei, come in precedenza trattato, ossia quelli che sono collegati tra la cartilagine cricoidea e quella tiroidea (pomo d'Adamo). Essi compiono un'azione in avanti e verso il basso allungando le corde vocali, attraverso un tipo di manovra, appunto, "verso il basso" dei muscoli intercostali che spingono il diaframma in un'azione opposta a quella dei muscoli addominali. L'azione si realizza nel flauto anche in una giusta apertura delle labbra al centro, in una tensione unica nelle zone laterali ad esse dette angoli o commissure, in una forza che si esplica sempre dall'alto verso il basso. L'azione più sinergica muscolare ossia **maggior sostegno verso il basso**, nel passaggio di registro sul flauto è, a mio avviso, collocabile tra le note do re e mi della terza ottava in maniera ascendente, con azioni più o meno sinergiche su note di difficile emissione come fa diesis acuto e sol diesis acuto, nonché do e re bisacuti. Come si varia la velocità del flusso aereo? Quali sono i muscoli che si attivano nel creare il sistema affinché questo tipo di azione possa avvenire? Alla ricerca di questa risposta sono riuscito a trovare il modo per associare ad ogni nota da produrre una velocità aerea che riporta ad un soffio intonato, ossia ad una frequenza di rumore ffffffff, modulante in intonazione e timbro che richiama i suoni da emettere. Attraverso lo studio su varie aperture orofaringee che possono modificare l'aria in velocità e portata di uscita, associando le diverse velocità aeree alle altezze da produrre e le portate aeree alle timbriche da cambiare, ho ideato una serie di esercizi molto efficaci per la ricerca del bel suono. Le variazioni di velocità di flusso aereo in uscita sono dovute a impercettibili movimenti della base della lingua, e di conseguenza anche della mandibola verso l'alto e verso il basso. Le variazioni minime che si generano all'interno della bocca dovuti a degli spazi più aperti o più chiusi generatisi, modificano gli stati di velocità del flusso aereo proveniente dai polmoni, favorendo o meno i suoni da produrre nelle diverse altezze e timbriche. Mi sono reso conto che le stesse variazioni di velocità possono avere delle micro-modifiche, che chiameremo di "colore della stessa velocità aerea prodotta". Esse sono dovute alle possibili diverse masse di flusso in movimento che abbiamo definito come portate aeree, che modificano lievemente i giochi di variazione di velocità del flusso stesso, in uscita dal cavo orale. Ho trovato semplice generare queste variazioni aeree utilizzando il passaggio dalle vocali I-O, O per i suoni più gravi e I per quelli più acuti. La lingua genera un movimento verso l'alto e verso il basso tra la I e la O, variando la velocità del flusso dovuta a variazioni delle dimensioni del cavo orale. Devono essere movimenti piccoli da compiersi e privi di sforzi, utilizzando **la parte centrale della lingua**. Gli stessi movimenti generano micro-movimenti della mandibola e quindi delle labbra verso l'alto e verso il basso. Unica tensione labiale per ottimizzare il flusso caldo in uscita dai polmoni, deve essere incentrata sempre e solo sugli angoli delle labbra.

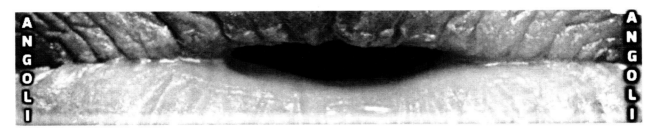

Le labbra possono variare ancora il loro stato tensivo, giocando sull'atteggiarsi nelle varie vocali a disposizione. Altresì il timbro del flautista può variare modificando l'indirizzo del flusso aereo sullo spigolo esterno della boccoletta, verso l'alto o verso il basso con il movimento della mandibola avanti e indietro rispetto alla posizione del naso, come precedentemente prospettato, insieme alla forza del suono.

Al fine di favorire lo studente di flauto, e non solo, a ricercare le frequenze aeree adatte ad emettere i suoni nel flauto e favorirne il sostegno e/o **appoggio**, quest'ultimo (appoggio), definibile anche in sostegno a basso gradiente di energie muscolari, ho ideato un software per la didattica generale nel flauto traverso, utile anche per il canto e nelle tecniche di emissione di tutti gli strumenti a fiato, brevettato come Intona Soffio o Breath Tone.

Il software favorisce, attraverso un tipo di modalità computerizzata, anche le esercitazioni relativa alla ricerca delle mutazioni timbriche del suono nelle sfumature delle frequenze aeree prodotte dal sistema e da imitare da parte dello strumentista.

7.11 - IL SOFTWARE INTONA SOFFIO O BREATH TONE

PRESENTAZIONE E DESCRIZIONE

Tutto è energia e questo è tutto quello che esiste. "Sintonizzati" alla frequenza della realtà che desideri e non potrai fare a meno di ottenere quella realtà

Albert Einstein

Nel 1994 immaginai una tastiera che invece di produrre suoni produceva soffio intonato a varie frequenze, per potermi esercitarmi al fine di trovare i giusti modi di soffiare nel flauto. A cavallo tra il 2016 e il 2017 la realizzai in un software per PC.

Il software nasce da studi sul rumore e sulle sue possibilità di variazione di colore e intonazione, onde favorire i cantanti a trovare le giuste risonanze ai suoni emessi nell'atteggiare il loro apparato orofaringeo, e gli strumentisti a fiato, soprattutto i flautisti a trovare il sistema per variare la velocità in uscita della loro frequenza aerea, tramutata in stati di intonazione e timbrica. Cavità piccole generano frequenze aeree con maggiore velocità e quindi rumori intonati a frequenze più alte, rispetto a cavità più grandi che generano frequenze aeree a velocità minori e intonate a frequenze più basse.

Rifacendomi all'esperienza del compositore futurista Luigi Russolo (Portogruaro, 30 aprile 1885 - Laveno-Mombello, 4 febbraio 1947) sulla possibilità di intonare i rumori ho realizzato

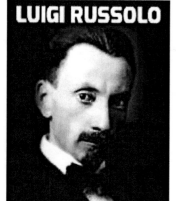

lo strumento con l'aiuto di un giovane laureato in musica elettronica, Pietro Lama.

Luigi Russolo è stato un compositore e pittore italiano futurista e firmatario del manifesto **L'arte dei rumori** (11 marzo 1913), in cui si teorizzava l'impiego del rumore per arrivare a comporre una musica costituita da rumori puri invece che suoni armonici, è considerato il primo artista ad aver teorizzato e praticato il concetto di Noise Music.

Noi vogliamo intonare e regolare armonicamente e ritmicamente questi svariatissimi rumori prodotti dal soffio umano. Intonare i rumori non vuol dire togliere ad essi tutti i movimenti e le vibrazioni irregolari di tempo e d'intensità, ma bensì dare un grado o tono alla più forte e predominante di queste vibrazioni.

Il rumore infatti si differenzia dal suono in quanto le vibrazioni che lo producono sono confuse ed irregolari, sia nel tempo che nell'intensità. Ogni rumore ha un tono, talora anche un accordo che predomina nell'insieme delle sue vibrazioni irregolari. Così alcuni rumori ottenuti attraverso un soffio "sonoro e rumoroso" del tipo ffffffffffff, possono offrire un'intera scala cromatica ascendente o discendente, se si aumenta o diminuisce la velocità della loro frequenza.

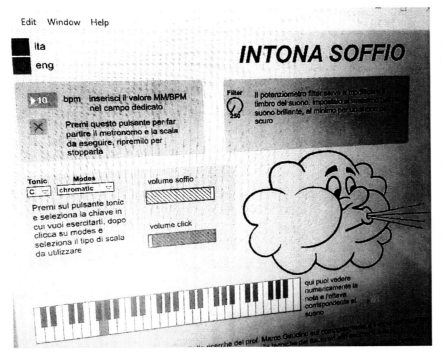

Lo strumento da me ideato e realizzato con l'aiuto del tecnico Pietro Lama, offre agli studenti e professionisti tra cantanti, flautisti e strumentisti a fiato, la possibilità di fissare mentalmente, come un pensiero sonoro, una tipologia di soffio aereo intonato che aiuta gli stessi a produrre poi, i suoni da emettere e sostenere, riconducendo una frequenza sonora emessa ad una velocità di flusso aereo da produrre. Se un suono viene emesso con una velocità di flusso non idonea al suono da produrre, si creeranno più facilmente delle contrazioni muscolari negative maggiori per sopperire a quello che l'aria emessa non riesce a fare per produrre un suono, sfavorendolo nel suo sostegno muscolare. Il software al momento risulta depositato ma non pubblicato; è coperto da copyright. Viene mostrato e provato didatticamente durante le mie lezioni, i miei seminari e master-class in attesa di una sua ideale divulgazione di massa.

7.12 - Le tecniche generali nella produzione del suono

Ricapitolando

Divido i modi di suonare il flauto traverso, dunque, in due modelli principali: "pastorale" e "lirico". Il primo modello, che lascia il labbro molto libero nell'emissione del suono e il flusso aereo impossibilitato ad aumentare il suo intensificarsi in maniera notevole nelle dinamiche di suono forte, comporta molti limiti interpretativi, in quanto per la sua impostazione labiale il suono può facilmente sfociare in sforzato. Come abbiamo precedentemente detto l'intensità del flusso aereo usato per passare dalla dinamica piano a quella forte incisiva, nei flautisti pastorali, potrebbe avere una forza di compressione non idonea al sostegno di detta sonorità. Il secondo detto "lirico" conduce il suono del flauto a delle sonorità quasi violinistiche e prettamente lirico-vocali, ma spesso incapaci di modulare nel suono "pastorale". Ha nel suo seno un vibrato molto stretto ma non a pecorella, anche se l'errore in cui si può incorrere è proprio in quello di avere un vibrato errato con uso dei muscoli costrittori della faringe, oltre che di sforzare notevolmente i muscoli vocali atti al sostegno dei suoni. Io credo nelle due tecniche alternate, a seconda degli stili, delle epoche e degli autori da interpretare. Mi ripeto: i due modelli vanno analizzati e fusi.

Uno dei punti fondamentali della mia didattica flautistica, oltre a porsi l'obiettivo di raggiungere la consapevolezza teorica e tecnica degli elementi con cui si opera, consiste nell'imparare ad intonare il flusso aereo che si immette nel flauto.

ASCOLTARE IL FLUSSO AEREO CONTENUTO NEL FLAUTO COME IL MARE IN UNA CONCHIGLIA CERCANDO DI RIPRODURRE L'EFFETTO CON IL PROPRIO SOFFIO VARIANDONE LA FREQUENZA CON L'AIUTO DELLA VARIAZIONE DELLE POSIZIONI DELLE NOTE SULLA TASTIERA DELLO STRUMENTO

Anche senza software è possibile cercare le giuste frequenze aeree da intonare, prima di soffiarle nello strumento. Provate ad avvicinare il foro della boccoletta all'orecchio sinistro come se stesse ascoltando il mare in una conchiglia: vi accorgerete che in relazione alla chiusura o apertura dei fori che compongono la tastiera ascolterete dei rumori simili a soffietti intonati. Quei soffietti a bassa intensità sonora sono le zone formatiche dei suoni che il nostro strumento emetterà, nel momento in cui l'aria al suo interno risulterà compressa e pulserà. Provate a soffiare cercando di imitare gli stessi rumori intonati che il vostro udito percepisce con la boccola dello strumento posta accanto all'orecchio sinistro senza comprimerlo e poi cercate di ricordarli, imitandoli al momento dell'emissione del suono. Possiamo definire le zone formatiche come concentrazioni di energie acustiche in certe bande frequenziali; una sorta di energia che richiama un suono senza suono o meglio l'energia che predominerà in un risuonatore quando un suono definito sarà in esso amplificato. Nelle tecniche di canto si usa parlare di formanti delle vocali, ogni vocale ha dei picchi di frequenza diversi di risonanza che creano differenze timbriche negli stessi suoni canori. Nel flauto le formanti delle vocali ci aiutano a modulare la velocità del flusso aereo che entra nel tubo del flauto, con conseguenti cambi timbrici dovuti alle differenze aerodinamiche. Soffiare atteggiando il cavo orale come una A/ E/ I/ O/ U, genera differenze nella timbrica dei suoni emessi, sul flauto come su qualunque strumento a fiato. Nella tecnica di emissione del suono che insegno, aiuto a variare le frequenze aeree dalla più bassa alla più alta attraverso micro-modulazioni della base della lingua tra le vocali I-O. Ciò consente agli studenti di imparare a modificare le frequenze aeree emesse in velocità differenti, con consapevolezza di modalità causa-effetto ed esecutiva. Anche l'uso della mandibola con movimenti in avanti e indietro o verso l'alto e il basso possono contribuire alla ricerca delle velocità aeree ideali, che useremo per variare sia l'altezza dei suoni da emettere nel flauto che le loro timbriche. Il labbro dovrebbe essere libero di agire conseguenzialmente alle dette variazioni, senza costrizioni soprattutto della zona centrale detta "tubercolo" (vedi immagini a pag.163). La sua tensione laterale a seconda delle conformazioni orofaringee e vocali di ognuno, deve considerarsi variabile e suscettibile di energie diverse applicabili ad esso. Modulare **la posizione del dorso della lingua tra la I e la O**, nella ricerca delle altezze tonali, e variando la posizione della faringe su un tipo di vocale nella ricerca del timbro ideale: questa è la tecnica proposta. Io preferisco la vocale O oppure la U nelle posizioni faringee di base su cui agire con la lingua nella ricerca delle altezze da emettere su delle timbriche di base. Sconsiglio l'uso della vocale E in quanto potrebbe portare ad attivare i muscoli costrittori durante l'emissione dei suoni nelle varie altezze. La sconsiglio soprattutto durante l'esecuzione di esercizi atti ad acquisire il vibrato.

Devi apprendere uno stile ed una tecnica, ma poi ti viene anche imposto un modo di ballare che appartiene all'estetica gradita all'insegnante o al direttore, quindi bisogna riuscire a continuare ad affinarsi perché è molto difficile il lavoro dell'insegnante, in tutti i campi, in quanto devi essere una guida ma non devi imporre, devi lasciare la libertà all'immaginazione di ognuno altrimenti saremmo sempre fermi.

Alessandra Ferri Cit. da giornale della danza.com, intervista, 25 agosto 2017

COMPENDIO n. 8

Esercizi delle tecniche sul flauto nelle loro variabili

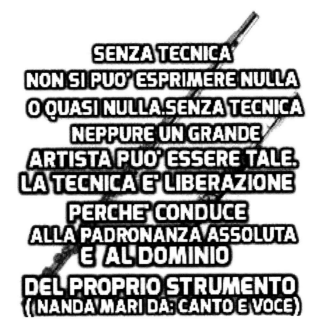

SENZA TECNICA NON SI PUO' ESPRIMERE NULLA O QUASI NULLA. SENZA TECNICA NEPPURE UN GRANDE ARTISTA PUO' ESSERE TALE. LA TECNICA E' LIBERAZIONE PERCHE' CONDUCE ALLA PADRONANZA ASSOLUTA E AL DOMINIO DEL PROPRIO STRUMENTO (NANDA MARI DA: CANTO E VOCE)

Citazione dal libro di Nanda Mari, Canto e voce, ed. Ricordi

8.1 - Suoni tenuti o note lunghe

Da sempre costituiscono uno degli esercizi fondamentali per la ricerca del bel suono nel nostro strumento.

Il loro ruolo è fondamentale per imparare la gestione dell'emissione del fiato nella durata e dei muscoli costo-addominali che lo sostengono, nonché labiali che possono determinare l'ottimizzazione dagli stadi di calore del flusso aereo proveniente dai polmoni incidendo su timbriche e dinamiche sonore. Possono essere eseguite in diverse modalità per evitarne la monotonia nello studio giornaliero, attribuendo ad esse degli obiettivi diversi. I muscoli vocali sono sempre presenti nel sostegno delle altezze e nella pulsazione del suono, come ampiamente illustrato nei precedenti compendi.

È sempre l'aria l'elemento fondamentale che pulsa, ma la sua riflessione sui e dai muscoli che la sostegno nelle variazioni di velocità, possono bloccarne o favorirne il movimento periodico.

Non deve essere mai dimenticato dal flautista che lui è l'artefice della produzione del suono, attraverso gli atti di compressione della sua colonna aerea che, insieme alle reazioni della pressione atmosferica genera le pulsazioni dell'aria, sostenute da tutte le fasce muscolari coinvolte.

Tutto il processo di emissione sonora finora studiato sia dal punto di vista acustico, fisiologico, aerodinamico e termodinamico, è al momento quasi sconosciuto negli approcci tradizionali di tecnica flautista, nonché degli altri strumenti a fiato e oltremodo poco discusso con la scienza Foniatrica.

Mi auguro un futuro diverso per le giovani generazioni.

Il futuro è molto aperto, e dipende da noi, da noi tutti. Dipende da ciò che voi e io e molti altri uomini fanno e faranno, oggi, domani e dopodomani. E quello che noi facciamo e faremo dipende a sua volta dal nostro pensiero e dai nostri desideri, dalle nostre speranze e dai nostri timori. Dipende da come vediamo il mondo e da come valutiamo le possibilità del futuro che sono aperte.

Karl Popper

Modalità esecutive dei suoni tenuti, ossia come fare le note lunghe (si potrebbe modificare, volendo, il termine **"suoni tenuti"** con **"sostenuti"**)

Primo modo: tradizionale

Da eseguire con una sonorità mezzo forte, mai spinta e nella ricerca di un suono che non abbia decompressione nel suo seno.

Consiglio ai miei alunni di iniziare dal Sol grave e procedere fino al la acuto su scala cromatica in modalità ascendente, per poi ritornare al Sol grave e fino al Si grave in modalità discendente.

Pensare ai diesis quando si ascende e ai bemolli quando si discende, cercando di differenziarli mentalmente.

Questo sistema esecutivo si pone l'obiettivo di cercare il modo di usare le labbra e i muscoli costo-addominali nella gradazione del fiato nel tempo; soprattutto nel ruolo labiale laterale atto a bloccare la fuoriuscita veloce dello stesso flusso aereo proveniente dai polmoni.

Una fuoriuscita veloce del fiato che può presentarsi a seguito dei pochi attriti che si generano tra aria proveniente dai polmoni e la pressione atmosferica, per questioni relative alle diverse temperature aeree interne ed esterne al cavo orale (vedi "Respirazione fisica" nel compendio n. 6 pag. 169), va compensata con l'esercizio giornaliero.

L'esercizio di note lunghe in sonorità mezzo-forte crea un equilibrio di azione tra i muscoli della glottide detti "cricoaritenoidei laterali" e posteriori.

Ad aumento di intensità del flusso aereo senza un'azione sinergica di tensione laterale dei muscoli labiali è possibile che possa avvenire un disequilibrio di azione-reazione dei muscoli glottici citati, con conseguente variazione di intonazione del suono; il suono tende a crescere ed essere sforzato.

Si va nel fenomeno di produzione del suono dato da scarsa velocità di flusso aereo ad opera di un'intensità di flusso troppo elevata perché generatasi con un volume del cavo orale troppo ampio, tipico di quello che i flautisti pastorali formano con le loro aperture orali a "sbadiglio".

Il disequilibrio aerodinamico si riflette sui muscoli vocali se il labbro non ottimizza la dinamica creatasi. I due tubi che interagiscono tra loro, ossia tubo fonatorio o tratto vocale e tubo del flauto sono variabili in dimensioni l'uno a prescindere dall'altro.

Suoni tenuti

Secondo modo da eseguire senza emissione di suono strumentale: ricerca del modo di soffiare nell'atteggiare le cavità interne orofaringee attraverso uso della parte centrale della lingua.

Da eseguire nella ricerca della frequenza rumorosa e intonata del soffio fffff (rumore del soffio che passa tra le labbra senza pronuncia della consonante F), da emettere lasciando i muscoli della respirazione e delle labbra liberi di agire nella variazione di micro-posizioni interne tra le vocali I-O. Usare la vocale I nella modalità ascendente con le frequenze aeree e, O in quelle discendenti.

Modalità esecutiva: cambiare la frequenza soffio lungo intonato producendo un rumore tipo fffffffffff, aiutandosi con l'ascolto come in una conchiglia del tubo del flauto che varia le posizioni delle note e quindi le frequenze udibili, semitono per semitono: avvicinare la boccoletta all'orecchio sinistro.

L'esercizio può essere applicato a qualunque brano da eseguire e aiuta l'interiorizzazione delle frequenze aerodinamiche da usare durante la sua esecuzione reale.

L'esercizio proposto genera consapevolezza nella ricerca del pensiero sonoro e nell'associare le velocità del flusso aereo da emettere in relazione ai suoni da sostenere, anche in virtù della loro corretta intonazione.

L'esercizio aiuta i muscoli vocali nel sostegno dei suoni che verranno emessi. Esso ne favorisce la loro funzione, grazie alla ricerca delle energie aerodinamiche atte all'azione di produzione sonora, sia dal punto di vista delle posizioni interne linguo-palatali che faringee, nonchè labiali. Gli antichi maestri di flauto consigliavano di pensare i suoni prima di produrli sullo strumento, cantandoli mentalmente. Credo fermamente che la ragione fosse legata alla ricerca del giusto flusso aereo da emettere al fine di generare e sostenere i suoni, soprattutto nelle varie altezze tonali in relazione alle velocità dei flussi ideali da produrre.

Consiglio di associare i seguenti ESERCIZI alla modalità di fare suoni tenuti, da eseguire come fase di riscaldamento alle dinamiche respiratorie pre-emissione del suono o frequenze aeree senza strumento:

1) Inspirare aria lentamente con la bocca, prendendo coscienza dei movimenti diaframmatici verso il basso ed espirare lentamente prendendo coscienza dei movimenti costo-addominali di opposizione alla fuoriuscita del fiato, producendo rumore nel trattenere il flusso aereo che esce tra le labbra.
Ripetere l'esercizio per cinque volte.
Inspirare l'aria lentamente per il naso ed espirarla trattenendo il flusso aereo tra le labbra, facendo attenzione ad averle tese nei lati e non al centro.

   Ripetere l'esercizio per cinque volte.

2) Inspirare l'aria lentamente con il naso ed espirarla per il naso, facendo attenzione ad opporre una forza verso il basso con il muscolo diaframmatico guidato dagli intercostali ad una forza che tende a far risalire il diaframma velocemente, dettata dai muscoli addominali.

   Ripetere l'esercizio per cinque volte.

   L'esercizio inspirazione naso ed espirazione naso è utile per prendere coscienza dei movimenti costo-addominali di sostegno del fiato, escludendo la funzione labiale.

3) Inspirare l'aria lentamente per la bocca ed espirarla producendo la consonante lunga nel tempo hhhhhhhhhhhhhhhhhhhhhhhhh, non sonora ma bisbigliata.
Ripetere l'esercizio per cinque volte.
Inspirare per il naso ed espirare per la bocca con la stessa modalità esecutiva.
Ripetere l'esercizio per cinque volte.

L'esercizio è utile per allenare i muscoli vocali cricoaritenoidei laterali, coinvolti nel sostegno del suono nel flauto, negli strumenti a fiato e nel canto. **Tuttavia un esercizio davvero utilissimo da fare prima di eseguire un brano o uno studio è quello di solfeggiarlo bisbigliando, senza emettere suoni ma solo bisbigli dati da corrente aerea che si muove nel cavo orale: il tipo di esercizio allena i muscoli cricoaritenoidei laterali, ossia i muscoli deputati al sostegno del suono in fase espiratoria ad opposizione di quelli cricoaritenoidei posteriori. L'esercizio è stato soprannominato "La voce della strega" dalla collega Marianna Bovini, docente di flauto presso il Cemi Bologna, dopo un riuscitissimo seminario tenuto da me con i suoi alunni.**

4) Inspirare l'aria lentamente per il naso o la bocca e produrre la consonante sssssssssssssssssssssss in espirazione.

Ripetere l'esercizio per cinque volte.

L'esercizio è utile per allenare i muscoli costo-addominali nel sostegno dei suoni e nella fuoriuscita graduale del flusso aereo espirato. Aiuta il rilascio dei muscoli costrittori della faringe dopo la sua esecuzione.

5) Montare il flauto senza inserire la testata, disporre la diteggiatura sulla posizione del do grave e tentare di emettere dei suoni che richiamino le modalità di emissione sonora degli strumenti a bocchino. Portare il tubo alle labbra tese come se fosse una tromba, producendo la classica pernacchietta che serve ad emettere il suono negli ottoni(prrrrr).

Ripetere l'esercizio per cinque volte.

L'esercizio è utile per allenare i muscoli costo-addominali al sostegno dei suoni e alla fuoriuscita graduale del flusso aereo proveniente dai polmoni, ha la funzione di allenare i muscoli labiali a frenare la fuoriuscita veloce del fiato durante l'emissione del suono.

Terzo modo di fare note lunghe

Suoni tenuti eseguiti tenendo fisso un suono grave con la voce, anche quando si sale sugli acuti. È utile a tenere liberi i costrittori della faringe soprattutto quando si inizia a salire con le altezze tonali nella ricerca di aumento di velocità di flusso aereo. Allena i muscoli vocali deputati al sostegno del suono, senza passare per i costrittori. Consiglio di eseguire anche le scale maggiori e minori armoniche e melodiche a tre ottave, tenendo la tonica con la voce e salendo con il flauto, mantenendo la tonica vocale bassa sempre fissa. **L'esercizio, inoltre, minimizza l'intensità del flusso aereo nell'emissione sonora.**

Consigli per eseguire le scale di ogni tipo: consiglio di eseguire le scale non alternando relativa maggiore con relativa minore, ma alternando scala maggiore e scala minore partendo da un tono base tipo Do, eseguendo Do magg. e Do min. e proseguendo in tutto l'ambito semitonale nella stessa maniera: Do magg. - Do min., Do diesis magg. - Do diesis min. - Re magg. - Re min. ecc. Questo modo di fare le scale rende cosciente, a mio avviso, lo studente della differenza sonora-emotiva tra tono maggiore e minore ed evita che avvengano nel flautista movimenti eccessivi della laringe nel passare da un tono maggiore e minore relativo, tipo Do magg. e La min., ossia tono basso e tono alto o viceversa. Nel tipo di modalità di fare le scale proposto, i cambi di tonalità si svolgono sempre partendo dallo stesso tono che procede per semitono, dando una sensazione esecutiva nè di salita e nè di discesa.

Quarto modo di fare note lunghe - Suoni tenuti da eseguire senza sostegno del suono da parte dei muscoli labiali: labbra iper-rilassate e più aperte. L'esercizio richiama l'emissione del suono di molti principianti, ossia poco sostenuto a livello generale. L'obiettivo di questa modalità esecutiva pone l'attenzione sull'uso dei muscoli costo-addominali nell'emissione dei suoni, facendoci comprendere l'importanza delle labbra quali ottimizzatrici del flusso aereo proveniente dai polmoni, nel sostegno e nella ricerca della giusta velocità aerodinamica durante la produzione sonora. **Esercizio associato:** cambi di suono tra labbra più tese e più rilassate ai lati. Da eseguire sul registro grave e medio alto, al fine di prendere coscienza e consapevolezza del ruolo labiale svolto nella produzione del suono. Ruolo che a seconda delle conformazioni orofaringee e vocali, potrebbe risultare più o meno prezioso. Più prezioso per cavi orali grandi e con corde vocali meno sottili.

Quinto modo- Suoni tenuti da eseguire indirizzando il proprio flusso aereo nella boccoletta, facendo attenzione a non produrre suoni, ma di far uscire solo soffio che si intona con il variare delle posizione digitali sulla tastiera. L'esercizio si riferisce all'emissione dei "suoni eolici" molto usati nella musica contemporanea. Questo esercizio ha il fine di aiutare il flautista a memorizzare delle frequenze aeree in relazione ai suoni da produrre e aiuta ad emetterle poi in sincronia con il suono stesso in una seconda fase di studio. È una variabile dell'esercizio con flauto all'orecchio o con uso del software. Finalità: ricerca delle giuste velocità aeree da emettere nella produzione dei suoni **tenendo naturalmente rilassati i muscoli costrittori della faringe.**

Sesto modo- Produzione di suoni fischiati sul registro grave con gestione del fiato come per i suoni tenuti. La modalità di produzione di fischietti, nelle posizione dei suoni gravi, aiuta a trovare le posizioni interne atte produrre il suono nei vari registri dello strumento evitando l'uso dei muscoli costrittori della faringe. Allena i muscoli costo-addominali nella gestione del flusso aereo dello strumentista in uscita dai polmoni, nonché a trovare le giuste tensioni labiali per regolarlo insieme ad essi. È un ottimo esercizio da proporre anche ai principianti che, attraverso la ricerca dei fischietti, imparano ad indirizzare l'aria tra lo spigolo della boccoletta e il suo interno.

8.2 - Trattamento del suono nel registro acuto

Il passaggio corretto dai suoni medio-alti a quelli acuti nel flauto, avviene con il sapiente uso dei muscoli vocali detti cricotiroidei. Essi allungano le corde vocali, aumentando la velocità del flusso aereo in uscita dai polmoni e transitante per la glottide. Quest'ultima diventa reattiva agli atti di compressione ad energia variabile dell'aria contenuta tra il tubo del flauto e la pressione atmosferica. L' uso esclusivo di una tensione labiale nella produzione dei suoni acuti rischia una stretta troppo grande nella zona centrale delle labbra, producendo degli acuti stridenti e molto crescenti. Le labbra nei suoni acuti non vanno strette, ma mollate dalla rigidità. Proviamo a descrivere la manovra corretta di azione per il passaggio di emissione ai suoni acuti: con foro grande labiale e con tensioni minime nelle zone laterali delle labbra stesse, i muscoli intercostali esterni indirizzano il diaframma verso il basso ad opposizione dei muscoli addominali che tendono a farlo risalire. Le corde vocali reagiscono e agiscono al movimento in avanti e verso il basso della laringe che nasce dalla manovra respiratoria descritta, allungandosi nell' azione dei muscoli cricotiroidei. Aumenta la velocità del flusso aereo in entrata nel foro della boccola, e si favorisce il sostegno dei suoni acuti prodotti. La realizzazione di suoni acuti nel flauto si ottiene, dunque, senza bisogno di tendere le labbra nella loro zona centrale, dando ai muscoli costo-addominali e cricotiroidei vocali, la possibilità di operare nella maniera descritta. A differenza del passaggio realizzato nella voce cantata i muscoli tiroaritenoidei (addetti alla produzione vocale vera e propria), da non confondere con i cricotiroidei, sono, ovviamente, assolutamente meno contratti.

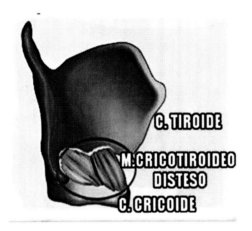
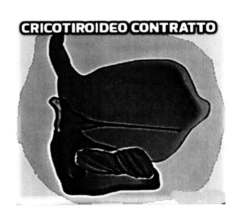

Il passaggio di registro muscolare vocale nel flauto inizia, a mio avviso, dal re terza ottava in poi. I salti prima di questa nota vanno cercati con aumenti di velocità flusso aereo nella modifica delle aperture interne, nei micromovimenti della base della lingua verso l'alto e verso il basso che, come già descritto nei capitoli precedenti, generano il prospettato aumento di velocità del flusso prodotto. Più si sale nelle altezze tonali e più è richiesto un uso sinergico dei muscoli costo-addominali verso il basso per aiutare la laringe a compiere il movimento descritto, a carico dei muscoli cricotiroidei, sostenendo la velocità che si genera tra gli attriti formatisi tra il flusso contenuto nel flauto e la pressione atmosferica. Ad un aumento di pressione muscolare vocale stimolata da aumenti di velocità aerea dei muscoli costo-addominali, ne conseguirà, dunque, un aumento di lunghezza delle corde vocali che genererà la giusta apertura glottica nelle tensioni muscolari idonee al sostegno durante la produzione sonora acuta, lasciando libere le labbra nella loro zona centrale. Si consiglia di usare aria a bassa intensità di flusso sugli acuti, cercando di non associare alla bassa intensità un calo di tensione dei muscoli labiali nella parte laterale e respiratori in generale, ma il contrario. Minimizzare i movimenti, una volta ottenuto l'effetto desiderato per ottenere un'emissione di suoni acuti morbidi e senza spinte, dovrà essere l'obiettivo finale del trattamento del suono flautistico nel registro alto. La base della lingua dovrà essere orientata verso l'alto per emissione degli acuti e verso il basso per l'emissione dei suoni gravi nella variazione vocalica di passaggio tra la I e la O, queste micro-manovre non dovranno essere mai dimenticate e dovranno avvenire naturalmente.

Un esercizio molto importante per allenare i muscoli vocali alla variazione e appoggio/sostegno delle velocità aeree, in relazione ai loro cambiamenti tramite pressione muscolare, è quello legato alle mutazioni di frequenza dei suoni lavorando sull'emissione degli armonici, iniziando da un suono fondamentale. Partendo da un suono grave le variazioni di frequenza potranno avvenire restando sulla posizione digitale dei suoni gravi, variando esclusivamente le pressioni muscolari dei muscoli costo-addominali per ottenere l'emissione dei suoni armonici associati ai suoni fondamentali. Le corde vocali reagiranno ed agiranno ai vari atti presso-compressori dei muscoli costo-addominali e relativi cambi di velocità del flusso, sostenendo le variazioni aerodinamiche generatesi. L'esercizio sugli armonici è utilissimo per allenare i muscoli costo-addominali e vocali rendendoli a lungo andare molto elastici e sensibili alle minime variazioni di velocità aeree nel sostegno dei suoni prodotti. La produzione di suoni armonici, partendo dai suoni fondamentali, dona allo strumentista la consapevolezza dell'azione diretta sulle velocità del flusso aereo e sui muscoli atti alla loro realizzazione.

Ho ritenuto molto utile proporre a questo punto del compendio degli esercizi inseriti nel bellissimo e quanto mai efficace Manuale di tecnica per flauto di Luca Bellini alle pagine 7-8-9, Cfr.: **Luca Bellini, Nuovo manuale di tecnica per flauto tra effettistica e bel suono, ed. SEDAM.** Per gentile concessione dell'autore e della casa editrice.

nota inferiore = diteggiatura; nota superiore = risultante

Libero

mf

segue come prima

Scala cromatica per armonici e suoni naturali

segue

segue

Scala di Do per armonici alternati

mf

248

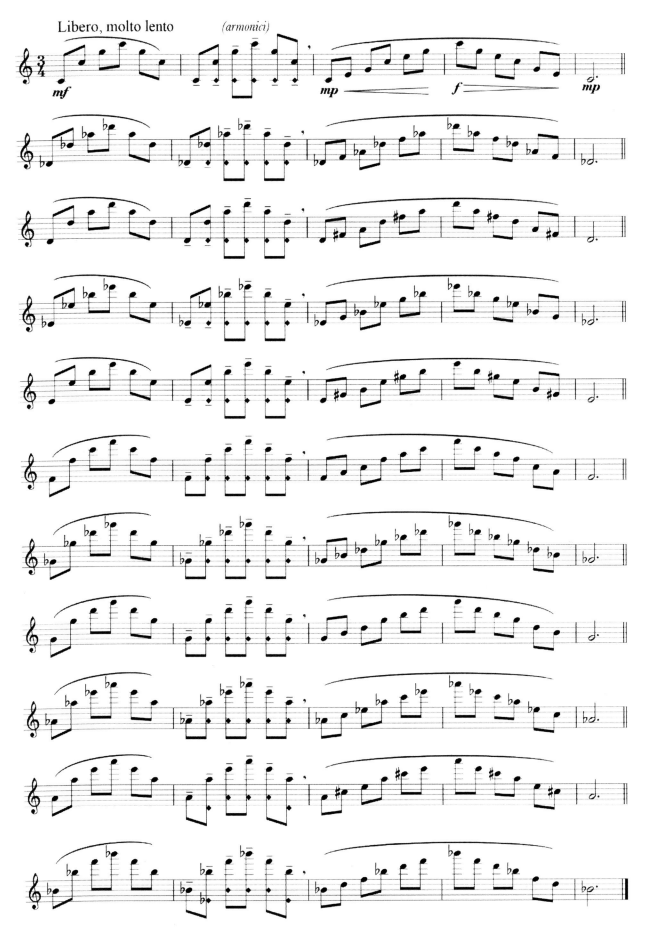

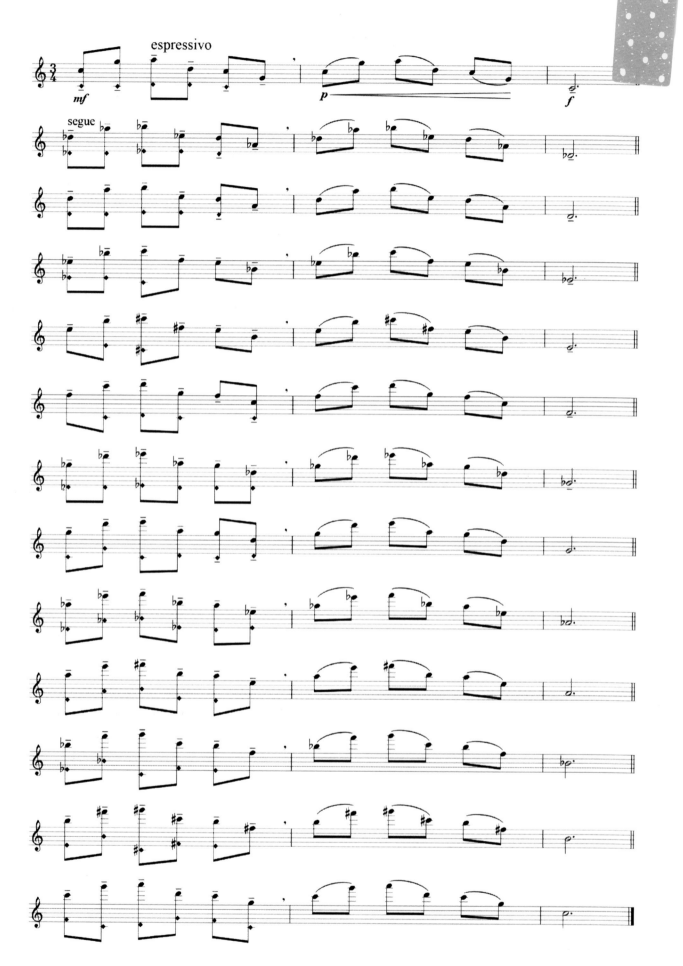

8.3 - I suoni filati, i colori e la funzione delle labbra

Molte sono le insicurezze che comporta l'esecuzione dei coloriti sonori e dei colori timbrici nel flauto. Date le molteplici variazioni labiali e orofaringee che il flautista deve compiere per fare in modo che le variazioni timbriche e sonore avvengano in maniera regolare e senza variazioni di intonazione soprattutto, cercheremo di spiegarne ogni dinamica corretta e scorretta.

Dato un suono stimbrato e senza sostegno, una modalità per riportarlo ad una sonorità piena e colorata consiste nell'aumento di velocità attraverso un uso sapiente delle labbra nelle parti dette commissure o angoli, senza variare l'intensità del flusso aereo proveniente dai polmoni.

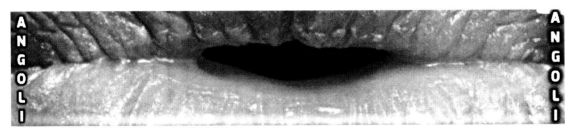

Nell'aumento di intensità del flusso aereo, invece, un suono si produrrà forte senza spinta e variazioni di intonazione quando: intensità del flusso aereo e sua velocità di base saranno consone al sostegno del suono prodotto. Ad aumento di intensità del flusso aereo, se l'ampiezza del cavo orale è troppo grande rispetto alla velocità da produrre in relazione al suono da emettere, si andrà incontro ad un suono sforzato e crescente. La possibilità di correzione di un suono sforzato, tuttavia, nella dinamica forte, può avvenire anche abbassando **l'intensità** del flusso emesso. In questo modo si crea un equilibrio tra l'aria che si muove tra lo spigolo esterno della boccoletta e il caminetto interno tendente a bloccarne la pulsazione, per mancanza di energia in "spinta" sufficiente al suo sostegno. Nel suono sforzato si genera un disequilibrio nella pulsazione, nascente da dinamiche non equilibrate in energie pressorie dei flussi in azione: uno che tende verso destra e l'altro che reagisce verso sinistra.

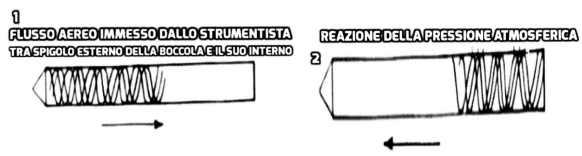

Soffiare di meno e soffiare di più nella ricerca del modo corretto di uso del fiato durante la produzione delle dinamiche sonore, significa non mollare le labbra quando si soffia di meno nella ricerca della sonorità piano e non cedere ugualmente troppo nell'apertura labiale e orale nel soffiare di più nella sonorità forte.

I flautisti professionisti, denominati da me in questo percorso di studio "pastorali", per correggere il fenomeno tendono a diminuire l'intensità del flusso aereo emesso quando il suono tende a crescere d'intonazione e risultare sforzato.

Nella maggioranza dei casi si cerca anche di riscaldare sempre di più l'aria contenuta all'interno dello strumento per evitare che lo sforzo possa avvenire; l'aria più calda è più semplice da comprimere e quindi da spostare nel lato opposto da dove avviene l'azione insufflatoria, evitando che si possano creare dei blocchi della pulsazione, e mi ripeto, dovuti ad insufficiente velocità del flusso aereo che va verso sinistra rispetto a quello proveniente da destra tra il tubo del flauto e la pressione atmosferica.

I flautisti lirici tendono, invece, a **non aver paura di soffiare**, intensificando un'azione di pressione sulle labbra nella loro parte laterale: ad aumento di intensificazione del flusso aereo nella ricerca della dinamica sonora forte - fortissimo tendono a non mollare le labbra nonostante nel variare leggermente la direzione dell'aria immessa nel tubo verso il basso, aprono la parte centrale delle stesse. In questa dinamica i muscoli vocali cricoaritenoidei laterali e posteriori lavorano sincronicamente in maniera equilibrata, cosa che non avviene nel suono sforzato che tende a concentrare la sua azione aerodinamica di spinta da destra verso sinistra, con reazione maggiore dei muscoli della glottide detti cricoaritenoidei posteriori. Le manovre e le sensazioni di azione sono soggettive per le due dinamiche esposte, sono date dalle diverse conformazioni sia labiali che di dimensioni orofaringee nonché delle corde vocali.

Esperienza e studio giornaliero possono fare le differenza. Io mi auguro che queste considerazioni nate dai miei studi possano aprire degli spiragli a chi ancora sta cercando delle risposte alle giuste dinamiche da adottare per raggiungere delle sonorità piene e levigate, evitando i suoni troppo crescenti e sforzati, nella ricerca del come agire.

Nel passaggio dalla dinamica forte a quella pianissimo il rischio è di incorrere in suoni troppo calanti e/o stimbrati. La dinamica si crea perché si tende a mollare troppo le labbra nella parte laterale durante la manovra atta a diminuire l'intensità del flusso aereo. Nel rilassarle può accadere di far ruotare leggermente la boccoletta dello strumento verso l'interno del suo appoggio al labbro inferiore. Questo tipo di dinamica allunga il tubo facendo abbassare sia l'intonazione del suono che il sostegno stesso nella sua timbrica ideale.

A foro della boccoletta sempre più chiuso avremo una variazione della lunghezza del tubo sempre più evidente, e il contrario ad apertura del foro della boccola.

Nel passaggio dalla dinamica forte a quella piano, dunque, bisogna evitare di mollare **troppo** le labbra, e così anche per il passaggio inverso dal piano al forte.

Un altro sistema per avere delle dinamiche piano sul nostro strumento è dato dal continuare a soffiare nello stesso modo senza diminuire l'intensità del flusso aereo immesso, ma operando su un aumento della tensione labiale rivolta in questo caso relativamente anche verso il centro labiale e non solo laterale, soprattutto suoi suoni medio-gravi dal do medio al mi grave. Anche questo tipo di modus-operandi è molto soggettivo. Esso porta ad agire direttamente sulla forma della pulsazione che si genera tra il tubo e il suo esterno. Un suono grave ad esempio, prima di passare alla sua ottava nelle variazioni di aumento di velocità del flusso aereo immesso, tende prima a diminuire la sua intensità per poi passare alla suono più alto. Questo tipo di manovra può facilmente tendere a variazione timbrica nella qualità sonora prodotta ed è a mio avviso da evitare, anche se in certi tipi di conformazione vocale può essere tranquillamente usata.

Tutte le manovre esposte nelle variazioni di sonorità tendono a perdere la loro valenza quando si opera nel registro acuto del nostro strumento.

I suoni acuti nel flauto tendono sempre ad essere crescenti ed avere delle sonorità "più forte" degli altri registri. In questo specifico registro giocano un ruolo determinate i muscoli cricotiroidei esposti precedentemente, ovvero quelli del cosiddetto passaggio di registro vocale.

La difficoltà nelle dinamiche sonore, invece, nei suoni acuti sono prettamente relative alla produzione dei piano-pianissimo, soprattutto in alcuni suoni in cui una diminuzione di intensità di flusso aereo li porta a scendere facilmente di registro. La dinamica si verifica perché i muscoli che sostengono le velocità aeree adeguate alla loro emissione, lavorano in uno stato di tensione-pressione maggiore rispetto a quello dei suoni medio-gravi. Gli stati di tensione-pressione ora enunciati, possono essere facilmente mollati, se non supportati da una consona azione aerodinamica.

Le labbra non devono mai essere eccessivamente contratte, soprattutto e, mi ripeto all'infinito, in qualsiasi manovra, nella loro zona centrale.

Il lavoro per sostenere i suoni acuti nelle dinamiche piano-pianissimo deve essere rivolto ai muscoli costo- addominali che operando con un'azione di sostegno verso il basso, devono evitare una perdita di tensione che si rifletterebbe sulla velocità del flusso aereo prodotto, sfavorendo l'azione dei muscoli vocali cricotiroidei ad essi embriologicamente legati nel sostegno dei suoni acuti.

Ad un'azione dei muscoli intercostali esterni che agiscono spingendo il diaframma verso il basso contrastando l'azione dei muscoli addominali, l'addome si gonfia leggermente e poi si ritrae.

Nel compiere questa azione si associa ad essa quella della laringe che si muove nella stessa direzione in avanti e verso il basso, in un tipo di azione fisio-aerodinamica che vedrà le corde vocali allungarsi ad opera dei citati muscoli cricotiroidei.

Uno degli esercizi migliori, a mio avviso, per allenare i muscoli nell'azione di sostegno dei suoni acuti piano-pianissimo è sempre quello, già indicato precedentemente, legato allo studio dell'emissione dei suoni armonici partendo dalle posizioni dei suoni fondamentali.

Partendo da una nota fondamentale del registro grave e emettendo via via tutti i suoi armonici, si è più portati ad operare gli aumenti di velocità di flusso dovuti, agendo sulle fasce muscolari costali, diaframmatiche e addominali, più che su altre parti mobili quali le labbra o i muscoli costrittori della faringe.

I muscoli vocali agiscono e interagiscono di conseguenza.

Vedi esercizi dal manuale di Luca Bellini da pagg. 248 a 250 di questo compendio.

In linea generale

Ogni cambiamento di apertura o chiusura labiale corrisponde ad una variazione di micro-apertura orale e viceversa. I micromovimenti labiali, durante le esecuzioni al flauto traverso, sono condizionati da variazioni del flusso in intensità e velocità che si riflettono su di essi per conduzione di forze di attrito. Forze che si generano tra il flusso emesso dallo strumentista nei suoi stati di velocità modulati internamente dal cavo orale, in antagonismo con la pressione atmosferica e l'aria contenuta nello strumento a fiato. Le micro- variazioni aeree si riflettono sulle zone muscolari sia labiali che glottiche, dando vita ai riflessi di reazione e azione a seconda delle dinamiche di moto ai vari effetti sonori da realizzare. Le labbra agiscono nell'ottimizzazione del flusso aereo in entrata alla boccoletta in un'azione tesa a compattare le molecole aeree, rendendole più attive nella compressione e reagendo alle variazioni di velocità che avvengono con le modifiche delle parti mobili interne al cavo orale quali mandibola e lingua nella sua parte centrale.

Le labbra, ancora, prendono parte nell'emissione dei suoni acuti ad azione della mandibola che va verso il basso per aprirle, reagendo quando si comprimono nella loro parte laterale adiacente agli angoli della bocca nel momento in cui le velocità aeree si riflettono tra tubo del flauto, labbra e glottide. I muscoli vocali agiscono e reagiscono alle forze di attrito tra le particelle aeree che si generano tra il tubo del flauto e la pressione atmosferica, in tutte le variazioni aerodinamiche di produzione sonora ad opera delle parti mobili che lo strumentista a fiato può modificare in maniera cosciente.

8.4 - Lo staccato

Nello staccato, ossia nella produzione dei suoni non legati tra loro, la cosa più importante da sottolineare è che esso non va eseguito attraverso l'aria residua che si trova nella bocca dello strumentista, quando lo stesso cerca di articolarlo attraverso le sillabe tu per quello semplice, tu-cu per quello doppio e tu-cu-tu per quello triplo. Lo staccato ha bisogno di aria per essere articolato, di aria e di sostegno muscolare.

Lo staccato senza giusto apporto di flusso aereo risulta secco e spesso crescente, diventa vivo ed elastico quando si associano delle quantità aeree idonee alla sua articolazione. Come associare queste quantità aeree e cosa accade tra i muscoli costo-addominali, labiali e della glottide durante le sue fasi? Un esercizio che spesso si consiglia allo studente di flauto, per abituarlo ad un tipo di staccato vivo e non secco o macchinoso e crescente, sono i cosiddetti colpi di aria per dividere i suoni tra loro senza uso della lingua. Un tipo di staccato senza uso della lingua è necessario per iniziare ad associare l'aria al movimento articolatorio, quale fonte primaria di energia per produrlo. In una dinamica di corretta impostazione respiratoria e labiale, sono i muscoli intercostali a generare le intermittenze aeree che producono un tipo di staccato senza movimento della lingua. Colpo di lingua che dovrà poi essere controllato senza eccessiva enfasi nel suo movimento, in quanto il suo moto articolatorio a seconda dell'energia ad essa impressa può generare una maggiore o minore intensità-velocità di flusso aereo in uscita dal cavo orale con conseguenti variazioni sul suono. È anche questo uno dei motivi per cui diverse scuole di pensiero collocano la punta della lingua tra le labbra e altre dietro i denti superiori, o anche sotto al palato in determinate dinamiche articolatorie di staccato sui suoni gravi. Un docente ideale, attento alla conformazione muscolare globale dei singoli alunni in un occhio ed orecchio esperto, dovrebbe saper consigliare modi diversi di articolare la lingua nello staccato e negli attacchi dei suoni i suoi allievi, senza fossilizzarsi solo sui propri modi di fare. Ritorniamo alle modalità esecutive delle tecniche dello staccato nel flauto nella ricerca dei loro perché. Il suono del flauto prodotto dall'uomo nasce dalle pulsazioni aeree che si generano tra il tubo del flauto, la pressione atmosferica e la loro riflessione sui muscoli vocali. Nell'ottimizzazione pressoria aerodinamica tra la ricerca delle emissioni corrette dei suoni nel giusto funzionamento dei muscoli costo-addominali e labiali atti ad evitare un intervento dei muscoli costrittori della faringe durante le emissioni nelle varie altezze tonali, lo staccato va ricercato nell'elasticità del suono e non nella staticità. Elasticità che viene data dall'intervento reattivo dei muscoli vocali tra micro-articolazioni dei muscoli cricoaritenoidei laterali e posteriori, durante la produzione dei colpi di aria. Essi generano, in quella che abbiamo definito corda aerea nella sua corretta costituzione di aria pulsante e sostenuta, il motore di sostegno nel movimento dell'articolazione **dello staccato** a reazione di quello che avviene quando l'aria immessa nel tubo del flauto diventa ad intermittenza e non più costante. A questa osservazione molti potrebbero obiettare che l'aria immessa nel tubo non dovrebbe mai essere intermittente ma costante durante lo staccato, io invece credo e professo il contrario e che costante debba essere il ruolo delle labbra nell'ottimizzazione del flusso aereo in ingresso attraverso la sua azione laterale. A meno che non si parli di staccato-legato o con colpi meno evidenti anche in velocità ritmiche elevate. Tuttavia quando i muscoli vocali diventano molto elastici nel sostegno dello staccato, la sensazione che deve sopraggiungere nel flautista è quella legata alla sensazione di un'energia costante durante la produzione dell'articolazione detta. L'errore deve essere segnalato in un tipo di staccato asmatico, ossia dove ad ogni intermittenza del fiato viene associato un brevissimo atto inspiratorio. La differenza di chi professa un tipo di staccato a flusso costante e chi lo consiglia a flusso intermittente sta ancora una volta nell'elasticità dei muscoli vocali e nella loro reazione a basso dosaggio di aumenti di velocità aerei, come quelli che possono rappresentare le variazioni aerodinamiche **impresse al flusso costante dai movimenti della lingua nella fase dello staccato**. Esercizi di colpi di aria eseguiti con un uso più marcato dei muscoli intercostali, che tendono a far rientrare velocemente il diaframma nella posizione originaria, possono aiutare i muscoli vocali a reagire e in una prima fase di studio ad ottenere uno staccato elastico e sostenuto. Questo tipo di esercizio va ad incidere in maniera più incisiva sulla reazione dei muscoli vocali cricoaritenoidei laterali, se viene eseguito senza emissione del suono flautistico e, su quelli sia cricoaritenoidei laterali che posteriori se viene eseguito con emissione di suono strumentale. Non bisogna dimenticare che nella fase sopra descritta, in qualsiasi caso, il tipo di esercizio va ad incidere anche sull'allenamento dei muscoli intercostali sia interni che esterni. Nella seconda fase di studio dello staccato, possiamo parlare di intermittenza del flusso aereo senza uso dei muscoli intercostali interni. Esso avviene senza interrompere il flusso aereo con scatti marcati, ma semplicemente attivando e riattivando il meccanismo di emissione del flusso aereo a piccoli intervalli come quelli che può rendere il movimento della lingua. In un soffiare costante, ma interrotto a scatti regolari della lingua senza tensioni, i muscoli vocali divenuti molto elastici senza il bisogno che ci debbano essere dei movimenti marcati da parte dei muscoli costo-addominali nell'articolazione delle interruzioni stesse tra i suoni, sostengono la produzione dello staccato nel flauto e negli strumenti a fiato. I muscoli della glottide se divenuti abbastanza elastici, regolano le intermittenze di fiato come se fossero le valvole degli erogatori elettrici di acqua presenti nei grandi spazi verdi di alcuni parchi urbani. Uno staccato veloce o meno veloce, oltre che dal corretto esercizio quotidiano, dipende anche dal tipo di massa muscolare che si muove nella regolazione del flusso aereo intermittente. Non bisogna mai dimenticare che masse muscolari più grandi hanno capacità di movimento minori di piccole masse muscolari.

8.5 - La lingua

Costituisce la parete anteriore dell'orofaringe.

È collegata posteriormente a un piccolo osso chiamato ioide e anteriormente ad un piccolo e sottile filamento detto frenulo o filetto.

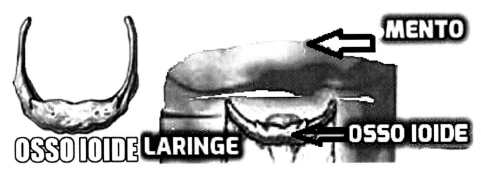

La lingua è dotata di papille gustative, ed è il principale organo del gusto. Essa è legata alla rima glottica ossia alle corde vocali attraverso l'epiglottide tra un muscolo detto **ariepiglottico**. Il muscolo ariepiglottico origina dalla porzione alta del margine laterale della cartilagine aritenoide e si fissa sul margine laterale dell'epiglottide, esso è un muscolo che interseca il suo movimento tra l'epiglottide e le cartilagini aritenoidee.

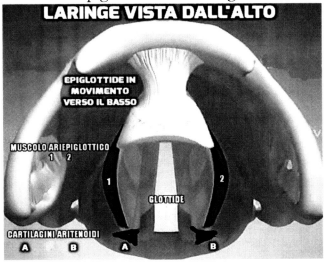

È importante focalizzare l'attenzione su questo collegamento perché la rima glottica, ossia l'apertura limitata delle corde vocali, a seconda del suo movimento di maggiore chiusura o apertura, nella funzione dei muscoli cricoaritenoidei posteriori o laterali, può ostacolare o facilitare il movimento della lingua nello staccato, anche a prescindere dalle dimensioni delle fasce muscolari che compongono gli organi di articolazione propri del suo movimento.

Una glottide che tende ad aprirsi durante lo staccato, ad opera dei muscoli cricoaritenoidei posteriori, porta la lingua a rallentare il suo movimento attraverso un'azione frenante data dal muscolo ariepiglottico che tende a tirarla indietro.

Una glottide che tende a essere più stretta ad opera dei muscoli cricoaritenoidei laterali tende a non frenare, invece, il movimento linguale. È la velocità del flusso aereo a rendere questi movimenti più marcati o meno marcati, favorendo il movimento della lingua in celerità maggiore o minore; velocità che come abbiamo visto precedentemente è dovuta al corretto uso dei muscoli labiali e costo-addominali, ma non solo. È dunque nella velocità del flusso aereo dello strumentista che si devono cercare i motivi che tendono a rendere lo staccato più difficoltoso nei suoni gravi e nella produzione dei suoni forti durante la fase articolatoria dei suoni staccati. Una velocità di flusso non sufficiente al sostegno del suono prodotto tende a rallentare lo staccato su quei suoni stessi per marcata azione del muscolo ariepiglottico che tende a tirare indietro la base della lingua attraverso l'azione del muscolo cricoaritenoideo laterale. È meraviglioso notare che nella tecnica del nostro strumento tutto e collegato e collegabile alla bontà della produzione sonora.

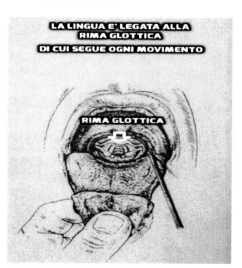

Una volta stabilito che la lingua è strettamente legata alla rima glottica, di cui ne segue tutti i movimenti, vanno considerati i seguenti aspetti nel suo uso, soprattutto nello staccato: ogni sua rigidità si riflette in maniera negativa sul corretto passaggio del flusso e quindi sulla sonorità, deve accompagnare lo staccato che nasce tra intermittenze di flusso aereo in aumenti di micro-velocità dello stesso nella ricerca di rendere elastiche le corde vocali nel sostenerlo.

La lingua deve muoversi in uno stato di tensione ideale tale da non ostacolare che i suoni prodotti debbano quasi zampillare e mai dare il senso del blocco.

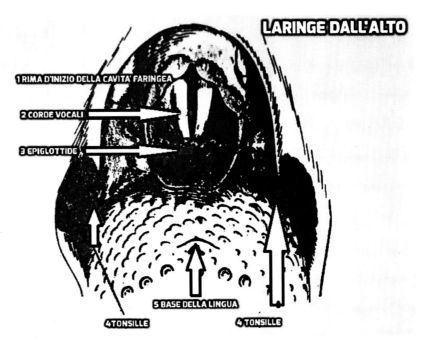

Non bisogna dimenticare che la corretta posizione della sua punta anteriore all'interno della bocca, nelle tecniche di impostazione flautistica come precedentemente trattato, è stata da sempre molto discussa. Una corrente di pensiero la colloca dietro i denti superiori ed un'altra tra la mucosa delle labbra, come già in precedenza detto. Comunque sia, i miei studi hanno portato alle seguenti conclusioni: la lingua nello staccato non deve mai essere rigida al fine di evitare quelle contratture dannose che possono ripercuotersi sui muscoli della glottide, ostacolandone il grado di elasticità durante l'esecuzione dello staccato stesso.

Essa dovrebbe trovare una posizione atta a far in modo che il grado di suoni corti o meno corti siano facilmente regolabili evitando tensioni.

È facile associare un suono corto ad una lingua più tesa e viceversa e questo non deve assolutamente accadere. I suoni più corti o meno corti devono essere regolati sempre dai tipi di intermittenze aeree, accompagnati da una lingua mai rigida.

Io generalmente consiglio di collocarla tra le labbra, in quanto il suo grado di avvicinamento o meno all'orifizio labiale che lo strumentista genera per insufflare nello strumento può far variare la lunghezza dei suoni prodotti evitando qualsiasi tensione, se non quella minima di movimento.

Suoni più corti, lingua più vicina all'orifizio labiale, suoni meno corti il contrario.

Un'altra considerazione da fare è la posizione della sua base. Una base troppo spinta verso il basso può portare la laringe e le corde vocali, durante l'emissione del suono, a situazioni di costrizione tali da avere un mancato o cattivo appoggio delle pressioni aeree che si generano tra il flauto e il cavo orale.

Lingua troppo bassa: staccato ingolato (PUA PUA PUA).

Una lingua troppo alta all'interno della bocca può far si che si generano delle tensioni eccessive alla glottide, bloccando il movimento dello staccato stesso.

Ad ogni minimo aumento di velocità del flusso aereo dato dalla lingua che si muove e manda aria verso l'esterno, in una sua posizione troppo alta tra il palato e la base del pavimento della bocca può generare i blocchi descritti.

La buona riuscita dello staccato sta anche, dunque, tra la posizione della lingua all'interno del cavo e dal suo grado di tensione.

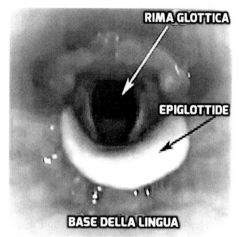

Si consiglia di tenere il labbro ben unito ai lati, nella zone dette commissure o angoli, per evitare che durante lo staccato si usi un'intensità aerea eccessiva al buon andamento dell'articolazione.

La lingua nel suo processo di staccato può favorire facilmente l'aumento dell'intensificarsi del flusso aereo.

Se il flusso aereo utilizzato ha un tipo di intensità e portata non consona alla velocità utile al sostegno dei suoni da staccare può causare delle rigidità nei movimenti linguali, (la glottide tende ad aprirsi e tirare indietro la lingua ad opera dei muscoli **ariepiglottici**).

Tuttavia se viene tesa troppo durante il processo di articolazione dei suoni può anche bloccare lo stesso flusso aereo, come facilmente accade durante l'esecuzione di suoni particolarmente accentati che stentano a venir fuori per mancanza d'intensità di flusso consono alla loro emissione. Lo stesso procedimento negativo è assimilabile a quello che accade nei suoni spinti: una velocità non consona a comprimere l'aria verso la destra del tubo del flauto, ne subisce la sua contro- pressione che genera dei blocchi, **non favorendo una pulsazione aerea che possa avvenire per una lunghezza di tubo consona alla formazione di un suono ampio e con giusta intonazione.**

A questo processo negativo reagiscono i muscoli cricoaritenoidei posteriori che predominano su quelli laterali, come ampiamente discusso anche nei precedenti compendi.

Nel caso dello staccato si hanno ripercussioni tensive sui muscoli ariepiglottici, conseguenti alla iper-reazione dei muscoli cricoaritenoidei posteriori, che tendono a bloccare, ripeto, il movimento celere della lingua.

8.5 - Esercizi giornalieri proposti
sullo staccato e modalità esecutive

Emettere solo soffio intonato eseguendo una scala durante gli esercizi di semplice stacco, senza uso dello strumento. Rifare il tipo di esercizio su qualsiasi proposta di studio sullo staccato presente nelle metodologie tradizionali, differenziando gli esercizi tra gradi congiunti e gradi disgiunti.

Iniziare dai gradi congiunti in quanto per quelli disgiunti è prevista una maggiore elasticità dei muscoli vocali, acquisibile con gli esercizi per gradi congiunti.

Gli esercizi che seguono aiutano i muscoli vocali coinvolti nello staccato a diventare elastici al minimo passaggio aereo.

Esercizi utili al fine di allenare i muscoli vocali nello staccato, senza uso dello strumento:

Inspirare ed espirare ritmicamente, facendo attenzione che la fascia addominale si ritragga nella fase espiratoria e che si dilati nella fase inspiratoria.

Ci si eserciti respirando sia con la bocca che con il naso.

Variare l'esercizio con tutte le ritmiche e tempi possibili. Le corde vocali passano da uno stato di semi-adduzione nella fase espiratoria e di completa abduzione nella fase inspiratoria alternativamente ad opera dei muscoli precedentemente menzionati: Cricoaritenoidei laterali nella fase espiratoria e cricoaritenoidei posteriori nella fase inspiratoria.

Si proceda ora ad esercitarsi con bocca semiaperta, preferibilmente pronunciando ahhh nella fase espiratoria e in silenzio totale nella fase inspiratoria.

Ci si eserciti poi con le labbra atteggiate come ad emettere suono, facendo attenzione a produrre rumore tipo fffffffffff nella fase espiratoria e silenzio assoluto nella fase inspiratoria.

Ripetere l'esercizio sia inspirando con il naso che con la bocca semiaperta.

Le pagine che seguono contengono esercizi sui vari tipi di staccato, con proposte sulle loro modalità esecutive.

Vocalizzi in tutte le tonalita' e registri

Marco Gaudino Suono Pensando

Marco Gaudino Suono Pensando

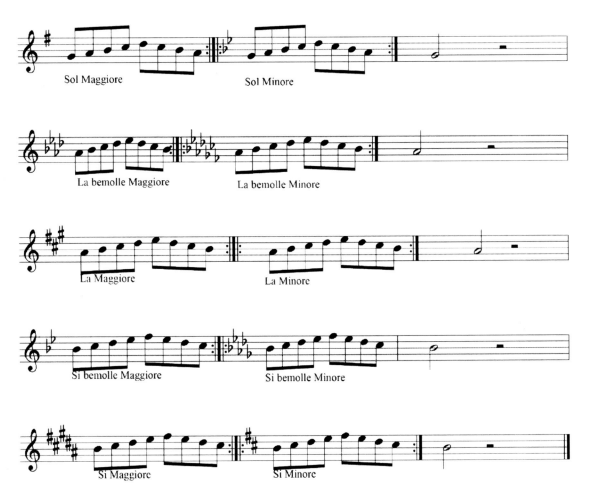

Ripetere da capo all'ottava superiore e poi a due ottave superiori fino ad incontrare la Tonalita' di Sol Minore

Vocalizzi per gradi disgiunti

Do Maggiore

Do Minore

Do diesis Maggiore

Do diesis Minore

Re Maggiore

Re Minore

Mi bemolle Maggiore

Mi bemolle Minore

Mi Maggiore

Mi Minore

Fa Maggiore

Fa Minore

Fa diesis Maggiore

Fa diesis Minore

Marco Gaudino Suono Pensando

Marco Gaudino Suono Pensando

Da capo all'ottava sopra e poi ancora alla doppia ottava fino ad incontrare il Re Bisacuto nella tonalita' di La minore

Vocalizzi per gradi congiunti e disgiunti sul doppio stacco

Proposta di studio per esercitare il triplo colpo di Lingua

Marco Gaudino: Suono Pensando

Marco Gaudino Suono Pensando

Mi bemolle Minore

Mi Maggiore

Mi Minore

Fa Maggiore

Fa Minore

Fa diesis Maggiore

Fa diesis Minore

Sol Maggiore

Marco Gaudino Suono Pensando

Sol Minore

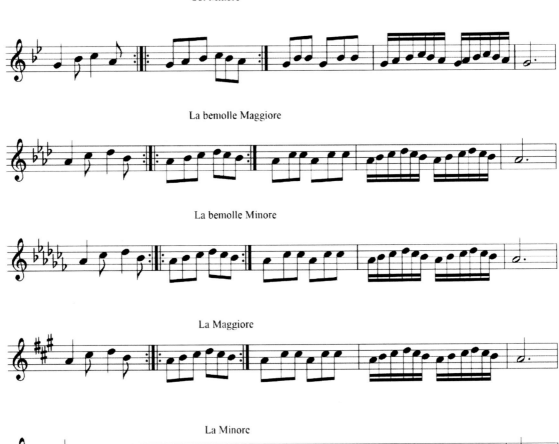

La bemolle Maggiore

La bemolle Minore

La Maggiore

La Minore

Si bemolle Maggiore

Si bemolle Minore

Si Maggiore

Marco Gaudino Suono Pensando

Da capo all'ottava sopra e poi ancora alla doppia ottava fino ad incontrare il Re Bisacuto nella tonalita' di La minore

Modalità esecutive proposte

Esercizio numero 1-2: Vocalizzi

1) Intonare il flusso aereo generando colpi di aria nascenti da un addome che si ritrae in espirazione durante il processo di esecuzione nelle varie tonalità, senza uso dello strumento.

2) Intonare il flusso aereo rendendolo intermittente, ma senza addome che si ritrae visibilmente ad ogni colpo, nell'esecuzione delle varie tonalità, senza uso dello strumento.

Eseguire gli esercizi nella prima e seconda modalità con uso dello strumento.

3) Esercizio per evitare di tendere la lingua e i muscoli costrittori durante esecuzione dello staccato:

a) Eseguire i vocalizzi soffiando con intermittenza di fiato ed articolando la lingua senza emettere suono, mentre si indirizza il flusso aereo angolandolo nella boccoletta in modo che non si generino suoni ma soffietti intonati (suoni eolici con colpi di lingua). L'associare i soffietti che si generano tra il flusso aereo dello strumentista che entra nel tubo senza creare rapporti di compressione con l'aria in esso contenuta, con il movimento leggero della lingua che accompagna i soffietti stessi, crea i presupposti per avere una lingua che accompagna l'aria in maniera non contratta e non si sostituisce ad essa nel processo articolatorio, lasciando fuori dal procedimento i muscoli costrittori della faringe.

b) Eseguire i vocalizzi con il semplice stacco che accompagna l'aria intermittente nell'emissione delle varie note.
Facendo attenzione, durante l'esecuzione, alla qualità del suono nell'articolazione, alla sua intonazione, ed a non mollare troppo il labbro quale elemento da tenere sotto controllo: non va rilassato nei suoi angoli al fine di produrre un tipo di staccato che dia il senso di pizzicato violinistico, ossia uno staccato elastico generato su una corda aerea ben tesa e sostenuta.

c) Eseguire gli esercizi con il doppio stacco evitando intermittenza aerea sulle sillabe cu. Esse devono rientrare quasi in aria residua che resta dopo le intermittenze principali. Esercitarsi senza strumento alternando colpi aerei senza colpo di lingua iniziale al cu: u cu, poi aggiungere t accanto alla u nella pronuncia dell'articolazione u-cu u-cu u-cu ecc, per poi articolare tu-cu tu-cu ecc..
Il colpo aereo intermittente va sempre associato all'articolazione del tu, facendo in modo che l'articolazione sul cu possa essere sempre conseguente al colpo aereo principale.

La stessa modalità si usi per gli esercizi sul triplo colpo di lingua, partendo da u-cu-u, poi aggiungere il t. accentuando forte-debole-debole: tu-cu-tu.

La variabile del triplo colpo di lingua classico ossia tu-cu-tu-tu-cu-tu è il doppio colpo con accentuazione a terzine, ossia tu-cu-tu-cu-tu-cu, con palese accentuazione a sestine e poi a terzine.

Eseguire i vocalizzi proposti in tutte le repliche e registri nelle seguenti articolazioni di fraseggio: due note legate e due staccate, due staccate e due legate, tre legate e una staccata, la prima staccata e le altre legate a due a due, una staccata e tre legate, la prima staccata la seconda e terza della quartina di crome legate e la quarta staccata.

Eseguire i vocalizzi anche con il doppio stacco a note ribattute in quartine di semicrome prima staccate e poi aggiungendo tutte le articolazioni possibili.

Se lavoro costantemente su un certo esercizio, alla fine non mi sembra rischioso. L'idea è che l'esercizio resti pericoloso e sembri pericoloso per le mie paure, ma non per me. Il duro lavoro lo ha reso semplice. Questo è il mio segreto. Ecco perché vinco.

Nadia Comaneci

8.7 - Il vibrato

Possiamo definire il vibrato come colore espressivo da dare ai suoni, consiste in delle variazioni di pressione aerea che si ripercuotono sui muscoli vocali, che ne permettono la sua modulazione in cicli di frequenza.

Non vibra il diaframma, come si è sempre creduto, l'attenzione su di esso evita contratture volontarie, ossia di azioni negative sulle corde vocali attraverso i muscoli costrittori della faringe che porterebbero a stringere volutamente la gola.

Ma cosa vibra?

La risposta giusta è: vibra la corda aerea!!!!

Avvengono variazioni di pressioni aeree che si riflettono sui muscoli vocali dando luogo a dei cambi di intensità, timbro, intonazione (altezza) del suono nel flauto, a diversi cicli di frequenza.

Il grado di elasticità delle corde vocali può favorire o sfavorire queste variazioni di frequenza, che avvengono con aumenti di micro-intensità del flusso aereo dello strumentista.

Le micro-pulsazioni aeree si inseriscono nelle pulsazioni del suono prodotto nelle varie altezze tonali.

Il vibrato viene prodotto tra il flusso aereo dello strumentista, i muscoli vocali e la pressione atmosferica.

Stimolato dai muscoli costo-addominali che ne favoriscono la produzione aumentando la velocità del flusso e in virtù degli stati di tonicità dei muscoli vocali, si generano tra aria, muscoli e pressione atmosferica dei luoghi di equilibrio in stati di maggiore o minore tensione che possono favorire la sua produzione, dando la sensazione che il tutto avvenga in maniera naturale.

Precisamente cosa vibra?

Vibra l'aria sostenuta dai muscoli vocali tra Cricoaritenoidei laterali e posteriori che a loro volta vengono supportati da azioni dirette dei muscoli costo-addominali, in delle variazioni di tensione che si riflettono con e tra la pressione atmosferica nella produzione del vibrato corretto.

Siccome il suono del flauto prodotto dall'uomo si forma tra il tubo del flauto, la pressione atmosferica e i muscoli vocali, che ne sostengono la pulsazione aerea: vibra l'aria e le corde vocali stesse, tese in forma minore rispetto alla produzione canora, come sottolineato più volte durante questo studio.

La loro tensione avviene prettamente sul piano mediano- laterale e meno sul piano anteroposteriore, rispetto al loro asse di congiunzione.

A produrre il vibrato scorretto, cosiddetto a pecorella, sono i muscoli costrittori della faringe che attivati creano una situazione di cicli di frequenza troppo frammentari, rigidi e aritmici, rispetto al fenomeno espressivo da realizzare.

Vibrato di gola o di diaframma dunque?

Il diaframma non vibra, nè possono vibrare i muscoli costo-addominali, loro creano le situazioni adeguate per poter far in modo che il fenomeno possa accadere in maniera naturale e senza costrizioni tra pressione atmosferica, aria contenuta nel tubo del flauto e muscoli vocali.

Tutti gli esercizi presenti nelle varie metodologie per flauto e che richiamano attenzione sui muscoli costo-addominali nell'acquisizione del vibrato, sono validissimi da applicare.

Gli esercizi presenti nella letteratura flautistica sul vibrato sono tesi a stimolare i muscoli vocali nel connubio con la pressione atmosferica.

Esercitarsi partendo dai suoni fermi che producono variazioni simili a tipi di frammentazione del suono in stile molto legato e in varie combinazioni ritmiche, aiuta ad assimilare questo aspetto espressivo e coloristico del suono nel flauto traverso.

Utile esercizio è lo staccato senza uso della lingua, così come spiegato nel capitolo precedente, e tutti gli esercizi atti a rendere i muscoli vocali agili nella ricerca del vibrato.

Lo staccato senza uso della lingua su un suono ribattuto, non è altro che l'inizio per procedere a produrre lo stesso suono frammentandolo ritmicamente in maniera più legata.

Esercitarsi a bocca semiaperta nel pronunciare ah ah ah bisbigliato e senza suono vocale, in varie forme ritmiche con intermittenza di fiato, è un utile esercizio, oltre a quelli presenti nella letteratura flautistica, per apprendere la dinamica articolatoria del vibrato. Durante l'esecuzione degli esercizi sul **vibrato va evitata la pronuncia interna della vocale E** nelle maniera assoluta. L'uso della E porta molto facilmente ad un vibrato a pecorella.

Trovo gli esercizi presenti nell'ultima parte del libro di J. Gärtner Il Vibrato ed. Vigor Music, molto utili per la sua acquisizione graduale.

Un esercizio che consiglio ai miei studenti per migliorare il vibrato è quello di esercitarlo sull'emissione del mi medio tenendo la prima spatola della tastiera premuta.

Ossia la prima che si aziona per l'emissione del si bemolle acuto, o meglio la chiavetta piccolina che serve anche a produrre trillo do re acuto e ovvero quella che viene dopo la chiavetta atta a produrre il fa grave azionata dall'indice della mano destra.

La posizione indicata genera un aumento di velocità di flusso aereo superiore rispetto alle altre, relative all'emissione dei suoni medi. La velocità aerea generatasi tra il flauto e il cavo orale si riflette sulle corde vocali, dando la sensazione di maggior facilità di produzione del vibrato favorendone le modalità di acquisizione.

I muscoli vengono stimolati ad un movimento più semplice e celere dalle stesse pressioni aeree riflesse.

Altro vibrato scorretto da evitare è quello generato dall'apertura e chiusura periodica delle labbra. Esse generano dei micro-aumenti e diminuzioni di velocità del flusso aereo, dando vita al fenomeno. Una tipologia di micro pulsazioni inserite nel suono principale, in questo caso, molto sgradevoli da udire e che richiamano la voce tremolante dei vecchietti sdentati.

La tua visione diventa chiara solo quando guardi dentro il tuo cuore. Chi guarda fuori, sogna. Chi guarda dentro, si sveglia

Carl Gustav Jung

8.8 - Il caso dell'ottavino

Tutti coloro a cui è stata data la possibilità di passare al flauto, subito dopo essersi esercitati sull'ottavino, avranno notato le difficoltà di emissione del suono flautistico dato da questo passaggio di strumento. Si ha la sensazione di perdere energia nel suono durante l'emissione sul flauto e che lo strumento sia diventato enorme.

Durante la produzione del suono nell'ottavino le velocità aeree retrograde che si riflettono sui muscoli vocali sono maggiori rispetto a quelle che si riflettono con il flauto.

Le pulsazioni aeree che si muovono nell'ottavino sono all'ottava sopra rispetto al flauto. Anche quelle che corrispondono ad esso in altezza, tipo quelle della sua prima ottava rispetto alla tessitura media flautistica risultano diverse, in quanto il canneggio dell'ottavino è molto più stretto. L'aria si muove sensibilmente più velocemente nell'ottavino rispetto al flauto, anche a parità di altezze tonali.

Da ciò ne deriva anche la variazione di colore timbrico tra i due strumenti.

Dalle osservazioni delle reazioni dei muscoli vocali, durante la produzione del suono sull'ottavino si è notata un'azione predominante sui muscoli dell'inspirazione, ossia i muscoli cricoaritenoidei posteriori e meno su quelli laterali.

La glottide tende ad aprirsi maggiormente, durante l'emissione dei suoni sempre più acuti prodotti sull'ottavino rispetto al flauto.

Questo avviene perché ad un aumento di velocità del flusso aereo dello strumentista verso l'esterno, ne consegue un attrito sempre maggiore della pressione atmosferica verso il suo interno.

Da questo attrito maggiore che si genera tra i flussi aerei, rispetto all'emissione del suono nel flauto traverso, i muscoli addetti alla funzione inspiratoria funzionano maggiormente di quelli addetti alla funzione espiratoria nell'emissione del suono ottavinistico, con conseguenze che si avvertiranno nel passaggio al flauto, in cui invece il lavoro maggiore di sostegno dei suoni è affidato a quelli espiratori anziché inspiratori. Entrano in funzione maggiormente i muscoli cricoaritenoidei posteriori rispetto a quelli laterali nell'ottavino. I muscoli cricoaritenoidei laterali diventano per questo motivo meno tonici e reattivi al passaggio strumentale, con conseguenze poi sulla corretta emissione del suono e nel suo sostegno nel flauto.

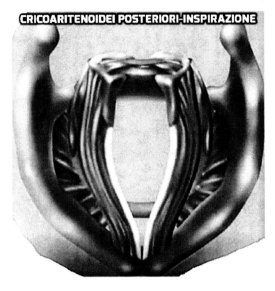

CRICOARITENOIDEI POSTERIORI-INSPIRAZIONE

Si genera, dunque, una situazione aero-muscolare che porta ad una reazione minore dei muscoli deputati al sostegno dei suoni nel flauto traverso e ossia i cricoaritenoidei laterali, al passaggio tra i due strumenti.

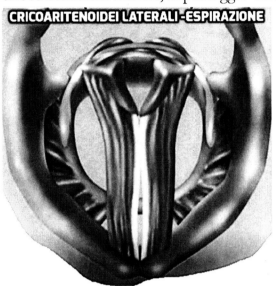

CRICOARITENOIDEI LATERALI-ESPIRAZIONE

Come ovviare a questo inconveniente di sostegno muscolare dei suoni nel passaggio dall'ottavino al flauto e viceversa?

Lo studio giornaliero di entrambi gli strumenti è fondamentale per chi sceglie di essere sia flautista che ottavinista, tuttavia delle riflessioni su come approcciarsi allo studio giornaliero dell'ottavino possono risultare molto utili.

8.9 - Come soffiare nell'ottavino

Le modalità con cui si produce il suono nello strumento sono identiche a quelle del flauto, una delle variazioni fondamentali a mio avviso, deve essere data dall'intensità con cui viene insufflata l'aria e dal rischio che si corre nell'irrigidire le labbra nella loro parte centrale nella produzione del suono.

Diminuire l'intensità del flusso aereo proveniente dai polmoni nell'impatto con lo spigolo esterno dello strumentino è uno delle differenze fondamentali da apportare tra emissione del suono flautistico e ottavinistico.

Una sensazione di emissione di flusso aereo che deve essere quasi ai minimi termini di intensità, rispetto alle dinamiche sonore da generare.

Una diminuzione di intensità di flusso corrisponde ad una diminuzione anche di velocità di impatto tra i luoghi di formazione del suono, ossia tra la parte esterna dello spigolo della boccoletta, la parte interna, la parte terminale del tubo e la pressione atmosferica.

Una diminuzione di velocità si ripercuote sui muscoli che sull'ottavino funzionano in maniera maggiore che nel flauto, ossia quelli inspiratori detti cricoaritenoidei posteriori, generando negli stessi una tensione minore a favore dei muscoli espiratori detti cricoaritenoidei laterali.

Questa diminuzione di intensità di flusso aereo, dunque, può generare un equilibrio di tensione tra le due fasce muscolari della glottide e favorire il passaggio tra i due strumenti.

Nel passaggio dai suoni gravi a quelli più acuti nell'ottavino il consiglio che do ai miei alunni è quello di lavorare molto sulle pressioni muscolari e poco sull'intensificazione del flusso aereo, che molto spesso può generare suoni bisacuti eccessivamente spinti.

Il problema è sempre lo stesso: generare una velocità aerea idonea all'emissione dei suoni, evitando di farlo solo con la sua intensificazione, molto spesso non completamente idonea allo scopo, ma attraverso i muscoli.

Ottimo esercizio da fare sull'ottavino è tenere un suono grave con la voce mentre si eseguono scale progressive su tutte le sue ottave.

Il generare un suono grave vocale mentre si soffia riduce notevolmente l'intensità del flusso aereo in uscita.

Soffiare con minore intensità non dovrà mai significare, sia se si suona un flauto o un ottavino, variare la tensione dei muscoli labiali e costo-addominali nel sostegno delle varie altezze tonali.

Un innalzamento della lingua nella sua parte centrale può aiutare l'ottavinista nell'emissione dei suoni bisacuti, come anche un sostegno verso il basso dei muscoli costo-addominali che aumentano la velocità dell'aria, incidendo sui muscoli cricotiroidei che allungano le corde vocali accrescendo le possibilità di sostegno di detti suoni.

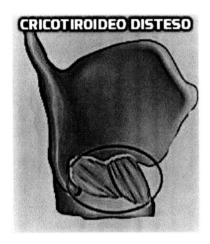 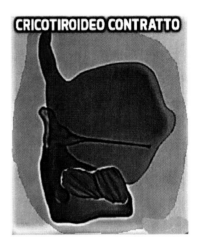

Si genereranno nell'ottavino delle energie muscolari antagoniste tra: muscoli cricoaritenoidei posteriori, laterali, cricotiroidei, in virtù di variazioni di velocità di flusso aereo ad appannaggio quasi esclusivo dei muscoli costo-addominali, senza notevoli intensificazioni di forza aerea.

La saggezza è saper stare con la differenza senza voler eliminare la differenza.

Gregory Bateson

COMPENDIO n. 9

Didattica generale del flauto traverso

9.1   Interiorizzazione della tecnica digitale

9.2   Riflessioni, ripetizioni e spunti operativi generali

9.3   L'influenza dei metalli nella produzione del suono

9.4   Pensieri sparsi: appunti determinati e annotati durante le fasi di ricerca

Foto Paola Vittorioso ©Tutti i diritti sono riservati

9.1 - Interiorizzazione della tecnica digitale

Immaginare di compiere un'azione ancor prima di compierla, la rende già nostra.

Provate ad immaginare le vostre dita che si muovono sul flauto mentre leggete una partitura di un brano o di un esercizio che poi dovrete eseguire, vi accorgerete che il pensare all'azione esemplifica l'azione stessa che dovrete compiere. Provate ad immaginare e poi eseguite davvero. Come anche immaginare il suono o il colore che volete costruire nel vostro flauto può favorire questo processo che è frutto di posture, concezione e consapevolezza.

Mezz'ora di quella che definiremo tecnica immaginata fa più miracoli di ore di tecnica applicata.

Provare per credere.

Potete esercitarvi in questo modo in tutte le ore del giorno.

Consiglio questo tipo di lavoro mnemonico soprattutto sui movimenti digitali legati ai percorsi di lettura dello spartito, in relazione alle posizione delle dita sulla tastiera.

Credo che l'acquisizione dei brani sotto le dita con questo metodo avvenga più facilmente in quanto il cervello è impegnato solo sul meccanismo segno grafico- posizione digitale sulla tastiera, escludendo tutti i processi sia di produzione del suono che del suo ascolto, nonché di movimento nervo-muscolare vero e proprio.

Mi auguro che questa proposta di studio venga presa in considerazione anche come spunto per un tipo di ricerca applicabile alle tecniche su tutti gli strumenti musicali.

Provate a proporre ad un pianista o altro strumentista questo tipo di esercizio e iniziate a scrivere le vostre considerazioni, nonché i campioni esperienziali raccolti.

La ricerca artistica in Italia prima o poi troverà il suo spazio e forse anche tanti giovani validi didatti e musicisti troveranno la loro collocazione come ricercatori nelle future **vere** Facoltà musicali Universitarie, come dovrebbero essere definite oggi i nostri Conservatori Italiani.

9.2 - Riflessioni, ripetizioni e spunti operativi generali

Si è portati ad associare un rilassamento muscolare generale che si riflette molto sulle labbra nell'esecuzione di suoni in diminuendo, con conseguenze anche sulla loro intonazione ed altezza tonale: consiglio un maggior controllo di tensione labiale durante il processo, soprattutto rivolto alle parti laterali dette commisure (gli angoli) e mai centrali o tubercolo.

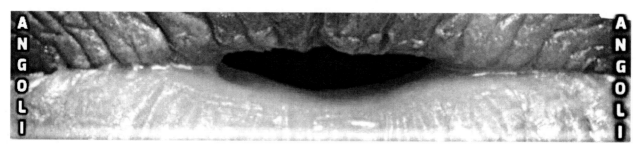

Il grado di velocità e di intensità del flusso aereo dello strumentista durante le esecuzioni, può essere influenzato dai tempi di un brano musicale.

In un tempo lento, ad esempio, si è tesi diminuire la velocità del flusso aereo emesso, questo può riflettersi sulla qualità del suono ed anche sulla sua intonazione, nonché nella facilità o meno dei salti tra intervalli ampi.

I salti di registro fatti con movimenti labiali controllati da movimenti marcati di avanti e indietro delle stesse con aiuto della mandibola, possono comportare variazioni di intonazione e timbro, incidendo in maniera determinante anche su quello che viene definita omogeneità del suono.

Un suono non omogeneo nei registri è un tipo di suono che tende a diminuire troppo la velocità del suo flusso aereo tra i passaggi di registro o il contrario. Di solito è un tipo di suono che presenta anche notevoli variazioni di intonazione tra i grandi e piccoli salti negli intervalli.

Una diminuzione di tensione muscolare dei muscoli costrittori della faringe può riflettersi anche sul tipo di pressione delle dita sulla tastiera!

In un brano virtuosistico e veloce si può tendere a crescere di intonazione e a stringere la cosiddetta "Gola", nonchè ad aumentare eccessivamente la velocità del flusso aereo prodotto.

Lo strumentista ed il cantante possono essere portati ad associare il grado di velocità di un brano ad una tensione anche in energie muscolari, nella sensazione globale di non scioltezza esecutiva.

Ricapitolando le possibili associazioni errate in azioni compiute

Tempo veloce = maggiore rigidità in toto tra costrittori della faringe, dita, e muscoli della glottide.

Si è portati, dunque, a tendersi durante l'esecuzione di tempi veloci e a rilassarsi sui tempi lenti con conseguenti ricadute sull'elasticità del movimento digitale e sulla spinta aerea.

Nei tempi veloci si tende a crescere di intonazione e sui lenti si tende a calare.

Non bisogna tendersi, quindi, sui tempi veloci nè aumentare l'intensità del flusso aereo, nè rilassarsi su quelli lenti diminuendo le tensioni muscolari con conseguenti cambi di intonazione del suono e timbrica.

Dei muscoli vocali, labiali e respiratori che non regolano il flusso d'aria con le giuste tensioni possono influire sulla sensazione di avere un mancato controllo tecnico-digitale anche sullo strumento.

Un esempio lampante a conferma delle mie riflessioni potrebbe essere l'esecuzione di un trillo. Esso richiede un grado massimo di rilassamento generale, ma senza dover mollare la velocità esecutiva dell'effetto stesso.

Anche nel trillo si può tendere ad aumentare l'intensità del flusso aereo durante la sua esecuzione!

Si faccia attenzione alla pressioni generali del **pollice della mano destra** che sostiene lo strumento, ci sono dei trilli e dei passaggi tecnici in cui si richiede una sua leggera pressione verso l'alto e viceversa un suo mollare.

Quando un trillo ai cantanti viene male si dice che non sia appoggiato o sostenuto a livello muscolare, credo che la cosa valga su tutti gli strumenti e non solo a fiato.

Trilli complessi come quelli che vedono attivi le dita Mignolo delle due mani nell'elasticità del movimento, spesso si risolvono mollando le tensione dei pollici.

Trilli lenti delle altre dita spesso richiedono invece una tensione dei pollici in spinta verso l'alto: sono movimenti minimi che nella mia esperienza di docente e flautista hanno contribuito a risolvere diversi passaggi tecnici sporchi, oltre ai trilli suddetti.

Nel flauto traverso bisogna sempre immaginare due forze in opposizione che devono trovare un loro giusto bilanciamento: questo accade tra muscoli intercostali e addominali nella pratica di sostegno ed appoggio dei suoni, nel tubo del flauto tra una corrente aerea che va verso destra opponendosi ad una che viene dalla sinistra, nel bilanciamento delle dita che sorreggono il flauto e quelle che pigiano sulla tastiera, e ancora nella pinza delle labbra che regolano la fuoriuscita del flusso aereo proveniente dai polmoni.

Molto spesso si sente usare il termine **proiezione del suono**, cosa significa proiettare il suono?

Proiezione del suono significa avere una qualità di emissione sonora atta a far giungere il suono prodotto alla maggiore distanza possibile dal punto di partenza. La proiezione del suono, a mio avviso, e a rigore di logica, dipende dagli attriti che si generano con la pressione atmosferica nella sua propagazione ed è frutto della qualità aerodinamica del flusso aereo dell'esecutore durante l'emissione sonora.

Un suono spinto e non naturalmente forte ha meno proiezione. Gli attriti che si generano tra il flusso aereo dell'esecutore, l'aria contenuta nel tubo e la pressione atmosferica sono maggiori di un suono prodotto con naturalezza o con consapevole guida del flusso aereo emesso, in giusto rapporto di velocità e intensità, nonché di portata rispetto alle dinamiche sonore prodotte.

Più ostacoli incontra il suono sulla sua strada e minore risulterà la sua proiezione.

Uno di questi è appunto la pressione atmosferica stessa, nei suoi stati di mutazione.

La velocità di propagazione del suono, così sarebbe più consono chiamare la proiezione del suono, varia a seconda delle temperature dell'ambiente circostante e degli ostacoli che incontra sul suo cammino.

E riflettiamo ancora su:

Passaggi di temperature e pressione atmosferica incidono sulle tensioni dei muscoli vocali in relazione agli attriti che si generano tra temperature esterne ed interne dello strumentista, durante l'emissione del suono nelle fasi di compressione.

Aria calda e umida proveniente dai polmoni: più leggera, molecole più rarefatte, poca capacità di compressione interagendo con aria fredda.

Aria umida: più leggera della fredda e della calda; capacità ancora minore di compressione interagendo con aria calda e umida.

Aria fredda: la più pesante delle due.

Aria ideale per suonare strumenti a fiato e cantare: quella esterna che si avvicina alle temperature corporee interne.

Lo strumentista fa uso di aria calda proveniente dai polmoni a vari stati di umidità che può modificarsi con un uso corretto delle fasce muscolari coinvolte nella produzione del suono.

Il flautista deve cambiare il suo modo di gestire le parti su cui agisce nelle varie stagioni dell'anno, nelle varie acustiche e nei vari stati di animo che influiscono sui toni muscolari.

Si rammenta che un'azione diretta sui muscoli vocali potrebbe far attivare i muscoli costrittori della faringe, in quanto le energie con cui si muovono i muscoli vocali durante la produzione del suono sono ad un gradiente di energia molto basso. Esse sono ad un gradiente di energia talmente basso che sfuggono ad un controllo diretto e cosciente se non quello del soffiare.

Il segreto di un suonare cosciente consiste in un capire i come e i perchè del fare, assimilando e automatizzando.

9.3 - L'influenza dei metalli nella produzione del suono

Infinite sono le discussioni sull'influenza dei metalli con cui viene costruito lo strumento, nell'emissione del bel suono nel flauto traverso.

Nell'obiettivo di generare i giusti rapporti di compressione tra l'aria in esso contenuta, quella esterna e la colonna aerea immessa dello strumentista nelle diverse temperature aeree, il metallo, a mio avviso, influenza il suono del flautista nella misura in cui si possa classificare come un buon conduttore di calore o isolatore delle temperature esterne rispetto al suo interno.

Sappiate che al primo posto tra i metalli quali isolatori dalle temperature esterne troviamo l'oro e nella conduzione di calore, invece, l'argento.

Ritengo risolta la questione che fa del nobile metallo che è l'oro nella costruzione dei flauti, il materiale migliore per creare un equilibrio più immediato tra la temperatura aerea presente all'interno del tubo e quella con cui insuffla lo strumentista, isolando lo strumento dal condizionamento delle temperature esterne.

L'argento è sì un ottimo conduttore di calore ma non è a pari dell'oro, quale metallo ideale per la costruzione del flauto.

Un flauto traverso in oro isola l'aria in esso contenuta e riscaldata da quella immessa dall'esecutore dalle temperature esterne, svolgendo un ruolo determinate sul modo in cui l'aria al suo interno si comprime e pulsa durante le fasi di produzione del suono, influenzando il timbro dei suoni prodotti. Incide sul timbro del suono, attenuando o accentuando le sonorità dei suoni armonici, lo spessore del metallo con cui è costruito un flauto. Concamerazioni più sottili per cercare timbriche chiare o attenuare timbriche personali troppo scure e viceversa.

9.4 - Pensieri sparsi: appunti determinati e annotati durante le fasi di ricerca

❖ Non esiste un solo modo per sostenere i suoni nel flauto. Esso può essere considerato un equilibrio che può vedere impegnati di più i muscoli delle labbra o della respirazione come costali ed addominali o alcuni muscoli vocali; per questo motivo ci sono divergenze di pensiero su quali parti del corpo bisogna agire durante la produzione sonora.

❖ LE LABBRA nel flautista giocano un ruolo fondamentale al fine di sostenere i suoni prodotti, a mio avviso anche più dello stesso diaframma. Esse, insieme alle aperture della bocca, devono essere considerate le ottimizzatrici del flusso aereo in fase di frequenza pulsante e nella fase iniziale di compressione. Troppo aperte, tutto crolla: la velocità del flusso ed il suono; troppo chiuse nella loro zona centrale si irrigidisce tutto. Perché accade tutto questo e come agire?

❖ Il flautista durante la sua pratica quotidiana non allena solo le labbra, le dita o i muscoli respiratori ma soprattutto come i cantanti le corde vocali, come avviene il processo?

❖ Bisogna capire perché in relazione ai momenti della giornata varia il suono e la difficoltà dello studio nel flauto, nel canto e negli strumenti a fiato.

❖ Gola aperta o gola chiusa? Dipende dalle note e dalla loro altezza ed intensità sonora: in generale gola troppo chiusa suoni strozzati e poco sonori, gola troppo aperta i suoni collassano e non hanno consistenza!!!!! Ogni suono ha delle variabili in pressione e velocità aerea regolate dai gradi di apertura e chiusura delle corde vocali e dalle labbra, devo chiarirmi quali altri muscoli agiscono in questo processo. Arrivai a comprendere con il tempo il ruolo dei muscoli costrittori della faringe e compresi che erano loro i fautori della cosiddetta gola chiusa e non le corde vocali, che invece sostenevano i suoni donando loro morbidezza.

❖ Il flautista ogni giorno si confronta con la pressione atmosferica, la sua colonna aerea ha meno pressione di quella atmosferica, ma l'antagonismo tra la sua colonna d'aria e la pressione esterna viene potenziato da quello che accade nel tubo del flauto durante l'emissione del suono.

❖ La pressione che si genera nel tubo del flauto è maggiore rispetto a quella interna dello strumentista. Quella interna al flauto mentre si produce il suono è minore a sua volta di quella esterna. Si generano dei differenziali pressori che mettono in movimento le corde vocali in uno stato tensivo maggiore rispetto a quello delle fasi di inspirazione ed espirazione.

❖ Pressione aerea minore può essere sinonimo di stati maggiori di calore rispetto ad altri che vedono le particelle dell'aria più o meno dilatate tra loro.

❖ Più velocità del flusso è sinonimo di pressione aerea minore.

❖ Le diverse masse muscolari e il loro tono, possono incidere nel rallentare o aumentare la pulsazione dell'aria che si genera tra strumento e strumentista.

❖ In relazione alle temperature esterne cambia la pressione atmosferica che si ripercuote sull'emissione dl suono, dando allo strumentista, sia esso cantante o a fiato, la sensazione di non acquisire mai un tipo di emissione stabile. Anche per questo motivo, l'esecutore è alla continua ricerca della corretta produzione sonora.

❖ Proviamo a fare un esempio di suono senza sostegno: le corde vocali sono troppo aperte ed il suono collassa, forse le labbra sono troppo aperte nel flauto?

❖ Vi è un punto del soffiare in cui il vibrato diventa atto involontario, nasce da solo. Il punto in cui pressione atmosferica e velocità del flusso aereo generato dallo strumentista trova un giusto equilibrio di forze: le corde vocali vibrano da sole per atti riflessi aerodinamici? Vale anche per i cantanti?

❖ Il vibrato di gola o detto a pecorella b-e-e-e-e-eh...è un tipo di vibrato dove le energie che lo generano sono a carico solo dei muscoli costrittori faringei e non distribuite sui muscoli intercostali, diaframma e addome.

❖ Ad un flusso aereo con maggiore velocità si oppone una pressione atmosferica con maggiore entità energetica. È da queste situazioni che si generano gli attriti che si riflettono sui muscoli: suoni acuti maggiore elasticità muscolare richiesta in sostegno del suono rispetto a quelli medi. Sui suoni gravi un lieve aumento di intensità di insufflazione può determinare la salita di ottava in quanto la reazione in elasticità dei muscoli vocali atta alla produzione e sostegno della seconda ottava richiede una minore entità di energia muscolare nella loro elasticità di moto.

❖ Il suono del flauto traverso prodotto dall'uomo si forma tra il taglio del foro della boccoletta e la sua parte esterna-interna, il piede della canna, la pressione atmosferica nella riflessione sui muscoli vocali? Il comprendere a fondo tale fenomeno cercando di averne un controllo cosciente è la chiave di volta per il dominio tecnico dello strumentista sullo strumento in questione?

❖ Se un giorno con la tecnica che usi il suono ti esce male rispetto al giorno precedente, puoi attribuire la cosa a due probabili frangenti: variazione della pressione atmosferica o del tuo tono muscolare o di entrambi.

❖ Le variazioni del tono muscolare incidono sulle variazioni di pressione aerea, ovvero sugli stati di velocità di flusso immesso e sostenuto tra il flauto e gli stessi muscoli.

❖ Dalla forma del viso possiamo determinare la velocità aerea potenziale di un flautista che avverrebbe durante il processo di insufflazione, più ampia minore velocità e viceversa. La forma del viso insieme a lunghezza e spessore delle corde vocali possono essere determinanti alla formazione del timbro di uno strumentista a fiato. Le variabili possono essere infinite.

- Il tono muscolare può cambiare ogni giorno, esso dipende da diversi fattori, questo è uno dei motivi per cui il suono del flauto traverso prodotto dall'uomo è spesso instabile.

- Il flautista, l'aria contenuta nel flauto, i suoi muscoli ed il metallo con cui è costruito lo strumento subiscono i cambi di temperatura ambientale incidendo sul suono, dando allo stesso strumentista la sensazione di tecnica strumentale mai acquisita.

- L'analisi di tutti i fattori che influiscono sul suono e sulla tecnica globale diminuisce la sensazione di una tecnica strumentale mai acquisita.

- Il flauto traverso suonato dall'uomo ha due elementi che concorrono alla produzione del suono cooperando tra di loro: la colonna d'aria in esso contenuta che interagisce con la pressione atmosferica e le corde vocali che reagiscono a questa interazione.

- Il suono comprende due fasi energetiche, una di condensazione e l'altra di rarefazione: le due fasi convogliano in una, il suono.

- Il tubo del flauto nelle sue dimensioni di lunghezza ed ampiezza è costruito in modo che la colonna d'aria in esso contenuta possa interagire con la pressione aerea atmosferica in modo da produrre dei suoni temperati rispetto una scala ed un sistema, purtroppo non è costruito per fare in modo che interagisca con il tubo fonatorio dello strumentista senza che esso debba esercitarsi continuamente.

- Cosa riscalda il flautista in inverno, quando prima di suonare alita nel flauto, e perché lo fa? La risposta è l'aria e lo fa per renderla più leggera e comprimibile da parte del suo flusso aereo.

- Sostenere un suono: un suono di un flauto non è altro che una pulsazione aerea tra il tubo dello strumento e la pressione atmosferica. Il suono si genera in relazione ad una pressione aerea non costante ma pulsante, esso è prodotto da vibrazioni periodiche di un corpo elastico. Nel nostro caso il corpo elastico a cui facciamo riferimento è l'aria; ad ogni suono prodotto, corrisponde una variazione di pressione. Ecco, questa pressione si riflette sull'apparato vocale che a sua volta rientra fisiologicamente in quello che la scienza chiama apparato respiratorio. Esso si compone dei polmoni, del diaframma, dei muscoli intercostali, dei muscoli addominali e dalla laringe in cui sono contenute le corde vocali. Sostenere un suono significa attivare nel modo fisiologicamente corretto questi organi embriologicamente legati tra loro. Possiamo dire che sono tra loro interdipendenti.

- Se i suoni che produciamo nel flauto devono essere sostenuti vuol dire che hanno nel loro seno una forma di decompressione, credo sia dovuto alle temperature dell'aria con cui il processo si verifica.

❖ Il saper articolare in maniera corretta lo staccato semplice nel flauto è propedeutico all'uso della giusta intensità e velocità del flusso aereo nell'emissione del suono. Favoriscono il corretto procedimento i muscoli labiali, la mandibola, i muscoli vocali e un muscolo particolare che si trova tra le corde vocali e l'epiglottide quest'ultima collegata alla lingua, detto muscolo ariepiglottico.

❖ Le timbriche nel flauto cambiano in relazione alle micro velocità aeree che si modificano anche attraverso il modo di atteggiare il cavo orale.

❖ Tanti insegnano giustamente di cambiare le vocali mentre si produce il suono, cosa cambia? Cambia il modo in cui i suoni armonici, contenuti negli stessi suoni che il nostro orecchio ascolta globalmente, si fondono ad intensità diverse. Nel variare la posizione delle vocali mentre si soffia, varia la velocità del flusso che viene immesso nel flauto e lo stato di compressione aereo al suo interno. Questo determina le variazioni timbriche.

❖ Un flauto traverso in oro isola l'aria in esso contenuta e riscaldata da quella immessa dall'esecutore dalle temperature esterne, svolgendo un ruolo determinate sul modo in cui l'aria al suo interno si comprime e pulsa durante le fasi di produzione del suono, influenzando il timbro dei suoni prodotti. Incide sul timbro del suono, attenuando o accentuando le sonorità dei suoni armonici, lo spessore del metallo con cui è costruito un flauto. Concamerazioni sottili per timbri chiari e il contrario per quelli scuri?

> **Il flautista deve essere consapevole che la sua tecnica globale deve esser messa al servizio della musica e non di se stesso, evitando la ricerca spasmodica di mettersi in mostra a discapito delle prassi esecutive e interpretative.**

A questo punto del nostro studio è possibile rispondere a tutti gli interrogativi posti a pag.17 di questo manuale, cercando le risposte in quello che si è letto, riletto, studiato e mi auguro stimolato alla riflessione. Immaginando di dover dare un esame universitario chiamato **"Didattica generale del flauto traverso"** vi ripropongo i quesiti con cui abbiamo iniziato il nostro studio, invitandovi a dare delle risposte.

Buon lavoro

QUESITI

Come fa il flauto a suonare?

Cos'è il suono?

Come si definisce l'aria che passa dalla labbra prima di arrivare alla boccoletta del flauto?

Cosa si intende per flusso aereo?

Cos'è una pressione e una velocità aerea?

Come si influisce sull'intonazione?

Quali sono i muscoli che operano nella respirazione e come averne un controllo?

Quali muscoli interagiscono nella tecnica globale del flauto?

Cosa si intende per sostenere il suono o appoggiarlo?

Come faccio a cambiare timbro del mio suono e perché?

Cos'è il timbro o colore del suono?

Che differenza passa tra una pressione aerea costante ed una pulsante?

Cos'è e come si ottiene il vibrato?

Staccato semplice, doppio e triplo, cosa cambia e perché usarli a seconda dei tempi?

Come vorrei che fosse il mio suono e perché?

Come posso fare per ottenerlo?

Che ruolo giocano la laringe e le corde vocali nella tecnica del mio strumento?

Che differenza c'è tra pressione aerea, velocità della stessa ed intensità della stessa?

Da cosa dipende il timbro del suono?

Cosa sono le formanti in acustica musicale?

Cosa si intende per nodo e ventre in acustica musicale?

Come devo soffiare in un piano ed in un forte e perché?

Che ruolo gioca la lingua nell'emissione del suono e perché?

Che ruolo giocano le labbra nell'emissione del suono e perché?

Cosa sono i suoni armonici e come posso gestirli?

Cosa mi piace e cosa non mi piace nella mia tecnica globale.

CONCLUSIONI

Ogni suono emesso nel flauto e negli strumenti a fiato nasce da un modo diverso in cui l'aria viene perturbata al suo interno. Si generano delle correnti aeree che si muovono in maniera inversa, una che va verso l'esterno ed un'altra verso l'interno degli strumenti stessi. Tra il flusso aereo dello strumentista e l'aria che si oppone al suo passaggio si generano delle forze di attrito che si riflettono sui suoi muscoli, siano essi labiali che dell'apparato vocale e respiratorio. I principi per cui si generano queste perturbazioni dell'aria che sfociano nel suono, sono attribuibili alle leggi aerodinamiche di Daniel Bernoulli: partendo dal concetto unitario della pressione atmosferica quale forza presente nell'atmosfera e rappresentata da particelle aeree compatte, possiamo attribuire ad un aumento della loro velocità un processo di azione su di essa dovuta ad una diminuzione di pressione e una sua reazione (nel senso inverso), tale da creare delle situazioni di compressioni all'interno dei tubi sonori ad energie variabili. È in queste reazioni di energia riflesse che vanno collocati i muscoli e le loro modalità di azione nella regolazione e nel sostegno dell'aria pulsante negli stessi strumenti, aria che abbiamo definito: corda d'aria a varie tensioni di pulsazione. I suoni prodotti sono dei suoni composti, ossia mai puri e con essi sono presenti altri micro-suoni più acuti detti armonici. È in relazione alle loro singole intensità che si può definire una timbrica diversa, ossia colore del suono per ogni strumentista e singolo strumento. Essi dipendono dai vari stati di velocità a cui le colonne aeree contenute nei tubi sonori sono sottoposte, date dagli strumentisti stessi. Gli esecutori le variano agendo su tutti i loro possibili elementi mobili. Le temperature esterne e interne variabili tra strumento e strumentista giocano un ruolo determinante sulla qualità dei suoni prodotti, anche a prescindere dalle tecniche usate per produrli.

Lo studio giornaliero cosciente di tutti i meccanismi esposti porta lo strumentista a sentirsi più sicuro, gli fa evitare spreco di tempo nella ricerca della tecnica ideale, in quanto la tecnica ideale nascerà dal sapere i come ed i perché del fare.

Niente è più pratico di una buona teoria

Albert Einstein

Presentazione di un sussidio per la didattica

L'ottimizzatore di flusso aereo per flauto traverso

È una mia creazione quale supporto didattico alla mia metodologia di insegnamento. Consiste in una fascetta in plastica o altro materiale flessibile che inserita in uno o più punti del flauto traverso, ottimizza il modo in cui l'aria si comprime e pulsa all'interno dello strumento stesso.

Le fascette di svariato materiale e diverse dimensioni, si presentano pressappoco così:

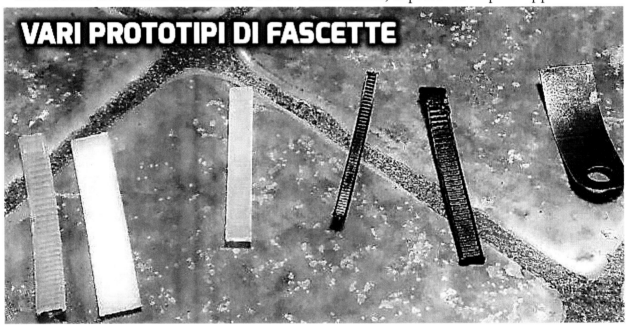

Le fascette flessibili di materiale plastico o metallico hanno le seguenti dimensioni:

1) Fascetta in metallo flessibile: lunghezza 3,05 cm- altezza 1,00 cm. - spessore 0,05 mm.

2) Fascetta in plastica flessibile n. 1: lunghezza 4 cm- altezza 7 mm. - spessore 1 mm.

3) Fascetta in plastica flessibile n. 2: lunghezza 4 cm - altezza 4 mm. - spessore 1 mm.

4) Fascetta in plastica flessibile n. 3: lunghezza 4 cm- altezza 2 mm-spessore 1 mm.

5) Fascetta in cartone facilmente realizzabile dagli studenti: lunghezza 4 cm - altezza 7 mm. -spessore 1 mm.

Hanno la capacità di modificare il suono del flauto prodotto dall'uomo nelle sue svariate timbriche; favorendone sostegno, vibrato, staccato. Nel flauto la scelta del tipo di fascetta nel suo materiale e altezza è molto personale, dipende sempre dalle caratteristiche fisiologiche di ognuno e dai problemi tecnici che si intendono risolvere. Si possono collocare in tre punti diversi dello strumento: al piede della canna, ovvero nella parte terminale del trombino nel suo lato che va verso la fine dello strumento.

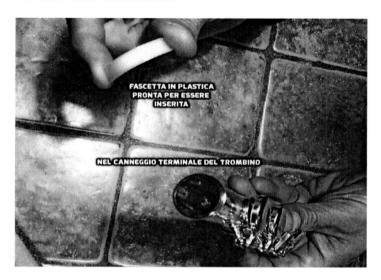

La fascetta collocata nella parte terminale del trombino genera nel tubo una minore dispersione di pressione aerea, favorendo una maggiore condensazione della stessa al fine di produrre dei suoni più sostenuti.

Nella parte terminale del corpo centrale prima di inserire il trombino

E infine nella parte terminale della testata

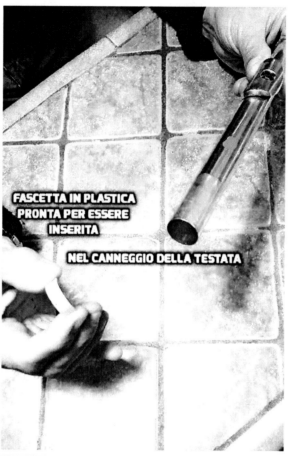

FASCETTA IN PLASTICA
PRONTA PER ESSERE
INSERITA

NEL CANNEGGIO DELLA TESTATA

FASCETTA IN PLASTICA
INSERITA

NEL CANNEGGIO DELLA TESTATA

Le modifiche del timbro e consistenza del suono che si ottengono devono essere attribuite, a mio avviso, per quanto riguarda il posizionamento della fascetta sia nel corpo centrale del flauto che alla fine della testata ad un maggiore aumento di velocità del flusso aereo sull'impatto con la pressione atmosferica tra interno ed esterno del tubo stesso, a differenza della maggiore pressione generatasi nel tubo per minore dispersione di energia pressoria aerea vera e propria verso l'esterno, che si ottiene con la fascetta collocata alla fine del trombino.

Tutti i flautisti possono sperimentare l'utilità del concetto espresso, provando a posizionare alla fine del trombino anche dei pezzettini di copertina di quaderno scolastico o computisteria nel modo illustrato: vedi immagini seguenti.

Ti basta cominciare e la mente inizierà a scaldarsi; continua, e il compito verrà terminato!

Goethe

COMMIATO

Chi sono i musicisti?

Dove ci sono i musicisti si fa a gara a chi studia più ore.

Dove ci sono i musicisti si litiga per l'artista che fa l'esecuzione migliore.

Dove ci sono i musicisti non esistono le domeniche né i giorni festivi, il suonare diventa un piacere-dovere.

Dove ci sono i musicisti è eretico pensare la musica come una materia scolastica, essa è uno stile di vita.

Dove ci sono i musicisti la prima cosa che si fa la mattina è provare lo strumento, anche dopo che sono passati anni da quando è successo la prima volta.

Dove ci sono i musicisti si sente ripetere sempre lo stesso frammento musicale per ore e ore.

Dove ci sono i musicisti è un mondo fantastico fatto di emozioni dove loro stessi, spesso, si perdono.

Dove ci sono i musicisti vedi muovere dita senza strumento e sguardi nel vuoto.

Dove ci sono i musicisti il tempo non ha più tempo, si vive solo per quel brano o esercizio che deve migliorare.

Dove ci sono i musicisti tutto quello che si fa se non è suonare sembra non avere senso.

Dove ci sono i musicisti noti abiti non sempre curati e capelli spesso mal cresciuti.

Dove ci sono i musicisti si ritiene perder tempo anche per passeggiare o andare a fare shopping, il tempo migliore è quello dedicato allo studio.

Dove ci sono i musicisti si vive sempre insoddisfatti di quello che si suona, le loro creature sono i brani che cercano di interpretare al meglio o scrivono, la compagna prediletta è sempre la musica.

Dove ci sono i musicisti la poesia è un luogo presente, l'umiltà è uno stile di vita, la speranza è sempre vicina, la politica non è contemplata.

Dove ci sono i musicisti la sensibilità è un dramma comune.

Dove ci sono i musicisti è uscire facendo tardi la sera dopo una giornata di studio.

Dove ci sono i musicisti il tempo e lo spazio sono relativi alle emozioni e tutto il resto è un'invenzione del mondo.

Dove ci sono i musicisti la musica è una favola vissuta per una vita intera.

Questo ho vissuto durante la stesura di questo libro.

20/02/2018

Marco Gaudino

Il confine sottile tra coscienza e incoscienza determina il grado di consapevolezza e di comprensione della realtà.

da Il lato oscuro della luna di Stefano Nasetti

NOTE FINALI

Nel ringraziare tutti coloro che sono riusciti ad arrivare alla fine di questo manuale, mi scuso per essere stato volutamente ripetitivo.

Vi auguro che possiate imparare a sperimentare nuovi modi di studiare, nell'obiettivo di riuscire a minimizzare sia le ore di lavoro giornaliero che tutte le insicurezze con cui qualcuno di voi ha vissuto finora.

Mi auguro che questo libro possa essere collocato tra quelli preziosi da custodire nelle biblioteche dei flautisti, cantanti e strumentisti a fiato, nella speranza che possa essere fonte di ispirazione per molteplici altri testi sugli argomenti trattati.

Ringrazio vivamente il maestro Laurent Masi che mi ha incentivato a continuare le mie ricerche sul flauto e tutti coloro che mi hanno supportato nella stesura di questo testo.

Un grazie al maestro Luca Bellini per aver offerto i suoi esercizi presenti in questo libro alle pagg.248-249-250 tratti da Cfr.: Luca Bellini, Nuovo manuale di tecnica per flauto tra effettistica e bel suono, ed. SEDAM

Vi aspetto ai miei seminari ed al mio corso annuale che si tiene a Napoli, per info e contatti: marcogaudino.f@virgilio.it

GLOSSARIO

A

Abduzione delle corde vocali — Massima apertura della glottide

Adduzione delle corde vocali — Chiusura della glottide

Aditus laringeo — Cavità della laringe

Ance battenti — Consistono in delle sottili ed elastiche linguette di canna, metallo o materia plastica che, situate all'imboccatura di un tubo, aprono e chiudono alternativamente il tubo stesso mediante le variazioni di pressione dell'aria

Ariepiglottico — Muscolo abbassatore dell'epiglottide

Aritenoideo obliquo — Muscolo laringeo pari e intrinseco. In sinergia col muscolo aritenoideo trasverso, agisce restringendo l'adito e il vestibolo della laringe

Aritenoideo trasverso — Muscolo intrinseco della laringe, l'unico impari, ed è ricoperto posteriormente dai due muscoli aritenoidei obliqui; è teso fra i margini laterali delle due cartilagini aritenoidi. La sua azione è sinergica a quella degli aritenoidei obliqui, quindi agisce restringendo l'adito e il vestibolo della laringe.

Articolazioni — Connessioni anatomiche tra ossa e cartilagini

Aritenoidi — Cartilagini pari della laringe

Attrito — Forza che contrasta il moto relativo di un corpo rispetto a un altro

C

Cartilagini — Tessuto connettivo di sostanza elastica

Cartilagini aritenoidee	Cartilagini pari della laringe
Cartilagine tiroidea	Della laringe, pomo d'Adamo
Cavità risonanti	Complesso di cavità sopra la laringe, le stesse cavità possono variare i rapporti di velocità del flusso aereo emesso dallo strumentista nel suo rapporto di compressione con gli strumenti a fiato
Clavicola	È un osso pari della spalla, si trova tra la punta superiore dello sterno e la parte superiore della scapola
Commissura labiale	Punto d'unione delle due labbra a ciascuna estremità
Corde vocali false	Fascia muscolare non vibrante
Corde vocali vere	Muscoli dalla cui vibrazione nasce la voce
Cornicolate o del Santorini	Cartilagini della laringe
Costrittori della faringe	I muscoli costrittori della faringe sono: costrittore superiore, costrittore medio e costrittore inferiore; essi in parte si sovrappongono e internamente sono a ridosso della fascia faringea, sono da considerare i fautori della "gola chiusa" sia nel canto che negli strumenti a fiato
Cricoaritenoideo laterale	Muscolo addetto alla funzione respiratoria ed operante in fase espiratoria. È antagonista del muscolo cricoaritenoideo posteriore durante la produzione del suono nel flauto e negli strumenti a fiato
Cricoaritenoideo posteriore	Muscolo addetto alla funzione respiratoria e operante durante la fase inspiratoria. È antagonista del muscolo cricoaritenoideo laterale nella produzione del suono nel flauto e negli strumenti a fiato
Cricoide	Cartilagine della laringe

Cricotiroideo	Muscolo tensore delle corde vocali sul piano antero-posteriore tra cartilagine cricoidea e tiroidea

D

Deglutire	Inghiottire
Diaframma	Muscolo respiratorio che separa il torace dall'addome

E

Epiglottide	Cartilagine a forma di foglia triangolare della laringe
Esofago	Canale che unisce la cavità orale allo stomaco

F

Faringe	Canale partente dalla rinofaringe e giungente in basso all'aditus laringeo
Foniatra	Medico che si occupa dei problemi inerenti la formazione della voce e le patologie a carico degli organi coinvolti
Formanti o zone formatiche	Fasce più o meno strette di frequenze che tendono spiccare per effetto di risonanza. Tradotte in spettrogramma si possono considerare come impronta timbrico-sonora do ogni strumento e ogni voce
Forza di gravità	Tendenza dei corpi a cadere verticalmente al suolo, dovuta all'attrazione della Terra. La forza di gravità o forza peso è la risultante della forza di gravitazione universale dovuta all'attrazione terrestre

G

Glottide	Fessura limitata delle corde vocali

I

Ioide	Osso situato dietro e sotto la lingua
Ipo- Faringe	Parte bassa della faringe

Istmo delle fauci	Apertura tra velo pendulo e base della lingua

L

Laringe	Organo della fonazione e della respirazione
Laringoscopio	Strumento che serve a visionare le corde vocali
Logopedia	È una disciplina sanitaria che si occupa dello studio, della prevenzione, della valutazione e della cura delle patologie nei disturbi della voce, del linguaggio, della comunicazione, della deglutizione e dei disturbi cognitivi connessi (relativi, ad esempio, alla memoria e all'apprendimento)

M

Mandibola	Parte inferiore della faccia
Massetere	Muscolo masticatore
Membrana mucosa laringea	Rivestimento delle pareti della faringe
Mento	Il mento è la parte inferiore del volto, che si trova al di sotto del labbro inferiore e corrispondente alla parte mediana della mandibola
Muscoli	Organi fibroso-contrattili del corpo messi in moto dai centri nervosi

N

Narici	Aperture esterne del naso
Nervo frenico	Nervo inserito nel diaframma
Nodo in acustica	È frutto di interferenza distruttiva tra onde, gli antinodi o ventri sono frutto di interferenza costruttiva

O

Orbicolare bocca	È un muscolo del volto che circonda le labbra
Oro faringe	Parte della faringe comunicante anteriormente con la cavità orale attraverso istmo delle fauci
Osso ioide	Situato dietro e sotto la lingua

P

Palato duro e molle	Parte alta e concava interna della bocca

Peristafilino	Muscolo tensore del velo pendulo
Platisma	Muscolo innervato dal nervo faciale, se contratto, contribuisce ad abbassare la mandibola; assolve inoltre le funzioni di muscolo mimico stirando e corrugando la cute del collo e spostando in basso e lateralmente la commessura labiale
Pomo d'Adamo	Prominenza della cartilagine tiroidea
Pressione	Forza esercitata su una superfice
Pressione acustica	Livello di sonorità esercitato dalla produzione di onde acustiche sulla pressione atmosferica
Pressione atmosferica	È la pressione esercitata dall'aria sui corpi, presente in qualsiasi punto dell'atmosfera

R

Ricorrente	Nervo di mobilità della laringe detto anche laringeo inferiore. Innerva tutti i muscoli della laringe ad esclusione del muscolo cricotiroideo innervato dal nervo laringeo superiore
Rinofaringe	Retrocavità nasale
Risorio	Piccolo muscolo appiattito, di forma allungata, triangolare, con il vertice in connessione con la commessura delle labbra. È un muscolo mimico: la contrazione sinergica dei muscoli r. ai due lati fa atteggiare le labbra al sorriso

S

Scapola	È un osso pari e simmetrico della spalla
Sostenere il suono	Equilibrio tra espirazione, compressione dell'aria contenuta tra lo strumento a fiato, la pressione atmosferica e le muscolature coinvolte alla regolazione del flusso aereo immesso dallo strumentista
Subglottica o sottoglottica	Zona inferiore delle corde vocali

Sternocleidomastoideo	Muscolo che contraendosi flette e inclina lateralmente la testa, facendola ruotare dal lato opposto; funziona come elevatore del torace
Sterno	O sterno (dal gr. "στέρνον", petto) è un osso piatto e allungato situato nella parte anteriore centrale del torace
Stroboscopia	Tipo di analisi che analizza tutti i movimenti delle corde vocali durante la fonazione

T

Tiroaritenoideo	Muscolo proprio della corda vocale, tensore
Tiroide	Cartilagine della laringe
Torace	Parte alta del tronco umano
Trachea	Tubo tra la laringe e i bronchi

U

Ugola	Prolungamento del velo pendulo

V

Velo pendulo	Palato molle
Ventre in acustica	Durante la produzione del suono esistono luoghi dello spazio in cui non si ha oscillazione (nodi), ed altri in cui si ha sempre la massima oscillazione (ventri). Questi luoghi non cambiano nel tempo.
Ventricoli del Morgagni	Spazio concavo tra le corde vocali vere e false
Vibrisse	Peli difensivi del vestibolo nasale

BIBLIOGRAFIA

Acustica e fisica

Schindler Oscar, (a cura di) *Manuale di Audiofono-Logopedia*, Torino, Omega, 1974

Righini P., *Lessico di acustica e tecnica musicale*, Padova, Zanibon, 1987

Righini P., *Considerazioni sulla psicoacustica del cantante*, Padova, Zanibon, 1987

Righini P., *L'acustica per il musicista. Fondamenti fisici della musica*, Ricordi 28 luglio 1994

Magni-Dufflocp, *La fisica del suono*, Sonzogno Milano 1934

Arthur H. Benade, *I tubi sonori: La fisica degli strumenti a fiato*, Prima edizione Collana: Biblioteca di Monografie Scientifiche 1966, Zanichelli

Dabbene Ettore, Pisani Raffaele, *Generazione di frequenze subarmoniche negli strumenti musicali,* con un commento riassuntivo di P. Righini Padova, Zanibon, 1973

Bagatti, Corradi, Desco, Ropa, *Immagini della chimica*, Arancione © Zanichelli Editore SpA, 2014

Giovanni M. Carlomagno, *Elementi di gas-dinamica*, Editore Liguori, 2009

Cigada A., Pastore T., *Struttura e proprietà dei materiali metallici*, McGraw-Hill Education, 2012

A cura di Sergio Cingolani, Renato Spagnolo, *Acustica musicale e architettonica*, UTET, Torino, 2005. Mauro Uberti Capitolo 11 Acustica della voce.

Fisiologia e trattati di canto

AA.VV. *Enciclopedia della medicina Garzanti*, Milano, Garzanti, 1998

Daniela Battaglia Damiani, *Anatomia della voce: Tecnica, tradizione, scienza del canto*, Milano, Ricordi, 2003

Francesco Stomeo, *Voce e comportamento vocale*, Unife

Franco Fussi, Silvia Magnani, *L'arte vocale. Fisiopatologia ed educazione della voce artistica*, Torino, Omega, 1994

Franco Fussi (a cura di) *La voce del cantante. Saggi di foniatria artistica*, Torino, Omega, 2000

Franco Fussi, *Risonanze, ovvero la «costruzione dell'uovo»*, in «L'Opera», marzo 2000

Franco Fussi, *La voce nel naso, in «L'Opera», aprile 2001*

Franco Fussi, *La gola larga e lo sbadiglio in «L'Opera»*, febbraio 2002

Rachele Marigliano Mori, Coscienza della voce nella scuola italiana di canto, Milano, Curci, 1970

Schindler Oscar, (a cura di) *Manuale di audiofono-logopedia*, Torino, Omega, 1974

Juvarra A., *Il canto e le sue tecniche*, Milano, Ricordi, 1989

Spadolini L., *Fisiologia umana*, Torino, Utet, 1958

Mari N., *Canto e voce*, Milano, Ricordi, 1959

Lisebeth Van A., *La dynamique du suffle*, Flammarion, Paris, 1971

Garcia E., *Trattato completo dell'arte del canto*, Milano, Ricordi, 1955

Bergonie J., *Phenomènes physiques de la phonation*, Parigi, Baillitière, 1883

Reynaldo Hahn, *Lezioni di canto*, Parigi 1913, Marsilio, 1990

Schindler O. Mari N., *Il canto come tecnica, la foniatria come arte,* Zanibon, 1986

Ricerca e didattica

Martin Agricola, *Musica Instrumentalis*, Trattato, 1528

Quantz J. J., *Trattato sul flauto traverso* Curatore: S. Balestracci, Editore LIM Collana Musica ragionata,1992

Graf P.L., Check-Up, Schott, 2000

Vinci D., *Appunti sulla storia e letteratura del flauto*, Bologna, Buongiovanni, 1977

Boehm Theobald, *Die Flote und das Flotenpiel*, 1871

Boehm T., *Della costruzione dei flauti e dè più recenti miglioramenti della medesima*, Milano Ricordi, 1851

Gunn John, *The art of Playing the German-Flute*, Birchall London, 1793

Moyse Marcel, *De la Sonoritè Art et Tecnique*, Leduc Paris, 1934

Altès Henry, *Cèlèbre Mèthode Complète de Flute*, Alphonse Leduc Paris

Cavallo B., *Il Cavallo pensiero, Il suono*, The flute center of Milan 2009

Schwedler M., *Flöte und flotenspiel*, 1897

Gartner J., *The vibrato with particular consideration given to the situation of the Flutist - historical development, new physiological discoveries, and presentation of an integrated method of instruction* Regensburg, Gustav bosse verlag, 1981 versione italiana traduzione di Ginevra e Gianluca Petrucci, Vigor Music

Mukay S., Minegishi S., *New observation of the relatonship between the larinx and play of wind instrument,* Tokyo Japanese

Syrinx dell'A.I. F n. 8 Aprile - Giugno 1991 *La funzione della glottide nell'emissione del suono*, di Mukay S., Minegishi S., Mukay C.

O. Veazey Charles, *Osservazione dei movimenti laringei negli strumentisti a fiato*, Rivista Tedesca Tibia n. 2 del 1991

Gaudino M., *Nuova ipotesi sulla produzione del suono nel flauto traverso*, Flavio Pagano Napoli, 1993

Marco Gaudino-Carla Conti, *Il suono nel flauto traverso: Tubo fonatorio e corde vocali,* Syrinx anno VI n. 20 Aprile-Giugno 1994, Accademia Italiana del Flauto

Eckley Claudia Alessandra, *Configurazione della glottide in suonatori di strumenti a fiato*, Rev. Bras. Otorinolaringol vol. 72 n. 1, Sao Paolo Gennaio Febbraio 2006

Claudia Spahn, Bernard Richter, Johannes Pöppe, Matthias Echternach 2013, *Physiological insights for players of wind instruments* (dvd)

Metodi

Moyse Marcel, *De la Sonoritè Art et Tecnique*, Leduc Paris, 1934

Bellini Luca, *Nuovo Manuale di tecnica per flauto tra effettistica e bel suono*, ESR Edizioni Sedam

Cavallo B., *Il Cavallo pensiero "Il suono",* The flute center of Milan, 2009

Graf P.L., *Check-Up*, Schott, 2000

H. Altès, *Cèlèbre Mèthode Complète de Flute*, Alphonse Leduc Paris

Robert Herichè, *Exercises Journaliers pour la flute*, Henry Lemoine

I TITOLARI DELLE IMMAGINI DALLE CUI FONTI NON È STATO POSSIBILE RINTRACCIARE POTRANNO AVANZARE I LORO LEGGITTIMI DIRITTI CHE VERRANNO RICONOSCIUTI

Una mente tutto logica è come un coltello tutto lama. Fa sanguinare la mano che lo usa."

RABINDRANATH TAGORE

ISBN 978-0-244-47720-2